Karl Ipser

MIT GOETHE IN ITALIEN

1786 – 1986

Meiner Mutter
zum 80. Geburtstag

KARL IPSER

Mit Goethe in Italien

1786 – 1986

TÜRMER VERLAG
BERG · STARNBERGER SEE 3

Einbandentwurf und Umschlag
H. O. Pollahne, Braunschweig

Umschlag:
H. W. Tischbein: Goethe in der Campagna
Rückseite:
Tuschzeichnung von Philipp Hackert: Goethe 1787 in Neapel

ISBN 3 87829 091 8

1986

Satz und Druck:
Landsberger Verlagsanstalt, Landsberg a. Lech

Bindearbeiten:
Großbuchbinderei Moser, Weingarten

Inhaltsverzeichnis

„Zum Sehen geboren,
Zum Schauen bestellt,
Dem Turme geschworen,
Gefällt mir die Welt."
(Lynkeus der Türmer Faust II)

Ein Auftrag Goethes...

Goethe redet, dichtet und formuliert in Gleichnissen und Bildern, in „anschauenden Begriffen"; sein Werk greift auf die älteste Bilder- und Mythenwelt der Menschheit zurück, auf Elementarsymbole wie Licht, Sonne, Mond, Fels, Höhle, Götter, Mutter Erde, Pflanze, Tier, Granit, das göttliche Kind, die göttliche Mutter, Erdgeist. Sein Denken zielt auf den Ursprung, auf das „Unerforschliche, das wir nur im Abglanz, im Symbol schauen." Seine Beschäftigung mit Pflanzen, Tieren, Mineralien, seine geologischen, botanischen, anatomischen, die Jahrzehnte andauernden Versuche mit und über Farben sind Betätigungen des anschauenden Menschen, denn das „forschende Verstehen" geht immer vom Sichtbaren aus, von Funden und Befunden.

Aus Anlaß der Restaurierung von Polygnots Gemälde in der Lesche zu Delphi durch deutsche Maler schreibt Goethe im Jahr 1803: „Die unwiderstehliche Begierde nach unmittelbarem Anschauen, die in dem Menschen durch Nachrichten von entfernten Gegenständen erregt wird, das Bedürfnis, allem demjenigen, was wir geistigerweise gewahr werden, auch ein sinnliches Bild unterzulegen, sind ein Beweis der Tüchtigkeit unserer Natur, die das Einseitige flieht, und immerfort das Innere durchs Äußere, das Äußere durchs Innere zu ergänzen strebt."

„Man mag sich stellen, wie man will, man denkt sich immer sehend. Ich glaube der Mensch träumt nur, damit er nicht aufhöre, zu sehen. Es könnte wohl sein, daß das innere Licht einmal aus uns herausträte, so daß wir keines anderen mehr bedürften" (Die Wahlverwandtschaften II 3).

Die üblichen Ehrungen eines Großen zu seinem Geburts- oder Todestag sind eine freundliche Konvention, nicht mehr, weil der Gefeierte weder an seiner Geburt noch an seinem Tod (normalerweise) mitgewirkt hat. Sinnvoll jedoch ist das Gedenken an Tag und Jahr, an denen der Verblichene bewußt und ungeachtet aller Risiken Entscheidungen getroffen, Taten gesetzt, Leistungen, Werke begonnen und vollbracht, die in seinem eigenen, aber auch im Leben anderer Menschen positive, produktive Folgen verursachten. Vor 200 Jahren trat Goethe die wichtigste seiner insgesamt 180 größeren und kürzeren Reisen an, die von langer Hand vorbereitete und trotz vieler Schwierigkeiten bis zum ersehnten Ziel verwirklichte Italienische Reise 1786 bis 1788. Nicht zum Vergnügen, stellt er programmatisch am Anfang fest. Das war keine Erholungs-Bildungs-Kulturreise eines gescheiten, gut dotierten Mannes in den „sonnigen Süden", es war die letzte Alternative eines Auserwählten, in Freiheit zu überleben oder als vergänglicher Zeitgenosse weiter wie bisher von Gesellschaft und Konventionen einer absterbenden Welt verbraucht zu werden.

Goethes Italienische Reise ist kein Siegesdatum einer Schlacht oder eines Krieges, keines jener gespenstischen Gedenken der bisherigen „Geschichte"; der bewußte Aufbruch von 1786 und die freiwillige bewußte Rückkehr 1788 in die Pflichten der Heimat bedeuten – das begreifen wir heute besser als die Generationen vor uns – für Deutsche und Europäer und für jene, die Goethe als „allgemeinsamen Menschen" verstehen, Daten der Kulturgeschichte, markieren den Anfang eines Weges, auf dem während eines langen schöpferischen Lebens ein Deutscher zum Europäer und „Repräsentanten der ganzen Menschheit" (R.W. Emerson) wurde.

Dieser Goethe ist:

...„ der gute und größte Europäer, der vielleicht vollendetste und erhabenste Typus des Weltweisen" (Henri Lichtenberger, französischer Historiker, Jahrbuch der Goethe-Gesellschaft 1932).

...„ oberster Richter im Europäischen Kulturtribunal" (Paul Valéry, Paris 1932).

„die letzte Selbstkonzentration der abendländischen Geisteswelt in einem großen Individuum" (E.R. Curtius, Goethe, Bern 1950).

„Bewahrer vor dem nihilistischen Abgrund, dessen Kraft den Dämon des Unterganges zu bannen vermag" (W. Flitner, Goethe im Spätwerk, Hamburg 1950).

„Dieser Goethe, der Prophet und Weltberater, lebt nur heute in unserer Epoche. Seine Träume sind unsere gegenwärtigen Realitäten, seine Vorhersagen unsere Verpflichtungen. Es ist unsere Aufgabe, seinen Auftrag zu erfüllen durch mutiges verantwortliches Vorausgehen. Wenn wir so handeln, bleibt Goethes Welt lebendig" (Ernst Jocker, Universität Philadelphia/USA, Goethe in the Modern World, 1949).

Für uns ist 1986 – der 200. Jahrestag der „großen Kehre" (Heidegger) des größten Deutschen – Anlaß zu Feier und Gedenken durch eine veranschaulichte Wiedergabe der wichtigsten Teile der von Goethe selbst verfaßten Darstellung seiner historischen „Italienischen Reise".

In Italien, wo er „sehen gelernt", sammelte er Zeichnungen, Skizzen, Stiche, Bilder, Kopien, Abdrücke, Gemmen, Vasen, Münzen, um den Freunden in Weimar seine Beschreibung von Natur, Kunst, Volk des Landes „versinnlichen" zu können, „denn was man einem vor Augen bringen kann, gibt man ihm am sichersten" (Rom, 22.3.1788).

Für Neapel und Umgebung und für die Reise nach und in Sizilien verpflichtet er den Maler Heinrich Kniep, der als sein Begleiter nichts anderes zu tun hat als von früh bis abends Landschaften, Bauten, Eindrücke bildlich festzuhalten. „Wie froh war ich, von dieser Seite ganz unbesorgt zu sein und für die Erinnerung so sichere Markenzeichen zu gewinnen" (Paestum 23.3.1787). Selber zeichnet Goethe in den zwanzig Monaten in Italien mehr als vorher in zwanzig Jahren.

Etwa eintausend Zeichnungen und Skizzen, Kopien, Abgüsse, Bilder brachte Goethe aus dem Süden mit; sie schmücken bis heute sein Haus in Weimar. Eine Auswahl von dreihundert Zeichnungen, deren Betrachtung ihn nach dem Abschied von Rom trösteten, sollten die erste Veröffentlichung der „Italienischen Reise" veranschaulichen. 1815 beauftragte er den Maler und Kupferstecher J.W. Roux (1771–1831), alle Vorlagen im gleichen Format in Kupfer zu stechen und so anzuordnen, daß die Abbildungen sich auf das Buch beziehen, wie das Buch sich auf die Abbildungen bezieht „in natürlicher Abwechslung". Das Vorhaben blieb unausgeführt.

Die Fotografie kam erst nach Goethes Tod mit dem Daguerre-Verfahren von 1839 in Gebrauch. Bei Goethes Offenheit für alle produktiven Neuerungen hätte er nicht nur die „Italienische Reise", sondern auch seine wissenschaftlichen Schriften mit einer Fülle von Lichtbildern versehen, um Wort und Beschreibung zu veranschaulichen, wie die Veröffentlichung „Das römische Karneval", die 1789 mit zwanzig Kupfertafeln erschien.

Heute haben wir die Möglichkeit, im posthumen Auftrag, Goethes Italienische Reise, seine Augen- und Wortwelt mit dem Medium der Fotografie zu ergänzen und jedermann anschaubar zu machen. „Man mag zugunsten einer schriftlichen und mündlichen Überlieferung sagen, was man will, in den wenigsten Fällen ist sie hinreichend, denn den eigentlichen Charakter irgendeines Wesens kann sie doch nicht mitteilen, selbst nicht in geistigen Dingen. Hat man aber erst einen sichern Blick getan, dann mag man gerne lesen und hören, denn das schließt sich an den lebendigen Eindruck; nun kann man denken und beurteilen." (Rom, 2.1.1787)

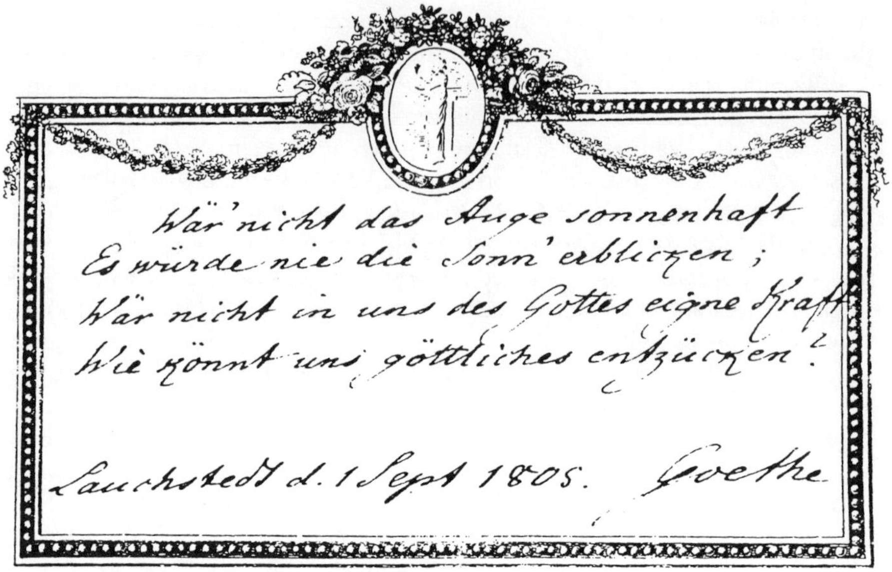

Wär nicht das Auge sonnenhaft
Es würde nie die Sonn' erblicken;
Wär nicht in uns des Gottes eigne Kraft
Wie könnt uns göttliches entzücken?

Lauchstedt d. 1 Sept 1805. Goethe

Stammbucheintragung von Johann Wolfgang von Goethe
Lauchstedt den 1. September 1805.

Aufbruch um „wiedergeboren zurückzukommen"

Die Italienische Reise von 1786–88 (zitiert: IR) ist die Mitte in Goethes Leben; er hat vorher gelebt, er lebte nachher, dazwischen die Flucht, die das Ende der ersten – wie eine „Schlangenhaut abgestreift" – und den Beginn der zweiten Lebenshälfte markiert, anhebend mit der Rückkehr aus Rom. Iphigenie, Tasso, Faust, Wilhelm Meister, Egmont und naturwissenschaftliche Studien verbinden beide Phasen miteinander.

Aus „Dichtung und Wahrheit" ist uns seine Jugend bekannt: geboren am 28.8.1749 „mit dem Glockenschlag zwölf" im Haus am Hirschgraben, Kindheit in Frankfurt, Studium der Rechte in Leipzig und Straßburg, Mai – September 1772 Praktikant am Reichskammergericht des Hl. Römischen Reiches Deutscher Nation in Wetzlar, die ersten Reisen zum Rhein und in die Schweiz, Liebe, Dichtung, literarische Betätigung, im November 1775 die Einladung nach Weimar an den Hof des jungen Herzogs – Ämter, Würden, dauernde Niederlassung. „Ich bin nun ganz eingeschifft auf der Woge der Welt – voll entschlossen: zu entdecken, gewinnen, streiten, scheitern oder mich mit aller Ladung in die Luft zu sprengen" (an Lavater in Zürich am 6.3.1776).

Goethe wird Staatsmann, ordnet Finanzen, baut Straßen, schafft einer verelendeten Bevölkerung durch Wiederinbetriebnahme aufgegebener Bergwerksschächte Arbeit und Lebensunterhalt, reguliert Flüsse, beschäftigt sich mit Landwirtschaft und Naturschutz, hebt „widerwillig" Rekruten aus, modifiziert die Verfassung, leitet das Hoftheater, erwirbt sich das allgemeine Vertrauen und ist im Begriff, in das Getriebe der Politik zu geraten, da entschwindet er plötzlich in den Süden. Es ist eine Flucht, seit langem vorbereitet; für seine nächsten Freunde, auch für Charlotte von Stein, die wähnte, Vertraute seiner geheimsten Gedanken zu sein, völlig unerwartet. Nur sein Sekretär Seidel war eingeweiht und für alle Fälle mit Instruktionen versehen.

Bis zuletzt hat Goethe seine Pflichten gewissenhaft erfüllt, die von seinen Vorgängern zu eigenem Vorteil verlotterten Finanzen des Herzogtums saniert, den Duzfreund Carl August mit Takt und Geduld zu einem friedliebenden Landesfürsten und Förderer von Kunst, Wissenschaft, Theater, Landwirtschaft, sozialer Gerechtigkeit erzogen, dessen Hang zu Militarismus und Großmachtpolitik, wilden Jagden mit Meute und Gefolge gedämpft. Die Verwaltung lief in geordneten Bahnen, die äußere Lage war durch den Abschluß des Deutschen Fürstenbundes Preußen-Sachsen-Hannover im Jahr 1785 fürs erste ins Gleichgewicht gebracht, der Herzog stand nun auf eigenen Beinen und hatte ihm einen längeren Urlaub gewährt.

Zweifel an sich und seiner Bestimmung verunsichern den Mann in Ämtern und Würden; der schöpferische Schwung der Götz- und Wertherepoche, die ihn zum bekanntesten Dichter Deutschlands machte, scheint versiegt, der Dramatiker, Forscher, Denker, Reformer hat neben dem Bürodienst mit Aktenstößen nur noch Zeit und Stimmung für kleine Aufsätze, Gedichte, Gelegenheitsstücke. Die bereits konzipierten Dramen und Romane bleiben als Fragmente liegen. Das Fazit der ersten sechs Jahre in Weimar anvertraut Goethe seinem Urfreund, Karl Ludwig von Knebel (1744–1834), im Brief vom 17. April 1782: die Pläne für geistig-kulturelle, soziale und politische Reformen seien – trotz der Gunst des Herzogs – am Widerstand der herrschenden Clique gescheitert, die ihre Privilegien mit allen Mitteln behalten wollte. Auch das Bündnis mit Frau v. Stein, die ihn als Dekoration ihres Alltags und gesellschaftlichen Daseins sah, sich geschmeichelt seine dankbaren Huldigungen gefallen ließ, war weder für den Staatsmann noch für den Dichter produktiv geworden. Goethes unvergleichlicher Sinn für die Realität lehnte es ab, eine verfaulende Welt zu balsamieren. Schon damals dachte und lebte Goethe nicht für eine schlechte Gegenwart, sondern konkret für die Zukunft, deshalb, so schreibt er Knebel, bewahre er seine Vorstellungen von Kultur, sozialer Gerechtigkeit, Volkserziehung und Politik für sich. Aus Pflichtgefühl und Freundschaft für den 24jährigen Fürsten, der sich in genialischer Kraftmeierei austobte, blieb Goethe weitere vier Jahre im Amt, ehe er die Arena verließ.

Die Beziehung zu der verheirateten, sieben Jahre älteren, kränklichen Matrone Charlotte von Stein, die bereits sieben Geburten hinter sich hatte, als sie Goethe kennenlernte, war längst zu einer unerträglichen Last geworden. Der Widerspruch zwischen seiner Sehnsucht nach Freiheit, Größe, Gerechtigkeit und der Enge des Rokoko-Hofes an der Ilm lähmte die Phantasie, schwächte seine Selbstsicherheit und seine Gesundheit. Goethe mußte, um nicht geistig auszutrocknen und physisch krank zu werden, Weimar loswerden.

Dem Kanzler Friedrich v. Müller erklärt Goethe: „Die wahre Geschichte der ersten zehn Jahre meines Weimarischen Lebens könnte ich nur im Gewande der Fabel oder des Märchens darstellen; als wirkliche Tatsache würde die Welt es nimmermehr glauben... Ich würde Vielen weh, vielleicht nur Wenigen wohl, mir selbst niemals Genüge tun; wie es im Einzelnen zugegangen, bleibe mein eigenstes Geheimnis" („Goethe in seiner ethischen Eigentümlichkeit", Weimar 1832,7).

Vor Weimar hatte er in wenigen Wochen den Götz und den Clavigo, in ein paar Monaten den Werther produziert, gleichzeitig Cäsar, Mahomet, Ewigen Juden, Prometheus, Egmont entworfen und vom Faust die Gretchen-Tragödie geschrieben: bis 1775 elf gedruckte Werke. In den zehn Jahren in Weimar entstehen die später umgearbeitete Iphigenie, einige Szenen von Egmont, Faust, von Tasso, die Geheimnisse, das Elpenor-Fragment, Notizen zum Wilhelm Meister, Scherz- und Singspiele, Entwürfe, Fragmente, Notizen, Szenen – nichts Brauchbares. Nur in einigen Gedichten regte sich die eingeborene schöpferische Kraft: Seefahrt, Harzreise, An den Mond, Jägers Abschied, Gesang der Geister über den Wassern, der Fischer, Erlkönig, das Göttliche, Ilmenau, Zueignung – zu wenig für ein Genie im besten Mannesalter, der seit 10 Jahren von der literarischen Bühne verschwunden war.

Eckermann berichtet unter dem 10.2.1829: „Über seine ersten Jahre in Weimar. Das poetische Talent in Konflikt mit der Realität, die er durch seine Stellung zum Hofe und verschiedenartige Zweige des Staatsdienstes zu höherem Vorteil in sich aufzunehmen genötigt ist. Deshalb in den ersten zehn Jahren nichts Poetisches von Bedeutung hervorgebracht. Fragmente vorgelesen. Durch Liebschaften verdüstert. – Vorteile, daß er den Ort nicht verändert und daß er dieselben Erfahrungen nicht nötig gehabt, zweimal zu machen. Flucht nach Italien, um sich zu poetischer Produktivität wieder herzustellen. Aberglaube, daß er nicht hinkomme, wenn jemand darum wisse."

Im Süden, im Erleben einer Kultur, die sich nicht im Kampf gegen die Natur, sondern mit ihr entwickelte, fand Goethe wieder zu sich selbst. Sein Wesen, sein Herz und sein Gemüt füllten sich mit Welt. „In Italien fühlt' ich mich nach und nach kleinlichen Vorstellungen entrissen, falschen Wünschen enthoben, und an die Stelle der Sehnsucht nach dem Lande der Künste setzte sich die Sehnsucht nach der Kunst selbst; ich war sie gewahr geworden, nun wünscht ich sie zu durchdringen."

Wie ein geretteter Schiffbrüchiger notiert Goethe am 12.10.1786 in Venedig: „Hätte ich nicht den Entschluß gefaßt, den ich jetzt ausführe, so wär' ich rein zugrunde gegangen: zu einer solchen Reife war die Begierde, diese Gegenstände mit Augen zu sehen, in meinem Gemüt gestiegen. Die historische Kenntnis förderte mich nicht: die Dinge standen nur eine Handbreit von mir ab, aber durch eine undurchdringliche Mauer geschieden. Es ist mir wirklich auch jetzt nicht etwa zumute, als wenn ich die Sachen zum ersten Mal sähe, sondern als ob ich sie wiedersähe" (IR).

Von Rom aus sucht er Frau von Stein die Ursachen seiner heimlichen Flucht als Existenzbedrohung verständlich zu machen: „Ich kämpfte selbst mit Tod und Leben und keine Zunge spricht aus, was in mir vorging, dieser Sturz hat mich zu mir selber gebracht" (23.12.1786) und vier Wochen später: „Ich habe nur Eine Existenz, diese hab ich diesmal ganz gespielt und spiele sie noch... Komme ich um, so komm ich um, ich war ohnedies zu nichts mehr nütze..." (20.1.1787)

Nach weiteren sechs Monaten des Umdenkens und Verlernens hatte Goethe sich gefangen, sein inneres Gleichgewicht wiedergefunden: „Es ist nur ein Rom in der Welt, und ich befinde mich wie ein Fisch im Wasser. Wenn ihr mein gedenkt, so denkt an mich als an einen Glücklichen" (IR Juni 1787). Das war keine Genie-, Erkundungs- oder Bildungsreise; Goethe suchte primär nicht die Antike, die Kunst, das Ideal, sondern eine Antwort auf seine Zweifel, einen Sinn seiner Existenz, sich selber. „Ich habe mich auf dieser Reise unsäglich kennen gelernt. Alles, was ich schon lange weiß, wird mir erst eigen. Ich finde mich mehr in mich zurück und lerne unterscheiden, was mir eigen und was mir fremd ist... Ich erhole mich nun hier nach und nach von meinem salto mortale..." (IR 13. Dezember 1786)

„Die Wiedergeburt, die mich von innen heraus umarbeitet, wirkt immer fort. Ich dachte wohl, hier was Rechts zu lernen; daß ich aber so weit in die Schule zurückgehen, daß ich soviel verlernen, ja durchaus umlernen müßte, dachte ich nicht. Nun bin ich aber einmal überzeugt und habe mich ganz hingegeben, und je mehr ich mich selbst verleugnen muß, desto mehr freut es mich. Ich bin wie ein Baumeister, der einen Turm aufführen wollte und ein schlechtes Fundament gelegt hatte; er wird es noch beizeiten gewahr und bricht gern wieder ab, was er schon aus der Erde gebracht hat, seinen Grundriß sucht er zu erweitern, zu veredeln, sich seines Grundes mehr zu versichern, und freut sich schon im voraus der gewissen Festigkeit des künftigen Baues. Gebe der Himmel, daß bei meiner Rückkehr auch die moralischen Folgen an mir zu fühlen sein möchten, die mir das Leben in einer weitern Welt gebracht hat. Ja, es ist zugleich mit dem Kunstsinn der sittliche, welcher große Erneuerung leidet." (IR 20. Dezember 1786)

Rom war der Boden, auf dem Goethes Weltgeist sich entfalten und ausdehnen konnte; in Roms uraltem ambiente wurde – wie nie zuvor und nie danach – die Fülle seiner schöpferischen Fähigkeiten gefordert und in konkreten Resultaten sichtbar. In Rom zog er die Bilanz seines bisherigen Daseins und stellte die Weichen für sein zukünftiges Leben. Erst volle 40 Jahre später, in der Gesamtausgabe der IR von 1829, erscheinen Andeutungen über eine bestandene Lebenskrise, aus der Distanz einer säkulären Persönlichkeit zu Vergangenheit und Gegenwart. Privat-Persönliches war bei einer solchen Ausgabe letzter Hand entbehrlich oder in Gleichnissen verschlossen. Goethe dachte in Jahrhunderten und schrieb für die Enkel im Jahre 2000, für uns.

„Solange Sie in unserer Mitte verweilen, steht der Barbarei und Ausartung eine Macht entgegen, nach deren Verschwinden alles unter ihre Gewalt fallen würde"
(B.G. Niebuhr, Historiker, an Goethe am 17.12.1830)

„Auch ich in Arkadien"

Die ersten Vorstellungen von Italien empfing Goethe im Elternhaus am Großen Hirschgraben in Frankfurt: Ansichten von Venedig, Rom, Neapel an den Wänden, eine Gemälde- und Kupferstichsammlung, das Modell einer venezianischen Gondel, Abgüsse vom Laokoon-Kopf, einer Niobe u.a., Marmor- und Gesteinsproben, Bücher, Landkarten, Altertümer, vom Vater im Jahre 1740 aus Italien mitgebracht, beschäftigen den kleinen Wolfgang; die italienische Sprache und Musik werden daheim gepflegt. Der Vater, Johann Caspar Goethe (1710-1782), Dr. jur., Kaiserlicher Rat, war 29jährig zu einer Kavalierstour von acht Monaten nach Mailand, Venedig, Rom, Neapel, Genua aufgebrochen, von wo er nach Paris weiterreiste. Jahrzehntelang arbeitete er an einer Niederschrift seiner in italienischer Sprache abgefaßten Reisenotizen mit Hilfe des italienischen Sprachmeisters D.A. Giovinazzi, eines abgesprungenen Dominikaners, der in Frankfurt Italienischunterricht erteilte, auch im Hause Goethe. 1932/33 gab die Reale Accademia d'Italia diese „Viaggio in L'Italia" heraus; erst 1975 (!) wurde sie ins Deutsche übersetzt.

Die lebhafte Phantasie seines Sohnes mit Schilderungen aus dem Süden zu beflügeln, wird der sonst einsilbige Vater Goethe nicht müde; er preist eine Fahrt dahin als Heilmittel für viele Übel.

Kaum vier Wochen nach seiner Ankunft in Straßburg am 29. April 1770 schreibt Goethe aus Begeisterung über die dort nach Raffaels Kartons gewebten Teppiche seinem Leipziger Studienfreund E.Th. Langer: „Nach Italien Langer! Nach Italien! Nur nicht über's Jahr. Das ist mir zu früh: ich habe die Kenntnisse noch nicht, die ich brauche, es fehlt mir noch viel. Paris soll meine Schule sein, Rom meine Universität; und wenn man's gesehen hat, hat man alles gesehen. Drum eil ich nicht hinein." Was er in diesem Brief über Raffael und Rom ausspricht, hat er später in den Briefen aus Rom – endlich aus eigener Anschauung – fast wörtlich wiederholt. Auffallend die Bestimmtheit des 21jährigen, mit der er sich selber entsprechende Vorbereitungen und Kenntnisse für die so ungeduldig herbeigesehnte Reise nach Rom zur Bedingung macht.

1775 und 1779 reist der Dichter des Götz und des Werther in die Schweiz und schaut von der Paßhöhe des Gotthard zum ersten Mal in das von seinem Vater geliebte Land; vom 22.5.1775 stammt seine Zeichnung „Scheideblick nach Italien". 1779 kehrt er mit dem Stoßseufzer nach Weimar zurück: „Alles wendet mein

Auge zum zweiten Mal vom gelobten Land ab, ohne das zu sehen ich hoffentlich nicht sterben werde."

Noch ist es nicht so weit; die Weimarer Welt muß ausgelernt werden. Der reife Mann wird in Italien die innere und äußere Freiheit wieder gewinnen, die Ämter, Würden, Gesellschaft ihm zu entwinden drohten. Im vierten Lebensjahrzehnt erfüllt sich sein Jugendtraum. Venedig, Rom, Neapel, Palermo schenken ihm die Erkenntnis vom Sinn seiner Existenz – als Künstler: „Wie wohl mirs ist, daß sich so viele Träume und Wünsche meines Lebens auflösen, daß ich nun die Gegenstände in der Natur sehe, die ich von Jugend auf in Kupfer sah und von denen ich den Vater so oft erzählen hörte, kann ich Ihnen nicht ausdrücken" (an die Mutter, Rom 4. Nov. 1786).

Der Antwortbrief der Mutter vom 17. November 1786 hat Goethe nicht erreicht; der protestantische Minister Goethe stand, ohne es zu wissen, unter politischer Überwachung durch die vatikanische Polizei und den österreichischen Botschafter, Kardinal Hrzan. Der völlig harmlose Brief der Mutter an ihren Sohn in der Ferne (von der päpstlichen Zensur abgefangen und erst später wieder in Wien, Hof-Reichsarchiv aufgetaucht) lautet im Original:

Frankfurt, den 17. November 1786

Lieber Sohn! Eine Erscheinung aus der Unterwelt hätte mich nicht mehr in Verwunderung setzen können als dein Brief aus Rom – Jubilieren hätte ich vor Freude mögen daß der Wunsch der von frühester Jugend an in deiner Seele lag, nun in Erfüllung gegangen ist – Einen Menschen wie du bist, mit deinen Kenntnissen, mit dem reinen großen Blick vor alles was gut, groß und schön ist, der so ein Adlerauge hat, muß so eine Reise auf sein ganzes übriges Leben vergnügt und glücklich machen – und nicht allein dich, sondern alle die das Glück haben werden in deinem Wirkungskreis zu leben. Ewig werden mir die Worte der seligen Klettenbergern im Gedächtnis bleiben „Wenn dein Wolfgang nach Mainz reiset bringt er mehr Kenntnisse mit, als andere die von Paris und London zurückkommen" – Aber sehen hätten ich dich mögen beim ersten Anblick der Peterskirche! Doch du versprichst ja mich in der Rückreise zu besuchen, da mußt du mir alles haarklein erzählen. Vor ungefähr 4 Wochen schrieb Fritz von Stein er wäre deinetwegen in großer Verlegenheit – kein Mensch selbst der Herzog nicht, wüßte wo du wärst – jedermann glaubte dich in Böhmen usw. Dein mir so sehr lieber und interessanter Brief vom 4. November kam mittwochs den 15. dito abends um sechs uhr bei mir an – Den Bethmännern habe ihren Brief auf eine so drollige Weise in die Hände gespielt, daß sie gewiß auf mich nicht raten. Von meinem innern und äußern Befinden folgt hier ein genauer und getreuer Abdruck. Mein Leben fließt still dahin wie ein klarer Bach – " (Catharina Elisabeth Goethe, Briefe an ihren Sohn, Stuttgart 1971, S. 10f)

Goethe war der bestvorbereitete Italienreisende; er beherrschte Italienisch, Latein, Griechisch, Französisch, kannte die griechische Geschichte, Philosophie, Dichtung, war von kräftiger Konstitution und -wichtig bei den Verkehrsmöglichkeiten jener Zeit – ein ausdauernder Reiter. Damals war eine Italienreise ein Lebensereignis, kostspielig, anstrengend und gefährlich wegen der wenigen und schlechten Straßen, auf denen Wagen oft im Schlamm stecken, mit Radbruch liegen blieben, wegen der Banditen und Räuber im Kirchenstaat und auf Sizilien und wegen der Seuchen. Wer nicht den eigenen Pferdewagen benutzte, hatte die Wahl zwischen Postkutsche oder einem Vetturino. In Augsburg gab es deutsche und italienische Vetturini, die z.B. einen Reisenden für 30 Dukaten nach Rom fuhren. Goethe vertraute sich einem solchen Vetturino oder Kutscher an, der für alles zu sorgen hatte. Die Fahrt in dem schwerfälligen Vehikel ging oft so langsam vonstatten, daß Goethe ausstieg und nebenher ging. Die häufigen Paß-und Zollkontrollen – bis Rom wurden die Grenzen Österreichs, der Republik Venedig, des Kirchenstaates, des Großherzogtums Toscana und wieder des Kirchenstaates passiert – brachten Ärger und Schikanen.

Die päpstlichen Söldner beschlagnahmten bei den Fremden alle Bücher und Schriften, die der Eigentümer erst Tage später nach Prüfung durch einen Pater, falls nichts verbotenes „Staatsfeindliches" darunter war, zurückerhielt. Goethe brauchte fast zwei Monate bis Rom. In einigen Gasthöfen unterwegs gab es kein warmes Essen, fehlten Tische, Stühle, Betten. Bei Kälte konnte sich der Gast oft nur an glühender Holzkohle wärmen.

In Rom war Goethes Zeit streng eingeteilt: Besichtigung von Denkmälern, Kirchen, Sammlungen, Landschaften, Lektüre, eigene literarische und dichterische Arbeiten, Briefwechsel, Übungen im Zeichnen, Malen, Modellieren, naturwissenschaftliche Studien, Beobachtungen auf dem Gebiet der Pflanzenentwicklung, Beschäftigung mit Musik. Daneben noch der persönliche Verkehr mit Künstlern und Gelehrten, denen er Freund, Berater, Helfer ist. Eine solche Fülle hat noch kein Rompilger bewältigt. Die Welt der „conversazione", der Gesellschaft, Akademien, Touristen wird gemieden.

So unermüdlich fleißig das physisch-psychische Kraftgenie sich bisher als Staatsbeamter, Dichter, Forscher, Wanderer, Reiter etc. bewährt hatte, eine Arbeitsleistung wie in Rom hat er weder vor- noch nachher bewältigt, was gelegentliche Bemerkungen in den Briefen aus Italien andeuten, er mühe sich mehr als er genieße und schaffe sich manchmal müde und matt. Statt der üblichen Besuche in den Osterias, den Weinschenken – von vielen deutschen Kunstjüngern in Rom frequentiert – abendliche Zusammenkünfte in seinem Heim am Corso mit Künstlern und Kunstkennern zu brausenden Gesprächen über Mensch, Welt, Gott, Kunst. Damit wahrte er – wie bei seinen flüchtigen Besuchen im Caffè Greco, dem Treffpunkt der fremden Künstler in Rom – sein Incognito als Maler Möller. In eingeweihten Kreisen war Goethes Wohnung am Corso, „gegen Rondanini über", als „eine deutsche Akademie" bekannt geworden, wo Seminare und Konzerte veranstaltet, nach lebendigen Modellen gezeichnet, gemalt, modelliert wurde. Angelika Kauffmann spricht in späteren Briefen von der „himmlischen Musik", die sie dort gehört habe, meist unter der Leitung des Komponisten Kayser, der ab 1787 bei Goethe wohnte.

„Ich bin", so beschreibt Goethe seinen Zustand, „von einer ungeheuren Leidenschaft und Krankheit geheilt, wieder zum Lebensgenuß, zum Genuß der Geschichte, der Dichtkunst, der Altertümer genesen und habe Vorrat auf Jahre lang auszubilden und zu komplettieren" (IR 4. Januar 1787). Ein Jahr darauf, am 25. Januar 1788, teilt er dem Herzog Carl August mit, er habe in Rom bemerkt, daß er von Kunst eigentlich bisher nichts verstand, nur den allgemeinen Abglanz in den Kunstwerken bewunderte und erst hier ein Abgrund der Kunst als andere Natur sich ihm aufgetan habe, in den er mit Freude hineinschaue, weil sein Blick an die Abgründe der Natur gewöhnt sei.

Bis an sein Lebensende bleibt Goethe mit Italien verbunden. In seinem Haus in Weimar nehmen die Erinnerungen an Venedig, Rom, Neapel beherrschenden Raum ein. Das statuengeschmückte Treppenhaus erinnert an einen südlichen Palazzo; in den Stuben Kopien des Zeus von Otricoli, des Antinous von Monte Dragone, der Pallas Athene aus der Villa Albani, der Juno Ludovisi, der Medusa Rondanini, der Himmlischen und Irdischen Liebe von Tizian, der Aldobrandinischen Hochzeit, des Odysseus und Circe von Carracci, farbige Stiche nach Raffaels Fresken der Farnesina, eine Sammlung von 200 Abdrucken antiker Gemmen, eine reiche Majolika-Kollektion, 1500 Zeichnungen. Die Mittel des Herzogtums waren zu beschränkt, um teure Originale zu erwerben.

Erst 1829 erschien die vollständige Ausgabe der Italienischen Reise, ein wesentlicher Abschnitt von Goethes Biographie. Fast alle persönlichen und privaten Mitteilungen von einst sind in der späten Redaktion weggelassen nach seinem Grundsatz „... mich so viel als möglich zu verleugnen und das Objekt so rein, als nur zu tun wäre, in mich aufzunehmen..." (Annalen 1789) 1818 hatte Goethe seine Aufzeichnungen und Briefe aus Neapel und Sizilien, 1829 – bis auf wenige Ausnahmen – die des zweiten römischen Aufenthaltes verbrannt und die Inschrift „Auch ich in Arkadien – Et in Arcadia ego" weggelassen.

Für die Ausarbeitung hatte sich Goethe die aus Italien an die Freunde daheim gerichteten Briefe – vor allem an Frau von Stein, Herder, Herzog Carl August, Knebel – gleich nach der Heimkehr zurückgeben lassen. Dazu flüchtige Notizen, Bemerkungen, die sorgfältig geführten Tagebücher. Die erläuternden „Berichte" werden erst bei der letzten Redaktion eingefügt. Im Ganzen eine lebensvolle Schilderung für die Freunde und Leser damals bis heute, in der die südliche Landschaft, Natur und Kunst zum Sprechen gebracht werden.

Biedermann berichtet nach dem Tagebuch des H.F. Reinhard vom 30.5. – 10.7.1807: „Goethe sprach von seiner Reise nach Italien und wie er erst an Ort und Stelle gefunden, daß er von Kunst keinen Begriff hatte. Dadurch ist mein Aufenthalt in Italien, sagte er, mühsam und von den gewöhnlichen Reisenden sehr verschieden geworden. Lange nahm ich gelehrig alles in mir auf, las, hörte, verglich, sah, bis ich endlich in mir selbst zur Klarheit kam. Ich hatte bis Rom, besonders in Venedig, ein sehr weitläufiges Tagebuch, auch viele Briefe geschrieben, die ich größtenteils zurückerhalten habe und die mir noch jetzt Vergnügen machen, weil sie meist mit vieler Freiheit und in der heitersten Stimmung meines Lebens geschrieben sind. In Rom ließ ich mein Tagebuch liegen oder schrieb wenig. Ich gedenke, jenes Tagebuch, jene Briefe drucken zu lassen mit Anmerkungen. Es fehlte wenig, so wäre ich ganz in Italien geblieben."

Wir haben indes neulich ausgemacht, daß er, alten Münzen nach, einmal in Rom dictator perpetuus und imperator unter dem Namen Julius Caesar gewesen; zur Strafe aber nach beinahe achtzehnhundert Jahren zum Geheimrat in Weimar avanziert und promoviert sei."
(Herder, Herbst 1784; Gespräche I, 123)

Mit Goethe nach Rom

Rom – der Knabe träumt von der Stadt, deren berühmte Ansichten er täglich vor sich hat, der humanistisch gebildete Jüngling sehnt sich nach dem ehrwürdigen Boden der Kultur, der Mann erlebt dort glückliche Stunden; der Achtzigjährige bekennt rückblickend, in Rom habe sich die Grundlage seines späteren Lebens befestigt. Ob Italien, Antike, Griechenland, Homer, Schönheit, Freiheit, Größe, immer beginnen und enden diese Vorstellungen, Sehnsüchte und Wünsche bei Rom. Als er sich endlich auf den Weg macht, hält er bis unter die Porta del Popolo das Ziel geheim, in abergläubischer Angst, die leiseste Mitwisserschaft könnte noch zuletzt die Erfüllung dieses Lebenswunsches gefährden. Absichtlich werden in Venedig die ersten Stücke des Tagebuches in eine Kiste gepackt, damit sie auf langsameren Wegen als die Post die Heimat erreichen und das Geheimnis nicht vor seiner Ankunft in Rom preisgeben. Unterwegs bleibt links und rechts vieles liegen, nur um den einen Gedanken auszuführen, der fast schon zu alt für seine Seele geworden ist. Die Stationen sind sich selbst abgerungene Verzögerungen vor dem großen Moment: der Ankunft. Ob Bozen, Trient, Verona, Venedig, immer bleibt sein Blick auf Rom gerichtet und wenn er seiner Ungeduld folgte, er sähe auf dem Wege nichts und eilte nur geradeaus. In Bologna beruhigt er sich mit dem Entschluß, Florenz zu durcheilen; in Città Castellana verbringt er die letzte Nacht angekleidet, um nur ja nicht die Abfahrt zu versäumen, und bricht noch vor Tagesanbruch auf. „Morgen abend also in Rom! Ich glaube es jetzt kaum, und wenn dieser Wunsch erfüllt ist, was soll ich mir nachher wünschen?" (IR 28. Oktober 1786)

Am 29. Oktober 1786 kann er – nach 56 Reisetagen – das Ziel seiner „unterirdischen" Fahrt mitteilen: „Ja, ich bin endlich in dieser Hauptstadt der Welt." Aufatmend hält der Wanderer einen Augenblick still und blickt zurück. „Über das Tiroler Gebirg bin ich gleichsam weggeflogen... Die Begierde, nach Rom zu kommen war so groß, wuchs so sehr mit jedem Augenblicke, daß kein Bleiben mehr war und ich mich nur drei Stunden in Florenz aufhielt. Nun bin ich hier und ruhig, und wie es scheint, auf mein ganzes Leben beruhigt. Denn es geht, man darf wohl sagen, ein neues Leben an, wenn man das Ganze mit Augen sieht, das man teilweise in- und auswendig kennt. Alle Träume meiner Jugend sehe ich nun lebendig..." (IR 1. November 1786)

Schon eine Woche später ist ihm klar: „Und bei alldem seh ich voraus, daß ich wünsche werde anzukommen, wenn ich weggehe" (IR 7. November 1786).

Glücklicher Goethe und glücklich auch wir, daß unser Dichter die Einfachheit aller wahrhaft Großen besaß. Keine verdrießlichen Bemerkungen über Strapazen oder Enttäuschungen, da man sich alles gewaltiger vorgestellt, sondern die dankbare Erkenntnis, einen zweiten Geburtstag, eine Wiedergeburt mit dem Tage des Eintritts in Rom zu zählen. Freilich, geschenkt wird an diesem Ort, an den sich die Geschichte der Welt knüpft, nichts: „Gestehen wir jedoch, es ist ein saures und trauriges Geschäft, das alte Rom aus dem neuen herauszuklauben, aber man muß es denn doch tun und zuletzt eine unschätzbare Befriedigung hoffen... Anderer Orten muß man das Bedeutende aufsuchen, hier werden wir davon überdrängt und überfüllt. Wie man geht und steht, zeigt sich ein landschaftliches Bild aller Art und Weise, Paläste und Ruinen, Gärten und Wildnis, Fernen und Engen, Häuschen, Ställe, Triumphbögen und Säulen, oft alles zusammen so nah, daß es auf ein Blatt gebracht werden könnte. Man müßte mit tausend Griffeln schreiben, was soll hier eine Feder! und dann ist man abends müde und erschöpft vom Schauen und Staunen." (IR 7. November 1786) Müde, erschöpft, aber „gerettet": „Ich erhole mich nun hier nach und nach von meinem salto mortale.. Das vergangene Jahr war das wichtigste meines Lebens; ich mag nun sterben oder noch eine Weile dauern, in beiden Fällen war es gut." (IR 13. Dezember 1786)

Staunend wandert er durch die Reste eines Riesenzeitalters unter freiem Himmel: Ja, Rom ist der Ort, wo sich das gesamte Altertum vereinigt und wie Homer sich nicht mit anderen Dichtern, so läßt sich Rom mit keiner anderen Stadt, römische Gegend mit keiner anderen Gegend vergleichen.

Hohe Sonne, du weilst und du beschauest dein Rom!
Größeres sahest du nicht und wirst nichts Größeres sehen,
Wie es dein Priester Horaz in der Entzückung versprach.
(Römische Elegien XV)

Hier fühlt er sich zuhause, hier war er eigentlich schon immer zuhause. Goethe beginnt, sich Rom anzueignen: „Ich bin den ganzen Tag in einem Gespräch mit den Dingen..." Die Identitätskrise von 1786 ist überwunden.

Nicht nur die Welt der Antike und der Renaissance lernt er kennen, auch sich selbst: „Ob ich gleich noch immer derselbe bin, so meine ich, bis aufs innerste Knochenmark verändert zu sein... Die Wiedergeburt, die mich von innen heraus umarbeitet, wirkt immer fort." (An Frau v. Stein, 20. Dezember 1786) Wie er früher Steine, Kräuter, Tiere betrachtete, so richtet er jetzt seine Aufmerksamkeit auf die Baumeister, Bildhauer und Maler, um sich in ihnen selbst zu finden. Von früh bis spät ist er unermüdlich auf den Beinen, um anzuschauen und mit der neuen Welt vertraut zu werden. Die großen Werke werden ein zweites und drittes Mal betrachtet und eingeordnet, die richtige Beurteilung und Einstufung aller anderen ergibt sich dann von selbst. Seine „Liebschaften" reinigen und entscheiden sich, von einigen werden Abgüsse angefertigt, um sie stets um sich zu haben. So gewinnt er die Klarheit, dem Großen und Echten mit gelassener Teilnahme entgegenzutreten. Nach knapp vier Monaten sind Herz und Gemüt übervoll und von erhabenen Eindrücken gesättigt. Goethe vollendet die 'Iphigenie' und gewinnt „Vorrat auf Jahre lang auszubilden, zu completieren."

Die Dinge, nach denen er Jahre, ja Jahrzehnte Ausschau gehalten, erlebte er wie neu; seine gesteigerte Erwartung wurde durch die Erfüllung nicht enttäuscht. Goethe vermochte das glänzende Fest zu feiern, auf das er sich so lange gefreut hatte, ohne den Snobismus des gebildeten Mannes, der unbefangenen Freuden im Wege steht. Er kontrollierte nicht seine Vorstellungen und Kenntnisse – er fand Schätze, fand Leben, Ahnungen, Hoffnungen, Träume bestätigt: ein glücklicher Mensch, Goethe in Rom. „Es ist nur ein Rom in der Welt, und ich befinde mich hier wie der Fisch im Wasser... Wenn Ihr mein gedenkt, so denkt an mich als an einen Glücklichen." (IR Ende Juni 1787)

Froh empfind' ich mich nun auf klassischem Boden begeistert,
Vor- und Mitwelt spricht lauter und reizender mir.
Hier befolg' ich den Rat, durchblättre die Werke der Alten
Mit geschäftiger Hand, täglich mit neuem Genuß.
Aber die Nächte hindurch hält Amor mich anders beschäftigt.
(Römische Elegien V)

Goethes erster römischer Aufenthalt währte vom 29. Oktober 1786 bis zum 22. Februar 1787. Die erste Nacht in Rom verbrachte er in der Locanda dell'Orso, am Tag darauf zog er zu dem Maler Tischbein in der Via del Corso 18. Die Wirtsleute sorgen für die Künstler wie für ihre Kinder. „Er begehrte von mir ein klein Stübchen, worin er schlafen und ungehindert arbeiten könnte, und ein ganz einfaches Essen. Da sitzet er nun jetzo und arbeitet des Morgens, um seine Iphigenie fertig zu machen, bis um 9 Uhr, dann gehet er aus und sieht die großen hiesigen Kunstwerke... Er läßt sich wenig von den goßen Weltmenschen stören, gibt und nimmt keinen Besuch an außer von Künstlern", berichtet Tischbein am 9. Dezember 1786 an Lavater.

Sparsam verbraucht Goethe in den 20 Monaten in Italien nur den Erlös seiner Bücher und sein Gehalt, das ungekürzt weiter bezahlt wird. Inkognito, ohne Personal, nach 15 Jahren zum erstenmal wieder frei, unabhängig und beneidenswert gesund, fühlt er eine gesteigerte Kreativität: die „Signatur der Schönheit" als Bilder- und Erlebniswelt, als Bildung ohne gelehrten Apparat. Hartnäckig verschanzt er sich hinter seinem Decknamen, er reist als Johann Philipp Möller und ist als Filippo Möller im Bevölkerungsregister Roms eingetragen. Einladungen und Versuche, ihn vor die Öffentlichkeit zu bringen, lehnt er beharrlich ab, denn nur in der Stille und Ordnung kann er wachsen und die gestellten Aufgaben erfüllen. „Ich scheue mich vor den Herren und Damen wie vor einer bösen Krankheit, es wird mir schon weh, wenn ich sie fahren sehe."

Ein kleiner Kreis von Deutschen hatte sich nach und nach um ihn versammelt. Von den damals etwa 80 Künstlern und Kunstkennern aus dem deutschen

Sprachraum lernt Goethe etwa zwei Dutzend kennen, darunter: Johann H. W. Tischbein, seit 1783 zum zweitenmal in Rom, malte 1786/88 das bekannte Bild: „Goethe in der Campagna"; seine aquarellierten Tuschzeichnungen „Goethe am Fenster seiner Wohnung am Corso" und „Goethe in seiner Wohnung" geben vor der Epoche der Fotographie beinahe fotogetreue Momentaufnahmen von Goethe in Rom. „Tischbein hat gar freundschaftlich für mich auch in Kunstsachen gesorgt und mir eine Reihe Studien an den besten Meistern gezeichnet und zeichnen lassen, die in Deutschland für mich einen großen Wert haben, und mein Zimmerlein zu einem Schatzkästchen machen werden." (Goethe an Herder 29. Dezember 1786)

Johann Heinrich Lips, Goethe bereits aus der Schweiz bekannt, traf er in Rom wieder und berief ihn 1789 als Maler und Kupferstecher – bis 1794 – nach Weimar. Mit seinem 1791 in Weimar entstandenen Porträt schuf Lips eine überzeugende Darstellung des „neuen" Goethe. Der genialische Schriftsteller Karl Philipp Moritz (1757–1793), bekannt geworden durch seinen Roman „Anton Reiser", einer „Götterlehre" der Antike und den „Versuch einer deutschen Prosodie", hat Goethe durch seine Ästhetitk stark beeinflußt; er bereiste fast gleichzeitig mit ihm Italien. Er revidierte die Metrik der „Iphigenie", die Umarbeitung in Jamben. Moritz' Schrift „Über die bildende Nachahmung des Schönen" von 1788 schien Goethe so wichtig, daß er deren Hauptgedanken in seine „Italienische Reise" aufnahm. In Rom pflegte Goethe ihn wochenlang, als Moritz sich den Arm gebrochen hatte. „Er ist wie ein jüngerer Bruder von mir, von derselben Art, nur da vom Schicksal verwahrlost und beschädigt, wo ich begünstigt und vorgezogen bin", berichtete Goethe am 14. Dezember 1786 an Frau v. Stein. Von Dezember 1788 bis Februar 1789 hielt sich Moritz in Weimar auf, bis ihm Goethe eine Professur für Altertumskunde an der Kunstakademie in Berlin verschaffte.

Mit der seit 1782 in Rom ansässigen, damals hoch angesehenen Malerin Angelika Kauffmann stand Goethe in freundschaftlichem Verkehr. „Angelika ist gar lieb und gut, sie macht mich auf alle Weise zu ihrem Schuldner. Den Sonntag bringen wir zusammen zu, und in der Woche sehe ich sie abends einmal." (IR 7. Dez. 1787) „Angelika malt mich auch, daraus wird aber nichts; es verdrießt sie sehr, daß es nicht gleichen und werden will. Es ist immer ein hübscher Bursche, aber keine Spur von mir." (IR 27. Juni 1787) Für die Gesamtausgabe seiner Werke bei Göschen zeichnete Angelika Iphigenie, Klärchen, Egmont und die Musen an Goethes Büste. Auch von Weimar aus blieb Goethe später mit ihr in Verbindung.

Da sind noch zu nennen der deutsche Maler Friedrich Bury, der Bildhauer Alexander Trippel, 1793 gest. in Rom, der die sogenannte Apollobüste Goethes schuf: „Meine Büste ist sehr gut geraten; jedermann ist damit zufrieden. Gewiß ist sie in einem schönen und edlen Stil gearbeitet, und ich habe nichts dagegen, daß die Idee, als hätte ich so ausgesehen, in der Welt bleibt," schreibt Goethe am 14. September 1787 aus Rom.

Der Komponist und Klaviervirtuose Christoph Kayser aus Frankfurt, Goethe schon länger bekannt, wird nach Rom eingeladen, um den „Egmont" zu vertonen und einige Lieder zu setzen. Kayser beriet Goethe in Fragen des italienischen Singspiels und seiner musikalisch-dramatischen Wirkungen auf die deutsche Bühne.

Johann Friedrich Reiffenstein, Archäologe, Kunstkenner und Sammler, gehört zu dem Kreis um Goethe. Dem Maler und Kupferstecher Philipp Hackert, den er in Neapel kennenlernt, widmet Goethe im Jahr 1811 (nach Hackerts Tod 1807) aus Zuneigung eine „Biographische Skizze, meist nach dessen eigenen Aufsätzen entworfen". Und da ist noch der Schweizer Johann Heinrich Meyer, ein kleiner Maler, aber großer Kenner, gewissenhaft, verschwiegen, treu – er siedelt 1791 nach Weimar über und lebt in Goethes Haus als Sachwalter und Lehrer.

Zweiter Römischer Aufenthalt

Das Gebet des Romulus bei der Gründung der Stadt stellt Goethe als Motto über seinen zweiten römischen Aufenthalt vom 6. Juni 1787 bis 23. April 1788: „Langes Leben und die Weltherrschaft sei ihr beschieden und untertan sei ihr die aufgehende und untergehende Sonne." (nach Ovids „Fasti").

Nach seiner Ankunft aus Neapel am 6. Juni bezieht Goethe sein altes Quartier am Corso 18 und übernimmt, als Tischbein Anfang Juli nach Neapel zieht, dessen geräumiges Atelier bis zu des Malers Rückkehr im März 1788. Die letzten Wochen bis zu seiner Abreise wohnt Goethe im zweiten Stock des Hauses bei dem Bildhauer Cerachi.

Goethe war physisch, kreativ, geistig ein Allroundgenie. Über dem Lyriker, Schriftsteller, Dramatiker, Naturerforscher wird oft – wie unschicklich für einen schöpferischen Göttersohn! – der Sportsmann verschwiegen, der Tänzer, Fechter, Reiter, Schlittschuhläufer, Schwimmer, Bergsteiger, Wanderer, der nach einem 50 km Marsch mit seinen Freunden Feste feiert, Szenen aus seinen bisherigen Arbeiten vorträgt oder aus dem Stegreif neue dichtet und am nächsten oder übernächsten Tag die 50 km zurückmarschiert; unter den damaligen und heutigen Zunftgenossen suchte und sucht er seinesgleichen. Nur ein solches Natur-Kraft- und Energiebündel von physischer und geistiger Potenz vermochte die für uns heute schwer vorstellbaren Strapazen der Italienischen Reise vor 200 Jahren zu Fuß, zu Pferde, in Kutschen, per Segelschiff, waghalsige Exkursionen zum Kraterrand tätiger Vulkane, in Unterkünften oft ohne Fenster, ohne Heizung, ohne Wasser, nicht selten ohne Bett wie einen Erholungsurlaub zu absolvieren, ohne die Lust, die Laune, die Freude am Erleben und die Fähigkeit zum Schaffen einzubüßen. Keiner der heutigen prominenten Literaten wäre dazu physisch imstande, ebensowenig wie zur souveränen Bewältigung all jener Tätigkeiten, die Goethe nach seiner Rückkehr aus Sizilien-Neapel in geistiger Frische und Spannkraft weiter betreibt: Arbeit an Theaterstücken, Dramen, Gedichten, Singspiellibretti, Erzählungen, Berichte, Tagebuch, naturwissenschaftliche Studien über Umwelt, Klima, Landschaft, meteorologische, geologische Erscheinungen, Fauna und Flora, hier stets auf den Spuren der Ur-Pflanze. Er pflanzt Bäume zur Erinnerung an seine

Tage in Rom, beobachtet und beschreibt die Gesellschaft im Alltag, im Beruf, Sitten, Gebräuche, Kleidung, Ernährung, Beschäftigung, Feste, Spiele, Händel, Unterhaltung, besucht Ruinen, Ausgrabungen, Kunstwerke, Theater- und Musikaufführungen, religiöse Zeremonien, öffentliche und private Sammlungen, studiert Kirchen, Paläste, Altäre, Grabmonumente, Bildwerke, Gemälde, Mosaiken, Gemmen, Münzen, Inschriften, fertigt Kopien, Zeichnungen, Abgüsse an, daneben die Lektüre der neuen Ausgabe von Winckelmanns Kunstgeschichte, von Livius, Catull, Plutarch, Ovid, Homer und das nie erlahmende Interesse an der Lebens-und Arbeitswelt des Volkes, an schönen Mädchen und Frauen...

Goethe arbeitet an seinen Dramen und an seinem naturwissenschaftlichen Entwicklungsgesetz. Dem Herzog schreibt er am 11. August 1787: „Egmont ist fertig, und ich hoffe bis Neujahr den Tasso, bis Ostern Faust ausgearbeitet zu haben, welches mir nur in dieser Abgeschiedenheit möglich wird. Zugleich, hoffe ich, sollen die kleinen Sachen, welche den fünften, sechsten und siebenten Band füllen, fertig werden, und mir bei meiner Rückkehr ins Vaterland nichts übrig bleiben, als den achten zu sammeln und zu ordnen. Somit werde ich auch dieser Verbindlichkeit los und kann an etwas Neues, kann mit Ernst an Wilhelm (Meister) gehn..."

Wie ein Jugendtraum erscheint ihm der gegenwärtige Zustand, sein Sinn ist leichter als vor einem Jahr, er fühlt sich verwandelt und lernt unterscheiden, was ihm eigen und was ihm fremd ist. Die Eindrücke und Vorstellungen aus dem ersten römischen Aufenthalt klären und verdeutlichen sich. Was als schön, groß, ehrwürdig gilt, will er selber erkennen; nichts soll dem Dichter, Künstler, Naturforscher theoretisches Wissen bleiben, alles anschauliche Kenntnis werden.

Das Erlebnis der damals noch paradiesischen Natur Neapels und Siziliens kristallisiert sich in der Idee von der Urpflanze, „ein Geschöpf, um welches mich die Natur selbst beneiden soll" (an Herder). „Sage Herdern", so an Charlotte von Stein am 8. Juni 1787, zwei Tage nach der Rückkehr nach Rom, „daß ich dem Geheimnis der Pflanzenerzeugung und Organisation ganz nah bin..." Wie Rom und seine Geschichte, so studiert er Pflanzen, Tiere, Steine, Ackerbau, Bäume, Wasser, Flüsse, Meer, die Lebensäußerungen des Volkes, die Werke der Kunst, die Musik, um herauszufinden, ob die Prinzipien und Gesetze der Natur auch für den moralischen und künstlerischen Bereich gelten. Eine Zusammenschau: Ur-Urform des Lebens, die Ur-Pflanze; die Urphänomene der Natur als Kunst anderer Natur oder, wie er damals an Knebel schreibt: „Glücklicherweise habe ich auch eine Kombination für Kunst mit meiner Vorstellungsart der Natur gefunden." (3. Oktober 1787)

Jetzt erst fangen seine Studien richtig an, und wäre er früher aus der Lehre gelaufen, er hätte Rom gar nicht richtig gesehen. Die Denkmäler der Geschichte und die großen Kunstwerke reizen nicht nur zum Genuß, sondern zu eigener Tätigkeit und nur der soll urteilen, der selbst in der Sache konkret wirkt. Er wächst an den Werken der Kunst, die ihm zur zweiten Natur wird. Leichter ist es, die Natur als die Kunst zu beobachten und zu schätzen, das Gebildete nicht nach dem Effekt auf uns, sondern nach seinem inneren Wert zu beurteilen. „Das geringste Produkt der

Natur hat den Kreis seiner Vollkommenheit in sich und ich darf nur Augen haben um zu sehen, so kann ich die Verhältnisse entdecken, ich bin sicher, daß innerhalb eines kleinen Zirkels eine ganze wahre Existenz beschlossen ist. Ein Kunstwerk hingegen hat seine Vollkommenheit außer sich, das 'Beste' in der Idee des Künstlers, die er selten oder nie erreicht... Es ist viel Tradition bei den Kunstwerken, die Naturwerke sind immer wie ein erst ausgesprochenes Wort Gottes." (An Herzogin Louise, Tagebuch der IR 23. Dez. 1786) Die antiken Künstler sind deshalb groß, weil sie die Natur und ihre Gesetze kannten und anerkannten und klare Vorstellungen hatten von den Grenzen und Möglichkeiten künstlerischen Schaffens. „Diese hohen Kunstwerke (der Alten) sind zugleich als die höchsten Naturwerke von Menschen nach wahren und natürlichen Gesetzen hervorgebracht worden. Alles Willkürliche, Eingebildete fällt zusammen; da ist die Notwendigkeit, da ist Gott." (IR 6. September 1787)

Bisher kannte Goethe antike Kunstwerke nur von Beschreibungen, Kupferstichen und Gipsabgüssen, von Besuchen der Antikensammlung in Mannheim im Oktober 1769 und August 1771. Nun, in Rom, „auf uraltem Boden ein Mitgenosse der großen Beschlüsse des Schicksals", lernt er die eigene Individualität besser kennen und gewinnt Klarheit über einen Kardinalfehler seiner Natur, der ihn bisher oft gepeinigt hatte, die Abneigung, das Handwerkliche einer Sache, welche er treiben soll und will, von Grund auf zu erlernen. Manchen Mißerfolg und Fehlschlag beginnt er jetzt zu verstehen und in Zukunft zu vermeiden.

Von frühester Jugend bis zum Abschied von Rom erkennen wir bei Goethe eine unregelmäßige, aber ununterbrochene Entwicklung, die manchmal stürmisch, dann wieder langsam vor sich geht, aber niemals stockt. Den „toten Punkt" überwindet er mit dem Aufbruch nach Italien. „Ich zähle einen zweiten Geburtstag, eine wahre Wiedergeburt, von dem Tage, da ich Rom betrat." (IR 3. Dezember 1786) „Wie das Leben der letzten Jahre wollt ich mir eher den Tod gewünscht haben." (Tagebuch der IR 8. Juni 1787) Schwankungen führen auf Abwege und in Unsicherheiten, die besonders in Rom deutlich werden, als er glaubt, vielleicht doch zum Maler oder Bildhauer geboren zu sein. Mit leidenschaftlicher Energie wirft er sich auf die bildende Kunst. Nach theoretischen Landschaftsstudien und Perspektive (im September und Oktober 1787) betreibt er Zeichnen nach der Natur (im November und Dezember), danach die sorgfältige Ausführung zu Hause (im Januar), Anatomie, Aktzeichnen, Modellieren, um sich mit der Plastik vertraut zu machen. Die Antike bleibt der Leitstern in der Kunst; Goethe fördert die Arbeit von Moritz: „Götterlehre oder Mythologische Dichtungen", 1791 erschienen, eine Darstellung der antiken Kultur ohne literarisch-schöngeistig-gelehrtes Pathos von edler Einfalt und stiller Größe. Er ist glücklich in Rom; wie ein Hauch der Jugend weht es ihn an inmitten von Freunden und Gleichgesinnten. Im Oktober 1787 weilt er für drei Wochen in Frascati – Hofrat Reiffenstein besaß dort eine Sommerwohnung – und in Castel Gandolfo, wo er die schöne Mailänderin Maddalena Riggi kennenlernt, eine „Wahlverwandtschaft", der Goethe durch Abreise entsagt. „In guter Gesellschaft" – auch Angelika Kaufmann, sowie seine Berater in Kunstgeschichte und italienischer Musik: Meyer und Kayser, hatten sich eingefunden – werden die sogenannten Castelli Romani besucht: Marino, Albano, Castello, Larici, Genzano, Nemi, Monte Cavo.

Wieder in Rom vergißt er, still vor sich hinarbeitend, was außer ihm ist und überwindet „diesen vergeblichen Aufwand eines dilettantischen Strebens" aus der Erkenntnis seines Künstlertums als Dichter, Naturforscher und Kunstkenner: „Täglich wird mirs deutlicher, daß ich eigentlich zur Dichtkunst geboren bin, und daß ich die nächsten zehn Jahre, die ich höchstens noch arbeiten darf, dieses Talent excolieren und noch etwas Gutes machen sollte, da mir das Feuer der Jugend manches ohne großes Studium gelingen ließ. Von meinem längern Aufenthalt in Rom werde ich den Vorteil haben, daß ich auf das Ausüben der bildenden Kunst Verzicht tue." (IR 23. Februar 1788)

Aufstände, Revolutionen betrachtete er wie Sturmfluten, Vulkanausbrüche, Erdbeben; Geschichte sah Goethe in der Natur. „Wie ich die Natur behandle, so behandl' ich Rom und schon steigt mir's entgegen," schreibt er am 24. November 1786 aus Rom an Frau von Stein und am 29. Dezember 1786 an Herder: „Nun ist mir... Baukunst und Bildhauerkunst und Malerei wie Mineralogie, Botanik und Zoologie." Am 29. Dezember 1786 an Frau von Stein: „Daß ich in der letzten Zeit die Natur so eifrig und gründlich studierte, hilft mir auch jetzt in der Kunst." Am 14. März 1788 zieht er Bilanz: „In Rom habe ich mich selbst zuerst gefunden, ich bin zuerst übereinstimmend mit mir selbst glücklich und vernünftig geworden." Im gleichen Sinne drei Tage später an den Herzog: „Ich habe mich in dieser anderthalbjährigen Einsamkeit selber wiedergefunden; aber als was? Als Künstler!" (Tagebuch der IR 17./18 März 1788)

Abschied von Rom

Lange vor seiner Abreise bedrückt Goethe der Gedanke, die Stadt zu verlassen: „Ich weiß noch nicht, wie ich mich von Rom los machen will. Ich finde hier die Erfüllung aller meiner Wünsche und Träume, wie soll ich den Ort verlassen, der für mich allein auf der ganzen Erde zum Paradies werden kann?" (an Kayser, 14. Juli 1787)

Rom war kein Aussteigen aus der Gesellschaft, eher Abwehr und Flucht vor der zudringlichen Neugier einer Umwelt, die selber nichts erlebte und sich am interessanten Nachbarn schadlos hielt. Im Sechstausend-Seelen-Städtchen Weimar wurde jeder Schritt Goethes beobachtet, registriert und kommentiert, ganz besonders sein „unmoralisches Liebesleben". Zum ersten und einzigen Mal in seinem Leben wohnte Goethe in einer Großstadt, die mit damals etwa zweihunderttausend Einwohnern den Freiraum zu einem nichtkontrollierten Privatleben ermöglichte. Abschied von Rom bedeutete – das wußte Goethe – Rückkehr in ein von Spießern, Neidern, Heuchlern bestimmtes Dasein, in dem Eros-Sexualität nicht als Wesensbestimmung und Blüte des Lebens, sondern als unmoralisch galt.

Ab Januar 1788 bereitet er sich ernsthaft auf seine „Auflösung" vor. „In jeder großen Trennung liegt ein Keim von Wahnsinn, man muß sich hüten, ihn nachdenklich auszubrüten und zu pflegen... Nach zerstreuenden, mitunter peinlich zugebrachten Tagen macht ich den Umgang mit wenigen Freunden einmal ganz allein. Nachdem ich den langen Corso, wohl zum letztenmal, durchwandert hatte, bestieg ich das Kapitol, das wie ein Feenpalast in der Wüste dastand. Die Statue Mark Aurels rief den Kommandeur in Don Juan zur Erinnerung und gab dem Wanderer zu verstehen, daß er etwas Ungewöhnliches unternehme. Dessenungeachtet ging ich die hintere Treppe hinab. Ganz finster, finstern Schatten werfend, stand mir der Triumphbogen des Septimius Severus entgegen; in der Einsamkeit der Via Sacra erschienen die sonst so bekannten Gegenstände fremdartig und geisterhaft. Als ich aber den erhabenen Resten des Koliseums mich näherte und in dessen verschlossenes Innere durchs Gitter hineinsah, darf ich nicht leugnen, daß mich ein Schauer überfiel und meine Rückkehr beschleunigte... Auf eine besonders feierliche Weise sollte jedoch mein Abschied aus Rom vorbereitet werden: drei Nächte vorher stand der volle Mond am klarsten Himmel, und ein Zauber, der sich dadurch über die ungeheure Stadt verbreitet, so oft empfunden, war nun aufs eindringlichste fühlbar. Die großen Lichtmassen, klar, wie von einem milden Tage beleuchtet, mit ihren Gegensätzen von tiefen Schatten, durch Reflexe manchmal erhellt, zur Ahnung des Einzelnen, setzen uns in einen Zustand wie von einer andern, einfachen, größern Welt...

Und wie sollte mir gerade in solchen Augenblicken Ovids Elegie nicht ins Gedächtnis zurückkehren, der, auch verbannt, in einer Mondnacht Rom verlassen sollte. „Cum repeto noctem!" seine Rückerinnerung, weit hinten am Schwarzen Meere, im trauer- und jammervollen Zustand, kam mir nicht aus dem Sinn, ich wiederholte das Gedicht, das mir teilweise genau im Gedächtnis hervorstieg, aber mich wirklich an eigner Produktion irre werden ließ und hinderte; die auch später unternommen, niemals zustande kommen konnte.

Wandelt von jener Nacht mir das traurige Bild vor die Seele,
Welche die letzte für mich ward in der Römischen Stadt,
Wiederhol' ich die Nacht, wo des Teuren so viel mir zurückblieb,
Gleitet vom Auge mir noch jetzt eine Träne herab.
Und schon ruhten bereits die Stimmen der Menschen und Hunde,
Luna, sie lenkt in der Höh' nächtliches Rossegespann.
Zu ihr schaut' ich hinan, sah dann kapitolische Tempel,
Welchen umsonst so nah unsere Laren gegrenzt."
(IR Bericht April 1788)

Heimkehr zu sich selbst

Im Sommer 1788 kehrt er wieder, verwandelt zu sich selber. „Entschiedenheit und Folge sind das Verehrungswürdigste am Menschen," nicht mehr das Verweilen im Ahnungsvoll-Dämmernden, im Übergang. Mit dem Mißverständnis Maler-Bildhauer ist es vorbei, aber auch mit allen anderen. Staatsmann ist er nur noch dem Namen nach und will nie „wieder sich unterstellen in Karyatidenstellung". Seine organisatorischen Fähigkeiten setzt er ausschließlich für die Erweiterung der Universität Jena und der 19 Institute für Wissenschaft und Kunst in Weimar und Jena ein. 26 Jahre dirigiert er das Theater und bemüht sich um die Ausbildung eines deutschen Theaterstils. Von Weimar aus will er in das deutsche Kunstleben eingreifen und mit allen Mitteln, die ihm zu Gebote stehen, dem deutschen Volk die Welt der Antike und der Renaissance erschließen und dadurch eine Wiedergeburt der Künste als bestimmende Lebensmacht herbeiführen.

Er bricht mit der Hoftyrannei, verschenkt und verzettelt sich nicht mehr an seine Umgebung, gestaltet von jetzt an sein Leben in innerer Freiheit und schöpferischer Tätigkeit: Selbsterkenntnis und allseitige Ausbildung der Persönlichkeit durch umfassende Aufnahme des ihm Erreichbaren und dessen Darstellung in poetischen, literarischen, wissenschaftlichen Werken, ja zuletzt in jedem Gespräch und Brief. „Mich selbst, ganz wie ich bin, auszubilden, das war dunkel von Jugend auf mein Wunsch und meine Absicht."

„Aus Italien, dem formreichen, war ich in das gestaltlose Deutschland zurückgewiesen, heiteren Himmel mit einem düsteren zu vertauschen; die Freunde, statt mich zu trösten und wieder an sich zu ziehen, brachten mich zur Verzweiflung. Mein Entzücken über entfernteste, kaum bekannte Gegenstände, mein Leiden, meine Klagen über das Verlorene schien sie zu beleidigen. Ich vermißte jede Teilnahme, niemand verstand meine Sprache. In diesen peinlichen Zustand wußt' ich mich nicht zu finden; die Entbehrung war zu groß, an welche sichder äußere Sinn gewöhnen sollte." (Zur Botanik: Verfolg „Die Metamorphose der Pflanzen")

Jedoch, wo die Dame der Gesellschaft versagte, besteht das „Mädchen aus dem Volke": Goethe findet wie ein spätes Geschenk des Südens sein „Klärchen", Christiane Vulpius. Für Jahrzehnte ist Christiane bei ihm, er bei ihr geborgen, und es sind seine fruchtbarsten Jahre. Die kleine Blumenbinderin ist ihm lieber als alle „die schönen Damen und Herren der Welt", und die wohlige Lust seines Heimes steigert die dichterische, literarische und wissenschaftliche Tätigkeit

Die Freunde erkennen ihn nicht wieder, so sehr haben Wesen und Erscheinung sich verändert. Mit Charlotte von Stein, die ihn vorwurfsvoll empfängt und bald mit Eifersucht verfolgt, bricht er. Ihre Eitelkeit war gekränkt; der berühmte Dichter war sichtbar glücklich gewesen ohne sie. In diesen Kreisen war er unfruchtbar geworden, und lieber hätte er sich den Tod gewünscht als ein Leben der letzten Jahre – wie in Weimar vor Rom. (IR 8.6.1787).

Im Weimar von 1789 an wucherten Neid, Verleumdung und Häme gegen Goethe – Christianes wegen. Goethe setzte sich über das Gerede hinweg, Christiane litt darunter. Am 11.9.1790 schreibt er an Herder: „Es ist all und überall Lumperei und Lauserei, und ich habe gewiß keine eigentlich vergnügte Stunde, bis ich mit euch zu Nacht gegessen und bei meinem Mädchen geschlafen habe. Wenn ihr mich lieb behaltet, wenige Gute mir geneigt bleiben, mein Mädchen treu ist, mein Kind lebt (der Sohn August) mein großer Ofen gut heizt, so hab' ich vorerst nichts weiter zu wünschen."

Nicht nur die Flucht, auch die Heimkehr war eine Tat. Aus dem Gefühl von Glück in Freiheit entstand der Wunsch, im Süden zu bleiben, bekennt er viel später in den Unterhaltungen mit Kanzler von Müller. Goethe verzichtete und kehrte freiwillig in die Pflichten und Beschränkungen der Heimat zurück.

„Weimar, Karlsbad und Rom, versicherte er, sind die einzigen Orte, wo er leben möge, auf Rom habe er Verzicht geleistet, und dies sei die größte Handlung seines Lebens." (Wilhelm von Humboldt Juni 1812 Gespräche 5, 96).

Die politisch-sozialen Erschütterungen, mit denen sich bei Goethes Rückkehr nach Weimar der Ausbruch der Französichen Revolution von 1789 ankündigte, verunsicherten damals Regierende und die Öffentlichkeit in Deutschland. Goethes Stellungnahme – das Geschehen im Nachbarland dichterisch zu bewältigen und die Beweggründe – trotz der von ihm verabscheuten Gewalttaten – aus der Not unterdrückter Menschen zu verstehen – stieß bei den herrschenden Bürokratien an den Fürstenhöfen auf heftigen Widerspruch. Für Jahre geriet Goethe in eine gesellschaftlich-politische Isolierung. Schiller, Schelling, die Humboldts waren die ersten Menschen, die Goethe nach dem Abschied von Rom mit persönlicher Größe ansprachen. Ihr gemeinsames Wirken gegen Mittelmäßigkeit, Cliquenwirtschaft und erstarrte Konventionen schuf die Grundlagen für die Zukunft. „Goethe stiftet in der Stille in Weimar eine unsichtbare Universität, an der er zugleich Rektor, Professor in allen Fakultäten, Privatdozent, Zuhörer und Pedell ist... Selten ist eine so umfassende wissenschaftliche Tätigkeit in so ernster Weise von einem einzigen Manne begonnen worden.. Nur eine Kraft wie Goethe konnte sich scheinbar so völlig zersplittern und das Unternommene nach verschiedenen Seiten hin dennoch so ernst und so umfassend durchführen... Die gesamte Menschheit verwandelte sich für ihn in einen höchst wissenswürdigen Gegenstand. Wo es etwas zu lernen gibt, da ist Goethe zu finden... mochte es sich um gedruckte Kenntnisse und Ideen oder um die Menschen handeln, welche sie vermittelten. Auf diese Epoche des Goetheschen Lebens paßt Emersons Ausspruch: Goethe würde seinem Feinde nachgelaufen sein, wenn er geglaubt hätte, etwas Wissenswürdiges von ihm lernen zu können." (Herman Grimm, Das Leben Goethes, Stuttgart 1959, S. 354 f)

Bildung von innen und Bildung durch Begegnung mit der Außenwelt. Rückzug von der Welt, und der Eigenschau zu leben, fördert nicht einmal unsere Selbsterkenntnis. Wer sich zum Gesetz mache, das Tun am Denken und das Denken am Tun zu prüfen, der könne nicht irren, und irre er, so werde er bald auf den rechten Weg zurückfinden. Die Tat – Goethes Waffe gegen das Schicksal, gegen Schwermut und Entsagung. „Seelenleiden, in die wir geraten, sie zu heilen, vermag der Verstand nichts, die Vernunft wenig, entschlossene Tätigkeit hingegen alles." (Wilhelm Meisters Wanderjahre, II, ll)

Goethe war und ist –
...„ Stockrealist", der die Welt nicht ablehnt, weil sie nicht so ist, wie wir sie uns wünschen, sondern sie bejaht ihrer unbegrenzten Möglichkeiten zur Weiterentwicklung wegen...

... im Wechselspiel der Völker ein Gespräch, das ingeheim – auch in Zeiten mörderischer Kriege gegeneinander – weitergeführt wird über Grenzen, Länder, Kontinente und damit die Kontinuität der abendländischen Kultur über Kathastrophen hinweg bewahrt.

Mir stehen immer Bilder vor Augen

Italien – nicht Griechenland, Rom – nicht Athen galt als die Stätte, die in der Kunst das Vermächtnis von Hellas verwaltete. Neapel war Inbegriff des südlichen Volkslebens. „Wenn man in Rom nur immer studieren will, so will man hier nur leben, und wenn ich Worte schreiben will, stehen mir immer Bilder vor Augen des fruchtbaren Landes, des freien Meeres, der duftigen Inseln, des rauchenden Berges, und mir fehlen die Organe, das alles darzustellen." Heiter und unbekümmert genießt Goethe das neapolitanische Leben, die Umgebung, die Menschen. „Entweder du warst sonst toll oder du bist es jetzt." Dreimal besteigt er den Vesuv. Die historischen Begebenheiten, die sich irgendwo und -wann zugetragen, sind ihm unwichtig, „Gespenster". Da sinnlich nicht anschaubar, entzieht sich die Historie seiner Vorstellungswelt, während ihm die bildliche Darstellung Klarheit und Erkenntnis vermittelt. Deshalb stellt er die Maler über die Dichter (F.v. Biedermann, Gespräche, Inselverlag S. 354).

Die Offenbarung des Weltgeistes findet Goethe in Natur, Dichtung und Kunst. Sein geschichtliches Einfühlungsvermögen kommt vom Bild her. Zahlen und der in Daten gespeicherte menschliche Irrsinn sind ihm zuwider, der „Gänsemarsch der Stile" uninteressant. Das Werdende wird im Bild und „alle Wahrheit" erscheint „zuletzt nur gebildet".

Die „Italienische Reise" war eine völkerverbindende Tat und ein antihistorisches Manifest: „Es gibt eine Stufe, wo der Nationalhaß ganz verschwindet und wo man ein Glück oder ein Wehe seines Nachbarvolkes empfindet, als wäre es dem eigenen begegnet. Diese Kulturstufe wäre meiner Natur gemäß." Dieser Goethe ist unser Zeitgenosse.

Unerwähnt bleiben in seiner Reisebeschreibung das Reiterstandbild des Colleoni in Venedig, des Gattamelata und die Giotto-Kapelle in Padua, das Brückenkastell und die Skaligergräber in Verona, das Kastell mit seiner berühmten Sammlung in Ferrara. Bologna, Florenz, Perugia, Assisi werden durcheilt, in Rom bedeutende Werke wie der Moses von Michelangelo zwar besichtigt, aber erst Jahrzehnte später beschrieben. In Sizilien hat er kein Auge für die arabisch-normannische Kultur noch für die Kastelle und Stätten der Staufer.

Die Griechenstädte mit ihren Tempeln und Amphitheatern: Segesta, Agrigent, Taormina, das archaische Paestum schenken ihm nicht nur einen anschaulichen Zugang zur homerischen Welt, sondern auch „die letzte und, fast möcht' ich sagen, herrliche Idee, die ich nun nordwärts vollständig mitnehme" (IR 17. Mai 1787), die Idee von der Urform der klassischen Architektur. Und er findet in Venedig, Padua, Rom, Neapel, auf Sizilien Aufschlüsse über die Urpflanze und die Metamorphose: ein gültiges Gesetz, auf das alles Leben zurückzuführen ist, bei Pflanzen wie bei Tieren bis zum Menschen. Wie die Natur die Lebewesen mit den notwendigen Organen ausrüstet für ihre spezifischen Daseinsbedingungen, unnütze verkümmern läßt, bis zur Identität von Erscheinungsformen und Lebensweise, in einer solchen inneren Zweckmäßigkeit erkennt er auch seine Identität, wo „nur innerliche Wahrheit und Notwendigkeit herrschen", Ideal und Wirklichkeit sich vereinen.

Die Italienische Reise dauerte vom 8. September 1786 – Ankunft am Brenner – bis zum 30. Mai 1788. Mit gutem Gewissen konnte Goethe, als er mit Kayser am 24. April aus der Porta del Popolo fuhr, die Rückreise antreten, er hatte sich wiedergefunden: „Gewiß, es wäre besser, ich käme gar nicht wieder, wenn ich nicht wiedergeboren zurückkommen kann." (Rom, 22. März 1787) Er hatte sich selbst zuerst gefunden und war mit sich selbst übereinstimmend, glücklich und vernünftig geworden. Viele, mit denen er verkehrt, bewahrten ihm Verehrung, Dankbarkeit, Zuneigung seines liebenswürdigen Charakters und kameradschaftlichen Umgangs wegen und der Bereitschaft, sie durch Stipendien, Aufträge, Stellen zu unterstützen: Tischbein, Bury, Lips, Moritz, aber auch einfache Menschen aus dem Volke, mit denen er geteilt und ihre Daseinssorgen erleichtert hatte. Angelika Kauffmann erhielt beim Abschied den Abguß der Juno Ludovisi, seiner „ersten Liebschaft in Rom" und den von ihm gezogenen Piniensprößling für ihren Hausgarten, der Maler Fritz Bury die übrigen Kunstsachen, die Goethe nicht mitnehmen konnte, er bezog Goethes Zimmer am Corso. Der Schriftsteller K. Ph. Moritz bekam eine Taschenausgabe des Livius mit der Widmung Goethes: „Ein wenig Pergament umschließt den weltumfassenden Livius, der meinen ganzen Bücherschatz allein aufwiegt."

Für die Rückreise brauchte Goethe – wie für die Hinreise – fast zwei Monate. Der Musiker Christoph Kayser begleitet ihn. Aus seinem „Ausgabenheft" und aus Goethes Aufzeichnung erfahren wir die Route: 24. (April) Abreise von Rom. 28. in Siena. 1. Mai Florenz (11 Tage Aufenthalt), Bologna, Parma. 23. Mailand, dessen Dom „ein ganzes Marmorgebirg in die abgeschmacktesten Formen gezwungen... Dagegen ist das Abendmahl des Leonardo da Vinci noch ein rechter Schlußstein in das Gewölbe der Kunstbegriffe" (an Carl August, 23. Mai 1788). 28. (Mai) Abreise von Mailand. 29. Riva (di Chiavenna am Comosee). 30. Fahrt über den

Splügen. Über Chur, Konstanz, Ulm, Nürnberg, Erlangen, Bamberg und Coburg geht es nach Weimar, wo Goethe am 18. Juni 1788 eintrifft.

Nun kam es darauf an, in der alten Umgebung wieder sich zurechtzufinden, die errungene Freiheit zu behalten, die erlebte Größe zu bewahren und – der Liebe zu begegnen im Glück der Sinne, im Glück des Geistes und des Schaffens: Christiane, ein Geschenk der Götter für den Heimkehrer aus Rom. Durch sein glückliches Leben wird er zum Glück der anderen mehr beitragen, als hätte er dieses Leben im Kampf gegen ihr Elend verbraucht, notiert André Gide in seinen Tagebüchern.

Goethes „Italienische Reise" ist kein zeitgenössischer Baedecker (wie z.B. v. Riedesel, Byrdone, Münter, Volkmann, Archenholz u.a. die Goethe anfangs benutzte); seine Beobachtungen und Urteile vermitteln subjektive Eindrücke. Unsachlich wäre, Goethes „Rückstand" von der modernen Kunstdeutung „wissenschaftlich" geltend zu machen. Genie und Instinkt bewahrten ihn vor Fehlurteilen, befähigten ihn zu Erkenntnissen wie der Bedeutung der Tempel von Paestum, die erst später Allgemeingut werden. Er war weder Philologe noch Archäologe, konnte aber rechtens behaupten: „Wenn ich Zeit hätte, alle Kunstwerke mir recht zu vergegenwärtigen und sie alsdann miteinander zu vergleichen, wollte ich ohne große Gelehrsamkeit der Geschichte der Kunst manchen Vorteil bringen." (IR, 29.12.1786)

Wer mit Goethe als Begleiter durch Italien reisen und mit der Unbefangenheit des Genius Land, Landschaft, Menschen, Kunstwerke schauen will, wird gute Stunden mit dem Dichter verbringen. Wenn die heutigen Ansichten und Erkenntnisse über Völker und Kunstwerke ebenso überholt sein werden wie die der Reiseführer aus Goethes Ära, wird seine Aussage fortbestehen als das lebendige Wort eines Menschen, der in den Dingen nicht den Zeitgeist oder interessante Details, sondern das Beständige gesucht und gefunden hat, der Italien anschaute und aufnahm im Bewußtsein, einer der letzten erlebenden Europäer zu sein, denn „die Zeit des Schönen ist vorüber, nur die Not und das strenge Befürfnis erfordern unsere Tage", schrieb er an Frau von Stein. Goethe begegnete und betrachtete Mensch, Natur, Kunst wie ein lernbegieriger Schüler – nicht wie ein Lehrer oder Richter –, darin besteht der Wert seiner Aufzeichnungen: Sie sind Ausdruck seiner inneren Wahrhaftigkeit. Er setzt Maßstäbe, an denen wir uns orientieren können auch dann, wenn er zu irren scheint oder Experten anderer Meinung sind. Es ist Goethe, der irrt – noch in seinem Irrtum steckt Größe und Leben. Von der ästhetischen Betrachtung der Kunst wollte Goethe nichts wissen; insofern ist seine Anschauung unitalienisch. Nicht der Effekt, sondern das Wesen einer Erscheinung oder eines Werkes interessierte ihn. Adele Schopenhauer – die Schwester des Philosophen – bekennt: „Nun lese ich Goethes Reise nach Italien. Da ergeht es mir wie der Steinstatue des Pygmalion. Ich wache auf und sage: Ich! wieder ich, denn hier ist das Leben, wie es in mir ist." (Tagebücher, Leipzig 1909, II, 128)

Der Werk-Kosmos Goethe überdauert aus der ihm innewohnenden schöpferischen Kraft die Epochen und deren Auseinandersetzungen – über Zeiten und nationale Grenzen hinweg ein Spiegel des europäischen Geistes. Seit über 200 Jahren vermag der Unerschöpfliche jeder Generation auf ihre Probleme zu antworten, und jeder Generation gelingen neue Goethe-Entdeckungen, nicht nur im deutschen Sprachraum, sondern bei allen Kulturvölkern. Universale Goethe – Werk-Wirkung als Dichter, Denker, Seher, Philosoph: Brennpunkt einer kommenden Weltkultur.

„Neue Feuer anzuzünden für jene,
die mich nicht mehr hören können"
(Zahme Xenien I)

Deutscher Sohn des Weltgeistes

Goethe hatte das Schaudern der Flucht und der damit riskierten Existenz kennengelernt und aus sich Energien zum Überleben entwickelt. Energien zur Erfüllung eines säkularen Auftrags, um den Deutschen deutlich zu machen, was unsere Welt im Innersten zusammenhält und was diese europäische Welt von damals bis heute immer wieder zur Selbstzerstörung trieb. Und Goethe hat auch die Schauder der freiwilligen Rückkehr erfahren müssen angesichts einer überlebten zerfallenden Kultur.

Lange in der aristokratischen Einsamkeit des Sehers allein auf sich gestellt inmitten einer in Konventionen erstarrten Umwelt – Schiller, die Humboldts, Schelling sind erst später zu ihm gestoßen –, gestaltete er in schöpferischer Freiheit sein Leben als Vorbild für kommende Generationen. „Goethe ist der deutschen Nation garnicht der Dichterei usw. wegen gegeben; sondern daß sie aus seinem Leben einen ganzen vollen Menschen von Anfang bis zum Ende kennenlernen. Keinem anderen Volk ist je ein solches Geschenk von den Himmlischen gemacht worden." (Wilhelm Raabe)

Keiner der großen europäischen Dichter und Denker ist so allgemein zugänglich wie Goethe. Im Faust, in den Wanderjahren, in Gedichten, Maximen, Sprüchen hat er dargelegt, mit welcher Übermacht das Böse und Dämonische in der Menschenwelt wirkt – aber immer dem Reich des produktiv Guten unterlegen bleibt. Er hat die Bedrohtheit des menschlichen Lebens nicht verschleiert, sondern gezeigt, wie wir, ohne uns dem Negativen zu ergeben, im Positiven bestehen können. Geduldig und gelassen verbreitert er die Berührungsflächen mit der Allgemeinheit über die Epochen als Wegbereiter eines Zeitalters, das nicht mehr den jahrtausendealten menschlichen Wahn in Machtentfaltung, Kriegen, Herrschaft über fremde Völker als Inhalt und Sinn der menschlichen Geschichte versteht. Wer könnte das heute besser begreifen als die Europäer nach zwei selbstmörderischen Kriegen? Und wer könnte in dieser neuen Welt dem Menschen besser die Wege weisen als der Dichter von Götz, Egmont, Wilhelm Meister, der orphischen Urworte, des zweiten Faust, der Dorothea, Suleika, Pandora und Helena, der Erforscher der gesetzmäßig wandelbaren Lebensgestalt, des kosmischen Farbenalls. Goethe wird nach der Rückkehr aus Rom zum größten Deutschen, das kleine Herzogtum Weimar zu einem geistig-kulturellen Weltreich, an dem gemessen die heutigen Supermächte Zwergstaaten geblieben sind. „Goethe kann als Grundlage der Bildung eine ganze Kultur ersetzen... Er ist oder sollte sein der geometrische

Punkt für die Deutschen zur Welt...", sagt Hugo von Hoffmannsthal im „Buch der Freunde".

Sein Lebensraum umfaßt Ost und West. Vom jungen Goethe stammt ein dramatischer Entwurf „Mahomet". Im „Tiefurter Journal" hat er eines jener arabischen Preislieder übertragen, die in der Moschee zu Mekka hängen. Als russische Adlige eine Gesellschaft für asiatische Kultur gründeten, holen sie sein Gutachten ein. Die Besten kommen zu ihm, die Besten im Ausland macht er in Deutschland bekannt. Der Ideenaustausch mit Menschen aller Kreise wirkte wie ein ungeheurer Apparat, der neue Ideen und Entdeckungen an den Mittelpunkt Weimar meldete, wo sie von einem lebendigen Seismographen registriert und verarbeitet werden.

1798 übersetzt er von seinem Bruder im Geist, Denis Diderot (1713–1784), französischer Aufklärer und Enzyklopädist, damals in Frankreich noch nicht anerkannt, die „Essais sur la peinture" unter dem Titel „Diderots Versuch über die Malerei". Zehn Jahre später übersetzt er Diderots genialste Schrift „Le neveu de Rameau"; das französische Original war noch gar nicht erschienen, Diderot hatte es „für die Schublade" geschrieben. Kaum war Goethes Übersetzung gedruckt, übertrugen zwei französische Fälscher sie ins Französische zurück und behaupteten, dies sei Diderots Original. Der spätere Herausgeber des Urtextes hatte dann alle Mühe, seine Version als die echte durchzusetzen.

Theaterstücke und Tragödien von Corneille und Voltaire machte Goethe durch Übersetzungen ebenso bekannt wie Madame de Staëls Essays und ihr Buch über Deutschland. Von Alessandro Manzoni, italienischer Freigeist und Konvertit, übersetzte Goethe eine vielstrophige Huldigung an Napoleon, „Cinque Maggio".

Bei der zweiten Begegnung im Oktober 1808 in Erfurt fordert Napoleon Goethe auf, in Paris eine Caesartragödie zu schreiben „auf eine würdige Weise – großartiger als Voltaire. Venez à Paris! Je l'exige de vous!" (Kanzler von Müller, Unterhaltungen mit Goethe, herausgegeben von E. Grumach, Weimar 1956). Friedrich der Große hatte Voltaire nach Potsdam berufen; der damalige Herr Europas stellte Goethe über Voltaire und lud ihn nach Versailles ein.

Goethe nahm diese Einladung nicht an; die geistige und literarische Revolution, an die Napoleon dabei dachte, war in Deutschland längst vollzogen. „Der Keim der historischen Stücke, die bei ihnen jetzt etwas Neues sind, findet sich schon seit einem halben Jahrhundert in meinem Götz." (zu Eckermann, 14.3.1830) Im März 1830 wurden Goethe in einer großen Kiste aus Paris 57 Gipsreliefs junger französischer Dichter und Dichterinnen übersandt, darunter Victor Hugo und Alfred de Vigny, die Goethe als ihr geistiges Oberhaupt verehrten. Die französische Nation, so Goethe am 10.3.1830 zu Eckermann, gehöre „zu den kultiviertesten der Erde und ich verdankte ihr einen großen Teil meiner eigenen Bildung..Die Franzosen haben bisher immer den Ruhm gehabt, die geistreichste Nation zu sein und sie verdienen es zu bleiben".

Fremde bitten Goethe um Rat in persönlichen Angelegenheiten, Forscher und Reisende schicken ihm Münzen, Versteinerungen, seltene Pflanzen. Ein Stein wird von Geologen Goethit genannt. Griechische Studenten machen ihn mit ihren Heldenliedern bekannt und übersetzen seine Iphigenie ins Neugriechische. Junge Franzosen pilgern nach Weimar; Hector Berlioz widmet ihm seine Musik zu Faust und korrigiert die Anrede „Monsieur" im Brief in „Monseigneur". Abgüsse der auf seine Empfehlung hin erworbenen antiken Originale werden ihm von Königen und Fürsten gesandt. Weimar verleiht seinen Nachkommen im Jahr 1821 für alle Zeiten des Ehrenbürgerrecht. Aus Anlaß seines fünfzigjährigen Dienstjubiläums am 7. November 1825 ehrt ihn der Herzog mit einem Besuch in Goethes Haus, mit einem feierlichen Glückwunschschreiben und einer besonders für ihn geschlagenen Gedenkmünze. Die medizinische Fakultät der Universität Jena verleiht ihm den Ehrendoktor, ebenso die philosophische.

Goethes „weltliches Evangelium", seine Theologie der Natur und der Welt, ist uns heute Vorbild im Umgang mit Angehörigen der anderen Weltreligionen, mit der Wissenschaft und den Problemen des Alltags. Sein lebenslanger Kampf für Religions-Gewissens-Geistesfreiheit hat zur Überwindung klerikaler Selbstbezogenheit und zu einer Metamorphose der offiziellen konfessionellen Theologie beigetragen und damit das Selbstverständnis zahlloser Christen, auch der „anonymen", gestärkt. Die theologische Fakultät der Universität Jena ehrte Goethe 1825 mit einer Adresse, weil er „als Schöpfer eines neuen Geistes in der Wissenschaft und als Herrscher in dem Reiche freier und kräftiger Gedanken das wahre Interesse der Kirche und der evangelischen Theologie mächtig gefördert habe". (H.Düntzer, Goethes Leben, S. 637 f)

Als Mineraloge genoß Goethe internationales Ansehen. 1825 erhält er vom deutsch-amerikanischen Bergwerk-Verein Musterstücke amerikanischer Gebirgsarten, 1826 aus Moskau ein vergoldetes Gips-Faksimile der im Ural gefundenen großen Goldstufe.

Selten hat die rein geistige Größe eine solche allgemeine Anerkennung gefunden. Kein Mensch hat umfassender das Wissen seiner Zeit beherrscht, und er ist auch der letzte gewesen, dem eine solche Universalität möglich war.

Wenige Tage vor seinem Hinscheiden, am 6. März 1832, empfängt Goethe aus Italien ein Geschenk, das ihn, wie das Tagebuch verzeichnet, „zu den allerhöchsten Betrachtungen" anregte. Der Archäologe W. Zahn aus Berlin berichtete über seine neuesten Ausgrabungen in Pompeji und schickte die Durchzeichnung eines aufgefundenen Mosaiks, das nach Goethes Ansicht die Alexanderschlacht darstellt, was sich als richtig erwies; Goethes Antwort vom 10. März 1832 ist einer seiner letzten Briefe; die letzten italienischen Worte in seinem Tagebuch sind: „Casa di Goethe", das ihm zu Ehren benannte größte freigelegte Haus in Pompeji.

Einer allein ist kein Mensch. In der unlösbaren Verflechtung der menschlichen Gesellschaft wurzelt die Kultur. „Der Mensch kennt nur sich selbst, insofern er die Welt kennt, die er nur in sich und sich in ihr gewahr wird." Danach hat Goethe gelebt. Tausend Hände streckte er nach den anderen aus und hebt sich an ihnen empor, denn „der isolierte Mensch gelangt niemals zum Ziel... Die Menschheit zusammen ist erst der wahre Mensch, und der einzelne kann nur froh und glücklich sein, wenn er den Mut hat, sich im Ganzen zu fühlen" (Dichtung und Wahrheit 9. Buch).

Lernen, sich selbst kennenlernen, kann man nicht allein durch Betrachten, aber durch Handeln. Die Möglichkeit dazu gewinnt er durch seine einflußreiche Stellung. Über die Welt gab er sich keinen Täuschungen hin; er wußte, daß die Lüge eine Grundbedingung ihres Verkehrs ausmache und daß sie unbeständig, gedankenlos, voll Neid und Bosheit sei. Aber wie Faust will auch er der unter der Oberfläche wühlenden Flut Fruchtbarkeit abtrotzen. Dazu bedurfte es der bewußten Abkehr nach außen und im Herzen der Freiheit, zu sein, der man ist, Genie zu haben inmitten einer feindseligen und argwöhnischen Umwelt, die man doch nicht entbehren kann, weil Forscher, Poeten, Staatsmänner, Heilige und Weise ihre Gestalten und Ideen aus ihr bilden. Ohne Pathos überwindet er die Konflikte der Großen und will nichts anderes sein als ein Mensch unter Menschen. In ihm erreichte die uns allen gemeinsame Natur eine höhere Daseinsform, imstande, den „Untergang des Abendlandes" zu überwinden.

Der achtzehnjährige Fürst Carl August von Weimar hat wie kein anderer hellsichtig die Bedeutung des jungen Goethe für die Gegenwart und die Zukunft erkannt: „Er ist eins der außerordentlichsten und gewaltigsten Genies, die jemals in der Welt erschienen sind!" Sogleich nach seinem Regierungsantritt hat er Goethe an seinen Hof geholt, gegen eine feindliche und neidische Hofwelt verteidigt, ihm alle Möglichkeiten der Entfaltung geboten wie vielleicht nie zuvor und nie seither ein Regierender einem schöpferischen Genie. Als Gast und Freund, der seine volle Freiheit behalte, solle Goethe nach Weimar kommen und es verlassen, wann es ihm beliebe. Der Herzog hat Wort gehalten und Goethe ziehen lassen, als dieser sich selbst in der Welt außerhalb des Rokoko-Hofes an der Ilm finden und erproben wollte. Und Goethe hat Wort gehalten und die wahrhaftig fürstliche Großmut seines Freundes Carl August mit zehn Jahren erfolgreicher pflichtbewußter Amtsführung für das Herzogtum gerechtfertigt und bedankt.

Wieviel freier, erfüllter, glücklicher hätten Leben und Schaffen von Mozart, Kleist, Schubert sich entfalten können mit Verständnis und Hilfe eines Mächtigen! Um welche Gedanken, Ideen und Werke ist die Menschheit ärmer geblieben durch ihren allzufrühen Tod – aus äußerer und innerer Not. Oder Bach, der mit tage- und nächtelangem Kopieren seiner Schöpfungen - neben den vielfältigen Pflichten seiner Ämter – seine Augen ruinierte und erblindete, weil er für die rein mechanische Tätigkeit des Abschreibens einen Kopisten nicht bezahlen konnte.

Ein Leben lang hat der Herzog Carl August von Weimar Goethe die Treue gehalten und damit mehr für die deutsche und europäische Kultur und Weltgeltung getan als zahllose Generale, Staatsmänner und kriegführende Könige. „Goethe der Jüngling, Goethe der Mann und Goethe der Greis sind ein Riesenbild, an dem sich kommende Jahrhunderte erquicken, dessengleichen sie nicht sehen werden." (Grillparzer)

Die Flucht
1. Teil: Von Karlsbad zum Rialto

Am 2. September 1786 richtete Goethe an den Herzog Carl August schriftlich die Bitte „um einen unbestimmten Urlaub"; am 3. September „früh um drei Uhr stahl ich mich aus Karlsbad (wo er zum zweitenmal, zusammen mit Carl August, Frau v. Stein, Herder, zur Kur weilte), weil man mich sonst nicht fortgelassen hätte... Ich warf mich ganz allein, nur einen Mantelsack und Dachsranzen aufpackend, in eine Postchaise...", so beginnt die Italienische Reise (zitiert IR). Der Geheime Rat Goethe reist „in glücklicher Einsamkeit, ohne Namen und Stand" als Maler (oder Kaufmann) Johann Philippe oder Giovanni Filippo Möller aus Leipzig mit der Postkutsche über Eger, Weiden, Regensburg (3./5.9.), München (6./7.9.), Mittenwald, Innsbruck („von Innsbruck herauf wirds immer schöner da hilft kein Beschreiben" an Frau v. Stein). Am 8. September steht er am Brenner. Im „Alten Posthaus" neben der alten Kirche, heute unmittelbar hinter der österreichischen Brennergrenze, übernachtet er und bringt seine Beobachtungen über Witterung, Klimaverhältnisse, Gesteinsarten, Pflanzen zu Papier. „Von hier fließen die Wasser nach Deutschland und nach Welschland diesen hoff ich morgen zu folgen. Wie sonderbar, daß ich schon zweimal auf so einem Punkte stand, ausruhte und nicht hinüber kam! Auch glaub ich es nicht eher als ich drunten bin." (An Frau v. Stein 9. Sept. 1786) Gemeint ist der Gotthard-Paß, den Goethe auf seinen beiden Schweizer Reisen 1775 und 1779 erstieg und nach Italien schaute (Dichtung und Wahrheit, 19. Buch).

Vier Jahre später, auf der zweiten Reise nach Venedig, kehrt Goethe wieder hier ein. Eine von Italienern im Jahr 1918 zur Kennzeichnung des bisher österreichischen, nunmehr italienischen Hoheitsgebietes angebrachte Tafel in italienischer Sprache erinnert daran.

Am nächsten Tag, 9. September, fährt Goethe weiter nach Sterzing, Brixen, Bozen, das flüchtig besichtigt wird: „Ein absichtliches, wohlbehagliches Dasein drückt sich recht lebhaft aus." Vor Trient: „Eine arme Frau rief mich an, ich möchte ihr Kind in den Wagen nehmen, weil ihm der heiße Boden die Füße verbrenne. Ich übte diese Mildtätigkeit zu Ehren des gewaltigen Himmelslichtes... Mir ist jetzt nur um die sinnliche Eindrücke zu tun, die kein Buch, kein Bild gibt. Die Sache ist, daß ich wieder Interesse an der Welt nehme... Wenn mein Entzücken hierüber jemand vernähme, der in Süden wohnte, von Süden herkäme, er würde mich für sehr kindisch halten." (IR 11.9.1786) Während eines Rundgangs in Trient sieht Goethe in der Kirche S. Maria Maggiore ein Bild aus dem Jahre 1563: Das Tridentinische Konzil (endete 1563) und das sog. Teufelshaus, casa del diavolo, 1581 von Georg Fugger aus Augsburg erbaut, „das einzige Haus von gutem Geschmack, das ich in Trient gesehen habe".

Am 11. September erreicht Goethe Rovereto, „wo die Sprache sich abschneidet; oben herein schwankt es noch immer vom Deutschen zum Italienischen. Nun hatte ich zum erstenmal einen stockwelschen Postillon, der Wirt spricht kein Deutsch, und ich muß nun meine Sprachkünste versuchen. Wie froh bin ich, daß nunmehr die geliebte Sprache lebendig, die Sprache des Gebrauchs wird!" (IR 11.9.1786)

Der Umweg zum Gardasee belohnt ihn mit herrlichen Natureindrücken. In Torbole, wo er übernachtet und an der Iphigenie arbeitet, sieht er die ersten Ölbäume. „Aus dem Zimmer, in dem ich sitze, geht eine Türe nach dem Hof hinunter; ich habe meinen Tisch davor gerückt und die Aussicht mit einigen Linien gezeichnet. Man übersieht den See beinah in seiner ganzen Länge; nur am Ende links entwendet er sich unsern Augen. Das Ufer, auf beiden Seiten von Hügeln und Bergen eingefaßt, glänzt von unzähligen kleinen Ortschaften." (IR 12.9.1786)

Im Haus, in dem Goethe übernachtete, eine Gedenktafel mit einem Medaillon des Dichters und dem Zitat: „Heute habe ich an der Iphigenie gearbeitet, es ist im Angesicht des Sees gut vonstatten gegangen."

P. Vergil Maro aus Mantua (70 – 19), Hofdichter des Augustus, Verfasser der Aeneis, schenkt Goethe den ersten lateinischen „Vers, dessen Inhalt lebendig vor mir steht und der im Augenblicke, da der Wind immer stärker wächst und der See höhere Wellen gegen die Anfahrt wirft, noch heute so wahr ist als vor vielen Jahrhunderten. So manches hat sich verändert, noch aber stürmt der Wind in dem See, dessen Anblick eine Zeile Virgils noch immer veredelt". (IR 12.9.1786) Diese „Zeile" aus Vergils Lehrgedicht „Georgica" = Vom Landleben, 2. Buch, Vers 159, lautet vollständig: „Soll ich dich rühmend erwähnen, sehr großer Larius (= Comer-See) und dich, der sich mit Wellen und Meergebraus, erhebt, Benacus?" (= Gardasee).

Am 13. September wird die Fahrt mit einem Boot fortgesetzt. Stürmischer Wind treibt ihn bei Malcesine, dem ersten venezianischen Ort, an Land. Beim Versuch, das Kastell zu zeichnen, wäre er fast als österreichischer Spion verhaftet worden. Seine Ruhe und Gelassenheit beeindrucken die Italiener – einer zerriß das Blatt, ließ es aber auf der Unterlage liegen – und bewahren ihn vor Beleidigungen. „Der Gegenwind, der mich gestern in den Hafen von Malcesine trieb, bereitete mir ein gefährliches Abenteuer, welches ich mit gutem Humor überstand und in der Erinnerung lustig finde." (IR 14.9.1786)

„Die Lust, Dir das Schloß zu zeichnen, hätte mir übel bekommen können. Die Einwohner fanden es verdächtig, weil hier die Grenze ist und sich alles vorm Kaiser fürchtet. Sie taten einen Anfall auf mich, ich habe aber den Tierfreund köstlich gespielt, sie harangiert und bezaubert." (an Frau v. Stein, 13.9.1786)

Malcesine lag damals an der Grenze zwischen der Republik Venedig und Österreich. Goethe vermochte die Menschen, die ihm beim Zeichnen zuschauten, den herbeigeholten Podestà sowie den Aktuarius (Bürgermeister und Sekretär) von seinem Status als Frankfurter Bürger, der als Kunsttourist Italien besuche, zu überzeugen und konnte nach längerem Palaver die Fahrt ungehindert fortsetzen.

Ein ehemaliger Gastarbeiter aus der Umgebung von Frankfurt, dessen Arbeitgeber Goethe kannte, erklärte zuletzt: „Herr Podestà, ich bin überzeugt, daß dieses ein braver, kunstreicher Mann ist, wohlerzogen, welcher herumreist, sich zu unterrichten. Wir wollen ihn freundlich entlassen, damit er bei seinen Landsleuten Gutes von uns rede und sie aufmuntere, Malcesine zu besuchen, dessen schöne Lage wohl wert ist, von Fremden bewundert zu sein." (IR Malcesine 14.9.1786) Die erste und gewiß überzeugendste Fremdenverkehrswerbung für den schönen Ort am Gardasee. Im Hof des Kastells steht heute eine Goethe-Büste. Die seinerzeit zerrissene Zeichnung ist in Verona aufgefunden und von dem italienischen Goethe-Forscher Raffaele Brenzoni veröffentlicht worden.

Albrecht Dürer hatte 1494/95 auf seiner ersten Venedigreise die gleiche Route gewählt; eine seiner Felsstudien von damals wurde erst vor einigen Jahren entdeckt – aus Goethes Vorbesitz!

Nach dem 16. Pferdewechsel seit dem Brenner erreicht Goethe am 14. September Verona, wo er in dem heute noch florierenden Hotel Due Torri wohnte, das 1769 und '72 Mozart und seinen Vater beherbergte.

„Hier wo ich schon lang einmal hätte sein sollen, manche Schicksale meines Lebens wären linder geworden." (an Frau v. Stein 15.9.1786) Am Tag darauf: „Nach und nach finde ich mich. Ich lasse alles ganz sachte werden und bald werde ich mich von dem Sprung über die Gebirge erholt haben."

Das alte Kastell, die romanische Basilika San Zeno, die Scaligergräber u.a.m. bleiben unerwähnt. Im Museum Maffeianum, von dem Kunstsammler und Archäologen F.S.M. Maffei (1675–1755) errichtet, studiert Goethe alte Grabreliefs und Altertümer, „ein ganz trefflicher Dreifuß von weißem Marmor", 1797 von Napoleon nach Paris verschleppt, heute im Louvre. „Der Wind, der von den Gräbern der Alten herweht, kommt mit Wohlgerüchen über einen Rosenhügel. Die Grabmäler sind herzlich und rührend und stellen immer das Leben her." (IR 16.9.1786) Grabmäler künden vom blühenden Leben und vom Tod als Freund Schlaf! Während der zweiten Italienreise weilt Goethe vom 25. bis 28. März 1790 in Verona:

„Sarkophagen und Urnen verzierte der Heide mit Leben:
Faunen tanzen umher, mit der Bacchantinnen Chor...
So überwältigt Fülle den Tod; und die Asche da drinnen
scheint, im stillen Bezirk, noch sich des Lebens zu freun."
(Venetianische Epigramme)

Von Jugend an war Goethe die Vorstellung vertraut, Untergang und Tod könnten gleichzeitig Wiedergeburt in einem höheren Leben bedeuten, eine persönliche Erfahrung, die in den bestandenen Krisen seines Daseins und in seinen Gestalten: Götz Faust Egmont Orest Iphigenie existentiell geworden ist. In seinem Prometheus-Fragment läßt der vierundzwanzigjährige den Göttersohn sagen: der Augenblick, der alles erfüllt, das ist der Tod, griechisch wie christlich. Bis an sein Lebensende wiederholt Goethe dieses Bekenntnis, als Siebenunddreißigjähriger in

Versen, vierundsechzigjährig in dem Divangedicht: Selige Sehnsucht; das Stirb und Werde, der Untergang des Alten, Umformung – Anlaß, Sinn, Ziel der Italienischen Reise – zu einem neuen Dasein. Man lebt, indem man stirbt, so besiegt das Leben den Tod, eine Zumutung für Erbauungs- und Bildungshumanismus.

Selige Sehnsucht, ungeheuerlich-gewaltig-goethisch, die in der Selbstanrede: „trüber Gast" ausklingt:

Und so lang du das nicht hast,
Dieses: Stirb und werde!
Bist du nur ein trüber Gast
Auf der dunklen Erde.

„Man mag," schreibt Goethe wenige Jahre vor seinem Tod an Nees von Esenbeck, 27.9.1826, „so gern das Leben aus dem Tod betrachten, und zwar nicht von der Nachtseite, sondern von der ewigen Tagseite her, wo der Tod immer vom Leben verschlungen wird."

In Verona erkannte Goethe auch – lange vor den Fachleuten – die religiös-künstlerische Bedeutung der attischen Grabreliefs ebenso sicher, wie er sechsundvierzig Jahre später ein in Pompeji ausgegrabenes Relief als antik-klassische Darstellung der Alexanderschlacht identifizierte.

In Kirchen studiert er Gemälde und Altarblätter; in St. Giorgio am Etschufer (erbaut zw. 1477-1543) einen Mannaregen von F. Brusasorci d.J., um 1600 gemalt, Das Wunder der fünf Brote von P. Farinati, um 1600, eine Hl. Ursula mit den elftausend Jungfrauen von G.F. Caroto, um 1540, „mit großem Verstand" gemalt, im romanisch-gotischen Dom zum erstenmal einen Tizian: Mariae Himmelfahrt, um 1540, „der Gedanke lobenswert, daß die angehende Göttin nicht himmelwärts, sondern herab nach ihren Freunden blickt"; in der Galerie Gherardini ein Bild Samson und Dalila von Orbetto = Al. Turchi, heute im Louvre. „Der Palast Bevilacqua (aus dem 16. Jh.) enthält die köstlichen Sachen": die Skizze zu Tintorettos Paradies, um 1579, heute im Louvre, das ausgeführte vielfigurige Riesengemälde, heute im Palazzo Ducale in Venedig, „eine Gelegenheit, den ganzen Reichtum des glücklichsten Genies zu entwickeln.. Ein paar Porträts von Paul Veronese (1528–1588) haben meine Hochachtung für diesen Künstler nur vermehrt": eine junge Frau mit einem Knaben an der Hand, heute im Louvre, Martyrium des Hl. Georg, um 1566. „Ein hingestreckter Sohn der Niobe köstlich", römische Kopie nach einem griechischen Original aus dem 4. Jh. v. Chr., heute – ebenso wie „ein August mit der Bürgerkrone" – in der Glyptotek in München. „Es liegt in meiner Natur, das Große und Schöne willig und mit Freuden zu verehren, und diese Anlage an so herrlichen Gegenständen Tag für Tag, Stunde für Stunde auszubilden, ist das seligste aller Gefühle." (IR 17.9.1786)

Stundenlang wandert er in der Stadt herum, steht am Markt, um das Volk zu beobachten. „Übrigens schreien, schäkern und singen sie den ganzen Tag, werfen und balgen sich, jauchzen und lachen unaufhörlich. Die milde Luft, die wohlfeile Nahrung läßt sie leicht leben. Alles, was nur kann, ist unter freiem Himmel... Ein solches Übergefühl des Daseins verleiht ein mildes Klima auch der Armut, und der Schatten des Volkes scheint selbst noch ehrwürdig."

Goethe arbeitet an der Iphigenie, notiert meteorologische, mineralogische und geologische Beobachtungen und fertigt, „um mich ferner in einem wichtigen Punkte der Landesgewohnheit gleichzustellen", einen Vergleichungskreis der italienischen und deutschen Uhr an für die zweite Hälfte des September. „Zwänge man dem Volke einen deutschen Zeiger auf, so würde man es verwirrt machen; denn der seinige ist innigst mit seiner Natur verwebt." (IR 17.9.1786)

Um Frau v. Stein eine anschauliche Vorstellung von der „Stundeneinteilung" in Verona zu geben, schickt er eine Zeichnung: „Damit Dir die italienische Uhr leicht begreiflich werde, habe ich gegenüberliegendes Bild erdacht: Vergleichungs Kreis der italienischen und deutschen Uhr. Der innere Kreis bedeutet unsere vierundzwanzig Stunden von Mitternacht zu Mitternacht, in zweimal zwölf geteilt... Der mittlere Kreis deutet an, wie die Glocken in der jetzigen Jahreszeit hier schlagen..." (An Frau v. Stein 17.9.1786) Ein solcher 24-Stundenkreis ist noch heute auf der Uhr an der Torre dell'Orologio auf dem Markusplatz und in der Sala dei Notari im Palazzo Ducale in Venedig zu sehen.

Von Vicenza – „Città del Palladio" – zur Biberrepublik an der Adria

Durch fruchtbare Gegend fährt Goethe nach Vicenza. „Vor einigen Stunden bin ich hier angekommen, habe schon die Stadt durchlaufen, das olympische Theater und die Gebäude des Palladio gesehen", der „ein recht innerlich und von innen heraus großer Mensch gewesen". (IR 19.9.1786) Andrea Palladio (1508–1580), posthum Begründer einer Stilrichtung in der Architektur, besonders in Deutschland und England, des „Palladianismus", wird für Goethe zum Maßstab in der Architektur. Seine von antiken Vorbildern inspirierten Kirchen und Palazzi in Vicenza, Padua, Venedig wirken auf Goethe „wie die Force des großen Dichters, der aus Wahrheit und Lüge ein drittes bildet, dessen erborgtes Dasein uns bezaubert. Das olympische Theater ist ein Theater der Alten, im kleinen realisiert und unaussprechlich schön, aber gegen die unsrigen kommt mirs vor wie ein vornehmes, reiches, wohlgebildetes Kind gegen einen klugen Weltmenschen, der, weder so vornehm, noch so reich, noch wohlgebildet, besser weiß, was er mit seinen Mitteln bewirken kann". (IR 19.9.1786)

Das Olympische Theater, von Palladio knapp vor seinem Tode für die „Akademie der Olympier" in Vicenza nach Vitruvs Regeln der musikalischen Harmonie in der Baukunst entworfen, wurde 1585 von O. Scamozzi vollendet und mit Sophokles' „Ödipus" eingeweiht. Es ist bis heute das einzige benutzbare „Freilufttheater" im Innern eines Gebäudes – dieser Art: die antike Bühnenform in einem überdachten und im Hochreaissancestil verwirklichten Theaterbau. Palladio war

Goethe durch das Reisetagebuch seines Vaters und durch Darstellungen aus dessen Bibliothek ein Begriff.

Goethe reitet zur Villa Rotonda, einem Meisterwerk Palladios, 1550 begonnen, erst nach seinem Tode von Vicenzo Scamozzi (1552–1606) vollendet. „Heute besuchte ich das eine halbe Stunde von der Stadt, auf einer angenehmen Höhe liegende Prachthaus, die Rotonda genannt. Es ist ein viereckiges Gebäude, das einen runden, von oben erleuchteten Saal in sich schließt. Von allen vier Seiten steigt man auf breiten Treppen hinan und gelangt jedesmal in eine Vorhalle, die von sechs korinthischen Säulen gebildet wird. Vielleicht hat die Baukunst ihren Luxus niemals höher getrieben. Der Raum, den die Treppen und Vorhallen einnehmen, ist viel größer als der des Hauses selbst; denn jede einzelne Seite würde als Ansicht eines Tempels befriedigen. Inwendig kann man es wohnbar, aber nicht wohnlich nennen. Der Saal ist von der schönsten Proportion, die Zimmer auch; aber zu den Bedürfnissen eines Sommeraufenthaltes einer vornehmen Familie würden sie kaum hinreichen. Dafür sieht man es auch in der ganzen Gegend von allen Seiten sich auf das herrlichste darstellen." (IR 21.9.1786)

Zu der Inschrift auf den vier Giebelseiten: „Marcus Capra, Gabriels Sohn, der dieses Haus dem engsten Grade der Erstgeburt unterstellt hat, zugleich mit allen Einkünften, Feldern, Tälern und Hügeln diesseits der großen Straße, dauerndem Gedächtnis dies übergebend, während er selbst duldet und entbehrt", bemerkt Goethe: „Der Schluß besonders ist seltsam genug: ein Mann, dem so viel Vermögen und Wille zu Gebote stand, fühlt noch, daß er dulden und entbehren müsse. Das kann man mit geringerm Aufwand lernen!"

Während der 1973 in Vicenza gezeigten Palladio-Ausstellung war die sonst als Privatbesitz unzugängliche Villa Rotonda für Besucher geöffnet.

Goethe besucht den damals berühmten Arzt und Botaniker Antonio Tura und den Architekten O. Bertotti-Scamozzi (1719-1790), der ein vierbändiges Werk über Palladio herausgegeben hatte, (dessen Band I und II in der Weimarer Bibliothek vorhanden) eine Versammlung der Akademie der Olympier zur Pflege der Wissenschaften, eine Opernaufführung und zieht ein erstes Fazit: „Ich habe nun erst die zwei italienischen Städte gesehen und mit wenig Menschen gesprochen, aber ich kenne meine Italiener schon gut. Sie sind wie Hofleute, die sich fürs erste Volk in der Welt halten und bei gewissen Vorteilen, die man ihnen nicht leugnen kann, sichs ungestraft und bequem einbilden können. Mir erscheinen die Italiener als eine recht gute Nation." (IR 23.9.1786)

Wenn Goethe aus Freude über seine gelungene „Flucht" und das Neuheitserlebnis in dem lange ersehnten Lande das italienische Volk überschätzt – auf der Venedigreise von 1790 beurteilt er es sehr distanziert –, so klingen auch schon damals Feststellungen an über die Unvereinbarkeit der eigenen mit der italienischen Lebensweise.

Vicenza 1966 –
Gedenktafel zum 180. Jahrestag des Eintreffens Goethes in Vicenza

Dal 19 al 26 Settembre 1786
Ospite incognito a Vicenza
fu qui presente il giorno 22
Ad una tornata dell'Accademia
Olimpica
J. Wolfgang Goethe
Interprete dell'arte di Andrea Palladio

Testimone della cultura Vicentina
Poeta di universale grandezza

Vom 19. bis 26. September 1786,
Gast incognito in Vicenza,
War hier anwesend am 22.
Bei einer Sitzung der Olympischen
Akademie
J. Wolfgang Goethe
Interpret der Kunst des Andreas
Palladio
Zeuge der Vicentiner Kunst
Dichter von universaler Größe, am
180. Jahrestag des Besuches.

Nel CLXXX Anniversario dalla Visita.

„In vier Stunden bin ich heute von Vicenza herübergefahren, auf ein einsitziges Chaischen, Sediola genannt... Die herrliche Lage der Stadt konnte ich vom Observatorium auf klärste überschauen... Am Horizont sah ich ganz deutlich den Markusturm zu Venedig", beginnen seine Eintragungen in Padua, wo er den 26. und 27. September verbringt. Goethe ersteht eine Faksimile-Ausgabe von Palladios Bauten. Im botanischen Garten findet Goethe seine Idee der Pflanzenmetamorphose, „daß man alle Pflanzengestalten vielleicht aus einer entwickeln könne", bestätigt. Die Fächerpalme, die ihn dazu anregt, ist seitdem über sechs Meter hoch gewachsen und als Goethe-Palme berühmt geworden. Die Stadt Padua hat sie 1847 mit einem Glashaus in Tempelform umgeben und Professor De Visiani die Inschrift dazu verfaßt.

Im Tagebuch der IR heißt es: „Schöne Bestätigung meiner botanischen Ideen habe ich wieder gefunden. Es wird gewiß kommen, und ich dringe noch weiter". (27.9.1786)

Die vielkuppelige Basilika des Stadtheiligen Antonius von Padua (1195–1231), für den Franziskaner kurz nach seinem Tod begonnen und im 14. Jh. vollendet, gefällt Goethe nicht, taucht aber in Faust I (Vers 2925 und 3055) auf: Marthe Schwerdtleins Mann liegt „beim hl. Antonius" begraben. Eine Büste des Kardinals Pietro Bembo (1470–1547) aus Venedig, in Rom und Padua als Historiker, Humanist, Dichter tätig, steht im Mittelschiff der Basilika, „ein schönes, wenn ich so sagen soll, mit Gewalt in sich gezogenes Gesicht und ein mächtiger Bart" (IR 27.9.1786). Goethe zitiert die lateinische Inschrift, die übersetzt lautet: „Das Bildnis des Kardinals Petrus Bembus ließ Hieronymus Quirinus, des Ismenus Sohn, öffentlich aufstellen, damit er, dessen Geisteswerke ewig sind, auch körperhaft im Gedächtnis der Nachwelt fortleben könne." Von Bembo stammt die Grabinschrift Raffaels im Pantheon zu Rom.

„In dem Versammlungsorte einer dem heiligen Antonius gewidmeten Bruderschaft" – Goethe meint die 1430 errichtete „Scuola di San Antonio" neben der Basilika – „sind ältere Bilder, dabei auch einige von Tizian." (IR 27.9.1786).

Im „Tagebuch" erwähnt Goethe eine hl. Agatha von Tiepolo, eine Enthauptung Johanni von G.B. Piazetta (1683–1754), Bilder von Tizian „wundernswürdig wie sie der alten deutschen holbeinischen Manier nah kommen, von der sich jenseits der Alpen keiner erholt hat", das Martyrium der hl. Justina von P. Veronese, „zu viel Figuren auf so ein Bild zu bringen und sie klein zu machen".

„Das Universitätsgebäude hat mich mit aller seiner Würde erschreckt. Es ist mir lieb, daß ich darin nichts zu lernen hatte." An der 1222 gegründeten Universität studierten Albertus Magnus und Kopernikus und lehrten im Mittelalter deutsche Professoren. Der heutige Bau stammt aus dem Jahr 1492, die Fassade von 1600.

„So verweil ich auch gern in der Kirche der heiligen Justina", aber auch im „Audienzsaal des Rathauses" (Salone del Palazzo della Ragione), 1218/19 erbaut, Gerichtsgebäude, später Sitz des Stadtparlaments, 27 x 80 x 26 m, ein „überwölbter Marktplatz" (IR 27.9.1786).

Aus dem letzten Absatz der IR in Padua klingt die Vorfreude auf ein großes Erlebnis, das ihm der nächste Tag bringen wird: Venedig! „Heute hats geregnet; nun ists wieder ausgehellt, und ich hoffe, die Lagunen und die dem Meer vermählte Herrscherin bei schöner Tageszeit zu erblicken und aus ihrem Schoß meine Freunde zu begrüßen."

Venedig – „wie es im Buche des Schicksals geschrieben stand"

Am 3. September war Goethe mit der Postkutsche von Karlsbad abgefahren, am 14. betritt er Italien; für den Gardasee, Verona, Vicenza, Padua genügen ihm wenige Tage, in Venedig hält er zum erstenmal für länger inne. Dankbar berichtet Goethe von seinem Eintreffen in der Adria-Metropole: „So stand es denn im Buche des Schicksals auf meinem Blatte geschrieben, daß ich 1786 den achtundzwanzigsten September, abends, nach unserer Uhr um fünfe, Venedig zum erstenmal, aus der Brenta in die Lagunen einfahrend, erblicken und bald darauf diese wunderbare Inselstadt, diese Biberrepublik betreten und besuchen sollte. So ist denn auch, Gott sei Dank, Venedig mir kein bloßes Wort mehr, kein hohler Name, der mich so oft, mich den Todfeind von Wortschällen, geängstigt hat.

Als die erste Gondel an das Schiff anfuhr, erinnerte ich mich eines frühen Kinderspielzeuges, an das ich vielleicht seit zwanzig Jahren nicht mehr gedacht hatte. Mein Vater besaß ein schönes mitgebrachtes Gondelmodell; er hielt es sehr wert, und mir ward es hoch angerechnet, wenn ich einmal damit spielen durfte. Die ersten Schnäbel von blankem Eisenblech, die schwarzen Gondelkäfige, alles grüßte mich wie eine alte Bekanntschaft, ich genoß einen langentbehrten freundlichen Jugendeindruck." Nur für Rom wird er gleich feierlich sich äußern.

17 Tage voll Begeisterung „über die neptunische Stadt, die nur mit sich selbst verglichen werden kann" und über ihre Freiheit, Unabhängigkeit, Ungezwungenheit. „Die Einsamkeit nach der ich so oft sehnsuchtsvoll geseufzt habe, kann ich nun recht genießen..."

Nun ist er der Enge und Zwänge des 6000 Ackerstädtchens Weimar, wo jeder jeden kennt, beobachtet, ausrichtet, ledig und kann sich unbekümmert nach allen Seiten und Richtungen und Neigungen bewegen, schauen, betrachten, hören, verweilen, sich treiben lassen, mitteilen, forschen, ein glücklicher Mensch, dem ein Jugendtraum in Erfüllung gegangen ist. Von Anfang an hat Goethe das Werden der Rialto-Stadt, ihre Metarmorphosen visionär erfaßt und dargestellt. „Das menschlich interessanteste was ich auf der Reise fand, war die Republik Venedig, nicht mit den Augen des Leibes sondern des Geistes gesehen". (An den Freundeskreis in Weimar, Rom, 7. Nov. 1786)

„Ich bin gut logiert in der Königin von England, nicht weit vom Markusplatze, und dies ist der größte Vorzug des Quartiers; meine Fenster gehen auf einen schmalen Kanal zwischen hohen Häusern, gleich unter mir eine einbogige Brücke..." An dem Palazzo, heute nicht mehr als Hotel benutzt, ist eine Gedenktafel mit der Inschrift in Deutsch angebracht: „Goethe wohnte hier 28. Sept. – 14. Oct. 1786." Goethe war mit dem Burchiello, einem bedeckten Ruderboot, das heute wieder als Motorschiff für Touristen verkehrt – Goldoni, Montaigne, Byron u.a. haben es benutzt und beschrieben –, auf dem Brentakanal zum Markusplatz gekommen. An beiden Ufern stehen Meisterwerke der venezianischen Architektur aus dem 17. und 18. Jahrhundert, Sommervillen der Dogen- und Patrizierfamilien: Villa Giovannelli in Noventa, Villa Pisani in Stra, Foscarini und Contarini in Mira, die von Palladio erbaute Villa Foscari in Malcontenta usw.

Am 29. September schreibt Goethe über Venedig ins Tagebuch: „Dieses Geschlecht hat sich nicht zum Spaß auf diese Inseln geflüchtet; es war keine Willkür, welche die Folgenden trieb, sich mit ihnen zu vereinigen: die Not lehrte sie ihre Sicherheit in der unvorteilhaftesten Lage suchen, die ihnen nachher so vorteilhaft ward und sie klug machte, als noch die ganze nördliche Welt im Düstern gefangen lag; ihre Vermehrung, ihr Reichtum war notwendige Folge... Der Venezianer mußte eine neue Art von Geschöpf werden, wie man denn auch Venedig nur mit sich selbst vergleichen kann. Der große, schlangenförmig gewundene Kanal weicht keiner Straße in der Welt; dem Raum vor dem Markusplatze kann wohl nichts an die Seite gesetzt werden..." Treffender sind Wesen und Bedeutung Venedigs schwerlich zu charakterisieren. Goethe ist glücklich. „Nachdem ich müde geworden, setzte ich mich in eine Gondel... und fuhr... bis gegen den Markusplatz und war nun auf einmal ein Mitherr des Adriatischen Meeres, wie jeder Venezianer sich fühlt, wenn er sich in seine Gondel legt. Ich gedachte dabei meines guten Vaters in Ehren, der nichts Besseres wußte, als von diesen Dingen zu erzählen. Wird mirs nicht auch so gehen? Alles, was mich umgibt, ist würdig, ein großes respektables Werk versammelter Menschenkraft, ein herrliches Monument, nicht eines Gebieters, sondern eines Volkes. Und wenn auch ihre Lagunen sich nach und nach ausfüllen, ihre Macht gesunken ist, so wird die ganze Anlage der Republik und ihr Wesen nicht einen Augenblick dem Beobachter weniger ehrwürdig sein. Sie unterliegt der Zeit wie alles, was ein erscheinendes Dasein hat." (IR, 29.9.1786) Heute droht diese Vision Goethes Wirklichkeit zu werden: Venedig ist unsere Existenz; Mestre und Marghera: die sich heranfressende industrielle Umweltzerstörung.

Auch in Venedig interessiert sich Goethe für Palladio. In der „Accademia" begeistert ihn die Fassade des geplanten Klosters „della Carità": „Der sowohl im ganzen als in seinen einzelnen Teilen trefflich gezeichnete Plan machte mir unendliche Freude, und ich hoffte ein Wunderwerk zu finden; aber, ach! es ist kaum der zehnte Teil ausgeführt; doch auch dieser Teil seines himmlischen Genius würdig, eine Vollkommenheit in der Anlage und eine Genauigkeit in der Ausführung, die ich noch nicht kannte." (IR, 2.10.1786)

„Und so hat er das größte Bild, das er in der Seele trug, auch dahin gebracht, wo es nicht ganz paßte, wo er es im einzelnen zerknittern und verstümmeln mußte. Der Flügel in der Carità dagegen muß uns deshalb von so hohem Werte sein, weil der Künstler freie Hand hatte und seinem Geist unbedingt folgen durfte. Wäre das Kloster fertig geworden, so stünde vielleicht in der ganzen gegenwärtigen Welt kein vollkommeneres Werk der Baukunst." (IR, 6.10.1786) Das 1561 begonnene Carità-Kloster blieb unvollendet. Durch einen großartigen Vorhof mit mächtigen korinthischen Säulen gelangt man in den Haupthof, der zwei Geschosse mit Bogen, Pfeilern und Halbsäulen und ein drittes mit Mauern und Pilastern zeigt in edler Durchführung.

Auf der Giudecca besucht Goethe die Kirche „Il Redentore" von Palladio und folgt dann seinen Spuren mit Eifer in ganz Italien. Selbst seine Fehler sucht er zu rechtfertigen. Da Palladio sich auf Vitruv, den Baumeister Caesars und Augustus' bezieht, besorgt er sich einen dicken Folianten von dessen Werken. Als ihm später der Herzog von Weimar den Bau eines Hauses im Park übertrug, baute er im Stil Palladios ein „römisches Haus" für seinen Fürsten (1792–1798), die Hauptfront eingeschossig mit vorgelegter Freitreppe und einfacher, durchgehender Säulenhalle, darüber ein abschließender Giebel mit Bildwerk.

Ein Oratorium hört Goethe in S. Lazzaro dei Mendicanti – „die Musik sehr schön und herrliche Stimmen" –, eine Messe in S. Francesco della Vigna (Fassade von Palladio 1568) am 4. Oktober, ein Hochamt in S. Giustina (heute Istituto Tecnico), „welchem der Doge jährlich an diesem Tage – 7. Oktober – wegen eines alten Sieges über die Türken beiwohnen muß." Er besucht die Oper bei S. Moisè, Komödien im Theater bei S. Luca, eine Tragödie von Gozzi, „Elektra" von Crèbillon – ein „abgeschmacktes" Stück –, schließlich Goldonis Komödie „Le Baruffe Chiozzotte" (Die Rauf- und Schreihändel von Chioggia), die er ausführlich beschreibt: „Aber auch so eine Lust habe ich noch nie erlebt, als das Volk laut werden ließ, sich und die Seinigen so natürlich vorstellen zu sehen. Ein Gelächter und Gejauchze von Anfang bis zu Ende. Ich muß aber auch gestehen, daß die Schauspieler es vortrefflich machten." (IR, 10.10.1786) Unvergeßlich und produktiv für seine eigene jahrzehntelange Hoftheaterpraxis blieben ihm diese Aufführungen. Goethe erzählt, wie Gozzi sein Teatro dell'Arte zu Venedig eingerichtet hatte, wie beliebt seine improvisierende Truppe gewesen. „Ich habe," sagt er zu Eckermann am 14.2.1830, „zu Venedig noch zwei Actricen jener Truppe gesehen, besonders die Brighella, und habe noch mehreren solcher improvisierter Stücke beigewohnt. Die Wirkung war außerordentlich."

Die Staatswerft, das Arsenal, interessiert Goethe „da ich noch kein Seewesen kenne... Da ich auch den Handwerkern nachgehe, habe ich manches Merkwürdige gesehen und ein Schiff von vierundachtzig Kanonen, dessen Gerippe fertig steht, bestiegen... Das schönste Eichenholz aus Istrien habe ich verarbeiten sehen und dabei über das Wachstum diesen werten Baumes meine stillen Betrachtungen angestellt." (IR, 5.10.1786) „Noch will ich einiger Werke der Bildhauerkunst erwähnen, die ich dieser Tage her, zwar nur im Vorbeigehen, aber doch mit Erstaunen und Erbauung betrachtet: zwei ungeheure Löwen von weißem Marmor vor dem Tore des Arsenals; der eine sitzt aufgerichtet, auf die Vorderpfoten gestemmt, der andere liegt – herrliche Gegenbilder von lebendiger Mannigfaltigkeit. Sie sind so groß, daß sie alles umher klein machen und daß man selbst zunichte würde, wenn erhabene Gegenstände uns nicht erhöben. Sie sollen aus der besten griechischen Zeit und vom Piräus in den glänzenden Tagen der Republik hierher gebracht sein." (IR, 8.10.1786) Es sind die nach Unterwerfung des Peleponnes 1687 von Francesco Morosini erbeuteten Löwen.

„Die Pferde auf der Markuskirche besah ich in der Nähe. Von unten bemerkt man leicht, daß sie fleckig sind, teils einen schönen gelben Metallglanz haben, teils kupfergrünlich angelaufen. In der Nähe sieht und erfährt man, daß sie ganz vergoldet waren, und sieht sie über und über mit Striemen bedeckt, da die Barbaren das Gold nicht abfeilen, sondern abhauen wollten. Auch das ist gut, so blieb wenigstens die Gestalt.

Ein herrlicher Zug Pferde; ich möchte einen rechten Pferdekenner darüber reden hören. Was mir sonderbar scheint, ist, daß sie in der Nähe schwer und unten vom Platz leicht wie die Hirsche aussehen." (IR, 8.10.1786) „Alte Pferde, diese kostbaren Tiere, stehen hier wie Schafe, die ihren Hirten verloren haben. Wie sie näher zusammen, auf einem merkwürdigen Gebäude, vor einem Triumphwagen eines Weltherrschers standen mag es ein edler Anblick gewesen sein. Doch Gott sei Dank, daß der christliche Eifer sie nicht umgeschmolzen und Leuchter und Kruzifixe draus gießen hat lassen. Mögen sie doch zu Ehren des hl. Markus hier stehen, da wir sie dem Heil. Markus schuldig sind" (an Frau v. Stein, Michaelistag 1786)

Einige Male fährt Goethe zum Lido, wo er zum ersten Mal das Meer sieht; von den Pflanzen am Strand nimmt er Samen und Blätter mit. Einen „köstlichen Tag, vom Morgen bis in die Nacht", verbringt er in Pellestrina, „wo die großen Baue sind, Murazzi genannt, welche die Republik gegen das Meer aufführen läßt. Sie sind von gehauenen Steinen und sollen eigentlich die lange Erdzunge, Lido genannt, welche die Lagunen von dem Meere trennt, vor diesem wilden Elemente schützen." Dieser berühmte, 10 m hohe, 15 m breite und 5,5 Kilometer lange Steindamm, 1770 fertiggestellt, war das letzte große öffentliche Werk der Republik.

Die Lehre von der Bildung und Umbildung organischer Naturen bringt Goethe als Botaniker auf die Entdeckung der Pflanzenmetamorphose, als Anatom auf die des menschlichen Zwischenkieferknochens, den der Anatomieprofessor der Universität Jena, J. Chr. Loder, noch 1788 – sogleich nach Goethes Rückkehr aus Italien – als Goethes Entdeckung veröffentlicht.

Im Dogenpalast „hörte ich eine Rechtssache öffentlich verhandelt... eine andere Komödie... die Klage ging gegen den Dogen selbst oder vielmehr gegen seine Gemahlin... Die Venezianer bildeten sich viel darauf ein, daß die Fürstin in ihrem eigenen Palast vor dem Gericht und ihnen erscheinen müsse". (IR, 3.10.1786)

Die Kunstwerke und Sammlungen, die Goethe besichtigt und beschreibt, sind heute zerstreut. „In dem Hause Farsetti ist eine kostbare Sammlung von Abgüssen der besten Antiken. Ich schweige von denen, die ich von Mannheim her und sonst schon gekannt, und erwähne nur neuere Bekanntschaften. Eine Kleopatra in kolossaler Ruhe, die Aspis um den Arm geschlungen und in den Tod hinüberschlafend, ferner die Mutter Niobe, die ihre jüngste Tochter mit dem Mantel vor den Pfeilen des Apollo deckt, sodann einige Gladiatoren, ein in seinen Flügeln ruhender Genius, sitzende und stehende Philosophen. Es sind Werke, an denen sich die Welt Jahrtausende freuen und bilden kann, ohne den Wert des Künstlers durch Gedanken zu erschöpfen." (IR, 8.10.1786) Bei „Kleopatra" handelt es sich um die schlafende Ariadne, jetzt in den Vatikanischen Museen; die Niobidengruppe befindet sich in den Uffizien von Florenz. Der geschilderte Paolo Veronese aus dem Palazzo Pisani Moretta hängt heute in London.

Nach allen Seiten erprobt sich Goethes tätiger Geist. Er sucht nicht Wissen, Bestätigung, Bildung, sondern Leben. Deshalb zieht es ihn zum Volk; der erste bedeutende Italienreisende, den die Menschen, Tiere, Pflanzen, Steine ebenso interessieren wie die Bauten, Kunstwerke, Gedenkstätten. „Ich habe dem Volk und dessen Bildung mein ganzes Leben gewidmet", meint er zu Eckermann (27.4.1825). Der Mensch ist ihm heilig, das Lebendige verehrungswürdig, die „Italienische Reise" zeigt das auf jeder Seite.

„Auf heute abend hatte ich mir den famosen Gesang der Schiffer bestellt, die den Tasso und Ariost auf ihre eigenen Melodien singen. Dieses muß wirklich bestellt werden; es kommt nicht gewöhnlich vor, es gehört vielmehr zu den halb verklungenen Sagen der Vorzeit. Bei Mondenschein bestieg ich eine Gondel, den einen Sänger vorn, den anderen hinten; sie fingen ihr Lied an und sangen abwechselnd Vers für Vers. Die Melodie, welche wir durch Rousseau kennen, ist eine Mittelart zwischen Choral und Rezitativ, sie behält immer denselben Gang... Um dieses mich vernehmen zu lassen, stiegen sie am Ufer der Giudecca aus; sie teilten sich am Kanal hin: ich ging zwischen ihnen auf und ab, so daß ich immer den verließ, der zu singen anfangen sollte, und mich demjenigen wieder näherte, der aufgehört hatte. Da ward mir der Sinn des Gesangs erst aufgeschlossen. Als Stimme aus der

Ferne klingt es höchst sonderbar, wie eine Klage ohne Trauer; es ist darin etwas Unglaubliches, bis zu Tränen Rührendes." (IR, 7.10.1786) Siebzig Jahre danach hat Richard Wagner das gleiche Erlebnis in Venedig und wird es im „Tristan" in Musik setzen.

Was Goethe in diesen siebzehn Tagen alles erlebt, gesehen, studiert, besucht, gehört, gelesen hat, sowie die dabei zurückgelegten Wege mit damaligen Verkehrsmitteln, zeigt nicht nur seine physische und geistige Vitalität, sondern auch die Hochstimmung, in die das Phänomen Venedig ihn versetzte. Auch die „Iphigenie" profitierte davon. „Sie neigt sich zur völligen Kristallisation. Der vierte Akt wird fast ganz neu", berichtet er Herder am 14. Oktober 1786. „Könnte ich nur den Freunden einen Hauch von dieser leichtern Existenz hinübersenden!... Gott sei Dank, wie mir alles wieder lieb wird, was mir von Jugend auf wert war! Wie glücklich befinde ich mich..." Und im Gefühl der bestandenen Krise heißt es am 12.10.1786: „Hätte ich nicht den Entschluß gefaßt, den ich jetzt ausführe, so wär ich rein zugrunde gegangen: zu einer solchen Reife war die Begierde, diese Gegenstände mit Augen zu sehen, in meinem Gemüt gestiegen. Die historische Kenntnis fördert mich nicht: die Dinge standen nur eine Hand breit von mir ab, aber durch eine undurchdringliche Mauer geschieden. Es ist mir wirklich auch jetzt nicht etwa zu Mute, als wenn ich die Sachen zum erstenmal sähe, sondern als ob ich sie wiedersähe. Ich bin nur kurze Zeit in Venedig und habe mir die hiesige Existenz genugsam zugeeignet und weiß, daß ich, wenn auch einen unvollständigen, doch einen ganz klaren und wahren Begriff mit wegnehme."

Vor seiner Weiterfahrt nach Rom bekennt Goethe, die ersten überschwänglichen Eindrücke korrigierend: „Nur das Klima würde mich reizen, diese Gegenden jenen (der Heimat) vorzuziehen; denn Geburt und Gewohnheit sind mächtige Fesseln. Ich möchte hier nicht leben..." (IR 12.10.1786)

Venedig bedeutet einen Wende- und Höhepunkt im Leben Goethes. Unmittelbar vor seiner Abreise, am 14.10. um zwei Uhr morgens, gibt er sich noch einmal Rechenschaft über dieses Ereignis: „In den letzten Augenblicken meines Hierseins, denn es geht sogleich mit dem Kurierschiffe nach Ferrara. Ich verlasse Venedig gern: denn um mit Vergnügen und Nutzen zu bleiben, müßte ich andere Schritte tun, die außer meinem Plan liegen; auch verläßt jedermann nun diese Stadt und sucht seine Gärten und Besitzungen auf dem festen Lande. Ich habe indes gut aufgeladen und trage das reiche, sonderbare, einzige Bild mit mir fort." Venedig bleibt ihm als herrliches Monument in Erinnerung. Noch von Rom aus spricht er von „jenem großen Dasein, dem Schoß des Meeres wie Pallas aus dem Haupte Jupiters entsprossen".

Am 10. März 1790 bricht Goethe – nach sorgfältiger Vorbereitung – zu seiner zweiten Venedigreise auf. Er soll die in Rom weilende Herzogin Anna Amalia in Oberitalien treffen. Über Bamberg, Nürnberg, Augsburg, Füssen, Reutte, Innsbruck und Bozen erreicht er am 25. März Verona, wo er drei Tage bleibt und sich mit Geologie und Botanik beschäftigt. Am 29. März ist er in Vicenza, vom 31. März bis 22. Mai zum zweiten Mal in Venedig, „ein wenig intoleranter gegen das

Sauleben dieser Nation als das vorige Mal", schreibt er an Herder am 3.4.1790. Intensiv befaßt er sich mit der venezianischen Malerei – „an Gemälden habe ich mich fast krank gesehen" (an Herder) – und besucht mehrmals ein Institut zur Restaurierung von Gemälden im Koster SS. Giovanni e Paolo. In der dazugehörigen Kirche „betrachtete ich mit großer Aufmerksamkeit das köstliche Bild Tizians, die Ermordung des Petrus Martyr" (1867 verbrannt). Noch Jahrzehnte danach sind ihm diese Meisterwerke ein anschaulicher Begriff. „Wenn man in Venedig vor den Werken von Tizian und Veronese steht, so empfindet man den gewaltigen Geist dieser Männer in ihrem ersten Aperçu von dem Gegenstande wie in der letzten Ausführung. Ihr großes, energisches Empfinden hat die Glieder des ganzen Bildes durchdrungen, und diese höhere Gewalt der künstlerischen Persönlichkeit dehnt unser eigenes Wesen aus und erhebt uns über uns selbst, wenn wir solche Werke betrachten" (Eckermann, 13.2.1831).

Goethe muß sich damals gründlich umgesehen haben; sechsundzwanzig Jahre später – im April 1816 – arbeitet er unter Berufung auf das Institut in Venedig ein Gutachten über die Restaurierung von Gemälden für die Dresdener Galerie aus. Die Probleme der Malerei führen ihn zu Betrachtungen über Optik und zur Farbenlehre, die für sein Weltbild wichtig wurde. Er ist Licht und Farben wie ausgeliefert: „Es verschlingt meine Gedankenfähigkeit, und ich darf mich wohl von dieser Seite ein Kind des Lichtes nennen." (an Herzog Carl August, 18.4.1790); wie verzaubert fand er sich in der Licht-Farben-Musik-Stadt wieder. In der anorganischen Naturwissenschaft entdeckt er für sein Weltgefühl bedeutende Analogien und Allegorien, in der organischen die faßlichen Symbole.

„Sagen Sie Herdern", schreibt er am 30.4.1790 an Frau v. Kalb, „daß ich der Tiergestalt und ihren mancherlei Umbildungen um eine ganze Formel näher gerückt bin, und zwar durch den sonderbarsten Zufall. Auch habe ich durch die Betrachtung der Fische und Seekrebse viel gewonnen." Und an Caroline Herder: „Götze hat zum Scherz auf dem Judenfriedhof ein Stück Tierschädel aufgehoben... bin ich einen großen Schritt in der Erklärung der Tierbildung vorwärtsgekommen. Nun stehe ich wieder vor einer anderen Pforte, bis mir auch dazu das Glück den Schlüssel reicht." Über die Wiederaufnahme seiner osteologischen Studien schreibt Goethe in den Annalen (1790): „Dieser Teil des Naturstudiums war sonderlich angeregt worden. Als ich nämlich auf den Dünen des Lido, welche die venezianischen Lagunen von dem Adriatischen Meer sondern, mich oftmals erging, fand ich einen so glücklich geborstenen Schafsschädel, der mir nicht allein jene große, früher von mir erkannte Wahrheit – die sämtlichen Schädelknochen seien aus verwandten Wirbelknochen entstanden – abermals bestätigte, sondern auch den Übergang innerlich umgeformter organischer Massen, durch Aufschluß nach außen, zu fortschreitender Veredelung höchster Bildung und Entwicklung in die vorzüglichsten Sinneswerkzeuge vor Augen stellte und zugleich meinen alten, durch Erfahrung bestärkten Glauben wieder auffrischte, welcher sich fest darauf begründet, daß die Natur kein Geheimnis habe, was sie nicht irgendwo dem aufmerksamen Beobachter nackt vor die Augen stellt."

Während dieses zweiten Aufenthalts entstehen die „Venezianischen Epigramme" und werden später erweitert. „Das Büchlein ist schon auf 100 Epigramme angewachsen", berichtet er am 4. Mai an Caroline Herder, „ich habe aber auch gesehen, gelesen, gedacht, gedichtet, wie sonst nicht in einem Jahr." Venedig, „die neptunische Stadt", fördert Goethes Produktivität. Die „Venezianischen Epigramme" erscheinen in Schillers „Musenalmanach für das Jahr 1796" ohne Namen des Verfassers.

„In der Gondel lag ich gestreckt und fuhr durch die Schiffe,
die in dem großen Kanal, viele befrachtete stehn.
Mancherlei Ware findest du da für manches Bedürfnis,
Weizen, Wein und Gemüs, Scheite wie leichtes Gesträuch.
Pfeilschnell drangen wir durch; da traf ein verlorener Lorbeer
derb mir die Wangen. Ich rief: Daphne, verletztest du mich?
Lohn erwartet' ich eher! Die Nymphe lispelte lächelnd:
Dichter sündigen nicht schwer. Leicht ist die Strafe. Nur zu!"

„Diese Gondel vergleich ich der Wiege, sie schaukelt gefällig,
und das Kästchen darauf scheint ein geräumiger Sarg.
Recht so! Zwischen der Wieg und dem Sarg wir schwanken und schweben
auf dem großen Kanal sorglos durchs Leben dahin."

Ruhig am Arsenal stehn zwei altgriechische Löwen;
klein wird neben dem Paar Pforte wie Turm und Kanal.
Käme die Mutter der Götter herbei, es schmiegten sich beide
vor den Wagen, und sie freute sich ihres Gespanns.
Aber nun ruhen sie traurig; der neue geflügelte Kater,
überall schnurrt er, und ihn nennet Venedig Patron."

„Wäre ich ein häusliches Weib und hätte, was ich bedürfte,
treu sein wollt ich und froh, herzen und küssen den Mann.
So sang unter andern gemeinen Liedern ein Dirnchen
mir in Venedig, und nie hört ich ein frommer Gebet.
Frech wohl bin ich geworden; es ist kein Wunder. Ihr Götter
wißt, und wißt nicht allein, daß ich auch fromm bin und treu."

Am 6. Mai trifft die Herzogin Amalie mit Meyer und Lips in Venedig ein; am 22. Mai tritt die Gesellschaft über Padua, Vicenza, Mantua die Rückreise nach Weimar an.

Torbole am Gardasee, Haus, in dem Goethe am 12.9.1786 übernachtete. Auf der Gedenktafel mit einem Medaillon des Dichters das Originalzitat aus der IR: „Heute habe ich an der Iphigenie gearbeitet, es ist im Angesicht des Sees gut vonstatten gegangen."

Kastell von Malcesine am Gardasee

Goethes Zeichnung des Kastells

Malcesine bildete damals die Grenze zwischen der Republik Venedig und Österreich. Auf seiner Fahrt zum Rialto zeichnete Goethe am 13. Sept. 1786 das Kastell, wurde deshalb für einen österreichischen Spion gehalten und beinahe verhaftet, die Zeichnung beschlagnahmt und zerrissen. Der italienische Goethe-Forscher Raffaelo Brenzoni, der uns die Abbildungen zur Verfügung stellte, fand die Zeichnung (der Riß ist zu sehen) vor einigen Jahrzehnten in Verona.

Goethe-Büste im Hof des Kastells

Verona, „Albergo Due Torri (Stich aus Goethes Zeit), in dem Goethe vom 14.–19.9.1786 und vom 25.–28.3.1790 wohnte. 1769 und 1772 beherbergte das renommierte, auch heute noch florierende Hotel Mozart und seinen Vater.

Arena, Verona

„Das Amphitheater ist also das erste bedeutende Monument der alten Zeit, das ich sehe, und so gut erhalten! Als ich hineintrat, mehr noch aber, als ich oben auf dem Rande umherging, schien es mir seltsam, etwas Großes und doch eigentlich nichts zu sehen. Auch will es leer nicht gesehen sein, sondern ganz voll von Menschen, wie man es neuerer Zeit Joseph II. und Pius VI. zu Ehren veranstaltet.

Die Simplizität des Oval ist jedem Auge auf die angenehmste Weise fühlbar, und jeder Kopf dient zum Maße, wie ungeheuer das Ganze sei. Jetzt, wenn man es leer sieht, hat man keinen Maßstab, man weiß nicht, ob es groß oder klein ist.

Ich ging auf der Kante des amphitheatralischen Kraters bei Sonnenuntergang, der schönsten Aussicht genießend über Stadt und Gegend. Ich war ganz allein und unten auf den breiten Steinen des Brà gingen Mengen von Menschen: Männer von allen Ständen, Weiber vom Mittelstande spazieren. Diese letzteren nehmen sich in ihren schwarzen Überkleidern aus dieser Vogelperspektive gar mumienhaft aus." (IR 16. Sept. 1786)

Das Theater wurde etwa 260 n.Chr. erbaut und faßt 20 000 Menschen. Im Mittelalter benützte man es als Steinbruch, verwendete Platten und Steine für den Bau der Stadtmauer. 1184 zerstörte ein Erdbeben die äußere Umfassungsmauer. Heute werden in der Arena Opernaufführungen veranstaltet.

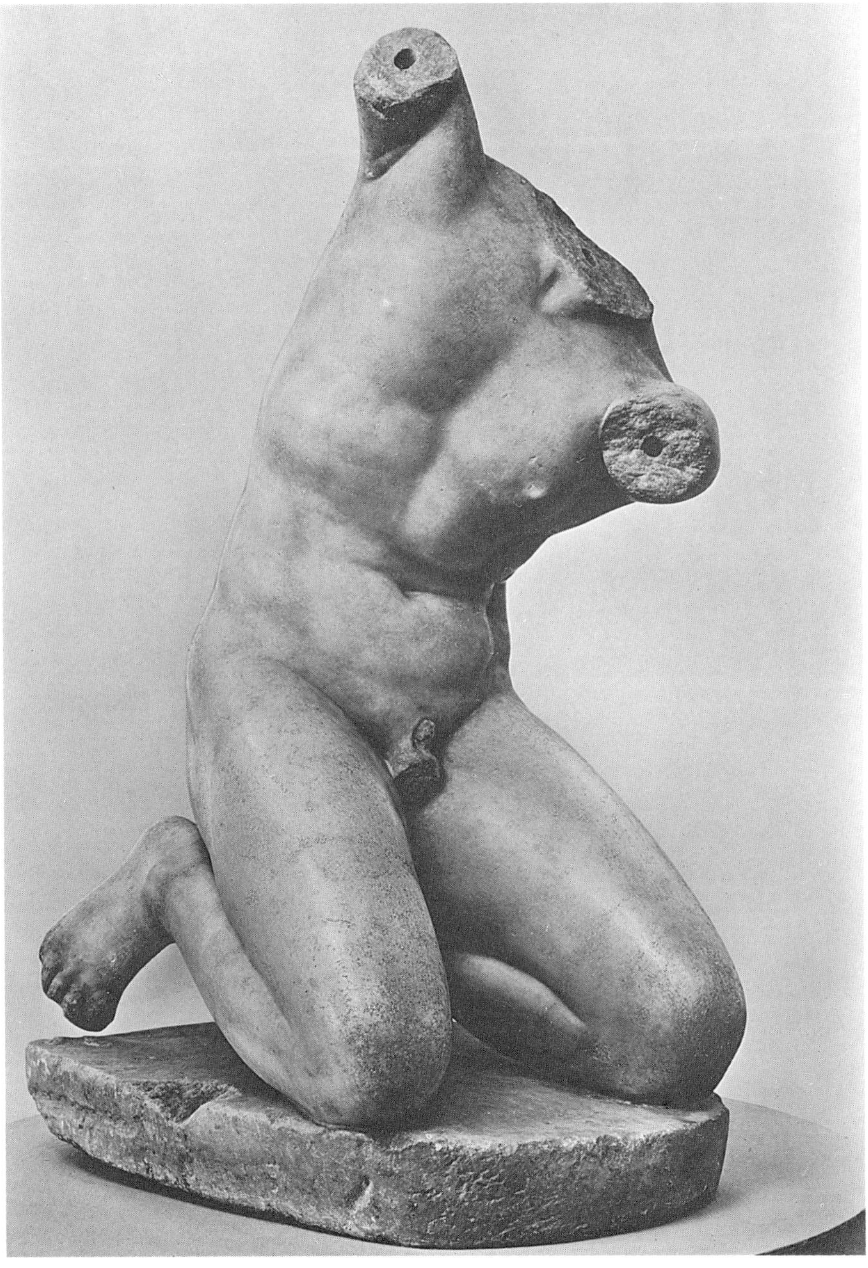

Verona, sog. Ilioneus, heute in der Glyptothek München, 1811 erworben. Goethe sah die römische Kopie nach einem griechischen Original aus dem 4. Jh. v. Chr. am 17.9.1786 im Palazzo Bevilacqua.

Vicenza, Olympisches Theater von Palladio

Die Basilica, Stadthaus Vicenza

Palladios Meisterwerk, 1549-1617 errichtet. Mit dem Neubau wurde der bereits vorhandene ältere gotische Palazzo della Ragione verkleidet, und zwar durch einen dorischen Säulengang und darüber eine jonische Bogenloggia – auf Säulenpaaren mit Halbsäulen und Pilastern. Auf der Balustrade mit dem massiven Dach Statuen. Im Innern ein Palladio-Museum mit Modellen, Skizzen, Zeichnungen und Briefen des Künstlers.

„Heut abend ging ich anderthalb Stunden, bis es ganz Nacht war, auf dem Platze hin und wieder. Die Basilika ist und bleibt ein herrliches Werk: man kann sichs nicht denken, wenn mans nicht in der Natur gesehen hat." (An Frau v. Stein, 20.9.1786)

An der nördlichen Ecke ein mittelalterlicher Turm, 82 m hoch, auf einem Grundriß von bloß 7 m, mit Glockenstuhl, zweiteiligen Spitzbogenfenstern, Tambour und Helm.

Gegenüber der Basilica die von Palladio 1571 begonnene Loggia; von den sieben geplanten Arkaden wurden drei ausgeführt, die sich zwischen vier mächtigen Säulen öffnen und bis zu dem starken, von einer Terrasse gekrönten Gebälk steigen.

1945 zerstörten anglo-amerikanische Bomber die Stadt Vicenza, darunter auch die Basilica, die ab 1950 in langjährigen Arbeiten wiederhergestellt wurde.

Palazzo Chiericati, Vicenza

Palladios kühnster Bau, 1551 begonnen, aber erst 100 Jahre später nach seinen Plänen vollendet. Auf einem langen Gang aus starken dorischen Säulen eine Loggia auf jonischen Säulen, in der Mitte von rechteckigen Fenstern mit Bogenfeldern geschlossen, darüber auf dem Hauptgesims Statuen und Obelisken. Heute Sitz des Museo Civico.

„ ... und so sag'ich vom Palladio: er ist ein recht innerlich und von innen heraus großer Mensch gewesen. Die höchste Schwierigkeit, mit der dieser Mann, wie alle neuern Architekten, zu kämpfen hatte, ist die schickliche Anwendung der Säulenordnungen in der bürgerlichen Baukunst: denn Säulen und Mauern zu verbinden, bleibt doch immer ein Widerspruch. Aber wie er das untereinander gearbeitet hat, wie er durch die Gegenwart seiner Werke imponiert und vergessen macht, daß er nur überredet! Es ist wirklich etwas Göttliches in seinen Anlagen, völlig wie die Force des großen Dichters, der aus Wahrheit und Lüge ein Drittes bildet, dessen erborgtes Dasein uns bezaubert". (IR, Vicenca, den 19. September)

Vicenza, Rotanda, 1550 von Palladio begonnen, 1606 von V. Scamozzi (1552–1616) vollendet

Goethe-Palme, Padua

Die Palme ist seit 1847 von einem Glashaus in Tempelform umgeben und mit einer Inschrift versehen. Im Reisetagebuch (27. Sept. 1786) heißt es nur: „Schöne Bestätigung meiner botanischen Ideen habe ich wieder gefunden. Es wird gewiß kommen und ich dringe noch weiter."

Im Mai 1787 berichtet er Herder aus Neapel: „Ferner muß ich Dir anvertrauen, daß ich dem Geheimnis der Pflanzenerzeugung und Organisation ganz nahe bin.. Die Urpflanze ist das wunderbarste Geschöpf der Welt, um welches mich die Natur selbst beneiden soll."

Den Gedanken der Urpflanze, im Botanischen Garten Paduas an einer kleinen Fächerpalme, die inzwischen über 5 Meter hoch geworden ist, wiederentdeckt und später in Rom, Neapel, Palermo weiterentwickelt („Die Metamorphose der Pflanzen", 1790), hat Goethe bis an sein Ende bewahrt.

Die Inschrift von Prof. De Visiani lautet:

a 1585 Chamaerops humilis L.v. arborescens Ponted Palmae

Giovanni Wolfango Goethe	Johann Wolfgang Goethe
Poeta e naturalista	Dichter und Naturforscher
Di qua trasse nel MDCCLXXXVI	Der hier entdeckte 1786
Il concetto e le prove	Das Konzept und die Beweise
Della sue metamorfosi delle piante	Seiner Metamorphose der Pflanzen
Robert De Visiani	Robert De Visiani
Perchè non mancasse ai posteri	Damit den Nachkommen nicht fehle
La palma che La ispirò	Die Palme, die ihn inspirierte
Ne riparava nel MDCCCLXXIV	Stellte 1874 wieder her
La vetusta gloriosa	Ihr glorreiches Alter

Santa Giustina, Prato della Valle, Padua

„So verweil' ich auch noch gern in der Kirche der heiligen Justine. Diese vierhundertfünfundachzig Fuß lang, verhältnismäßig hoch und breit, groß und einfach gebaut. Heut abend setzt' ich mich in einen Winkel und hatte meine stille Betrachtung; da fühlte ich mich recht allein, denn kein Mensch in der Welt, der in dem Augenblick an mich gedacht hätte, würde mich hier gesucht haben." (IR 27. Sept. 1786)

Auf dem 88.620 qm großen Oval standen in römischer Zeit ein Tempel der Concordia, ein Theater und eine Arena; im Mittelalter wurden hier Turniere abgehalten in Gegenwart deutscher Kaiser – Karl der Große und Friedrich Barbarossa werden ausdrücklich erwähnt –; sein heutiges Aussehen erhielt es 1775.

In der Mitte eine kleine Insel, die sog. Isola Memmia, von einem Kanal zwischen zwei Alleen gegürtet, umgeben von einer doppelten Reihe von 78 Statuen berühmter Bürger.

Am Rande des Platzes die um 500 gegründete Basilika S. Giustina, im 16. Jh. erneuert; über den Apsiden vier große und vier kleine Kuppeln. Am Tag vor seiner Abreise nach Venedig besuchte Goethe die dreischiffige, über einem lateinischen Kreuz, elftgrößte Kirche der Christenheit auf, 122,50 m lang, 31,50 m breit und 82 m hoch, mit klaren Linien und harmonischen Proportionen. Nur wenige hundert Meter dahinter liegt der berühmte Orto botannico mit der Palma di Goethe.

„Ein ungeheures Oval ist ringsum mit Statuen besetzt, alle berühmten Männer vorstellend, welche hier gelehrt und gelernt haben. Einem jeden Einheimischen und Fremden ist erlaubt, irgend einem Landsmann oder Verwandten hier eine Bildsäule von bestimmter Größe zu errichten, sobald das Verdienst der Person und der akademische Aufenthalt zu Padua bewiesen ist." (IR 27. Sept. 1786)

Taufe des Hermogenes, griech. Philosoph 2.Jh., von Andrea Mantegna, Eremitani-Kirche, Padua

„In der Kirche der Eremitaner habe ich Gemälde von Mantegna gesehen, einem der älteren Maler, vor dem ich erstaunt bin. Was in diesen Bildern für eine scharfe, sichere Gegenwart dasteht! Von dieser ganz wahren, nicht etwa scheinbaren, effektlügenden, bloß zur Einbildungskraft sprechenden, sondern derben, reinen, lichten, ausführlichen, gewissenhaften, zarten, umschriebenen Gegenwart, die zugleich etwas Strenges, Emsiges, Mühsames hatte, gingen die folgenden Maler aus, wie ich an Bildern von Tizian bemerkte, und nun konnte die Lebhaftigkeit ihres Genies, die Energie ihrer Natur, erleuchtet von dem Geiste ihrer Vorfahren, auferbaut durch ihre Kraft, immer höher steigen, sich von der Erde heben und himmlische, aber wahre Gestalten hervorbringen." (IR, 27.9.1786)

Andrea Mantegna (1431-1506) schmückte ab 1454 die Cappella Ovetari mit Szenen aus dem Leben der Heiligen Jakobus und Christophorus und mit der Taufe des Hermogenes, die er in die römische Zeit versetzte. Bildbeschwörungen von einer magischen Kraft, wie sie die italienische Malerei bis dahin nicht gekannt hatte, Formen von metallischer Dichte, die Natur auf klassische architektonische Ordnung reduziert. – Mantegnas Kunst wurde für die venezianische Malerei, für die Kunst in Padua und Ferrara ausschlaggebend, seine Kupferstiche für Dürer bedeutsam.

Goethe hat damals Mantegnas geschichtliche Bedeutung für die Kunst erkannt und Jahrzehnte später seine Bewunderung für „diesen außerordentlichen Künstler, dem die unmittelbarste und individuellste Natürlichkeit bei Darstellung der mannigfaltigsten Gestalten und Charaktere gelingt", in den „Tag- und Jahreshefften" 1820 und in der Abhandlung „Julius Cäsers Triumphzug" in Mantua von neuem betont. Der von Goethe benutzte Reiseführer J.J. Volkmann nennt die Fresken Mantegnas abschätzig „gotisch und sehr maniriert"; auch in anderen Stationen seiner IR hat Goethe – unabhängig von Volkmann und der damals herrschenden Auffassung – einen unbestechlichen Instinkt für die eigenwüchsige produktive Kraft bedeutender Künstler bewiesen. Die Augustinerkirche degli Eremitani, 1276 begonnen, 1360 vollendet, wurde 1944 von anglo-amerikanischen Bombern samt den weltberühmten Fresken Mantegnas zerstört und nach dem Krieg aus den Resten wieder hergestellt.

L·VITRVVIVS
CERDO ARC
HITETVS

Villa Manin di Passariano

Dieses größte und besterhaltene Beispiel der venezianischen Villenarchitektur zwischen Venedig und Udine, die Sommerresidenz des letzten Dogen Manin, den Goethe 1790 noch erlebte, wurde für ihn das Vorbild für ähnliche Bauvorhaben in Weimar. Der Friede von Campo Formio von 1797 zw. Österreich und Frankreich

wurde in der Villa Manin, die Napoleon zu seinem Hauptquartier gemacht hatte, vorbereitet und abgeschlossen. In Weimar feiert Goethe mit Versen den Frieden von Passariano.

Venedig, Dogenpalast, Piazzetta, Markusturm und Markuskirche z. Zt. Goethes (Gemälde von Canaletto, Mailand, Brera).
Am 28.9.1786 trifft Goethe in Venedig ein „und war nun auf einmal Mitherr des Adriatischen Meeres".

Gallerie dell'Accademia, Venedig.

Der rechteckige Gebäudekomplex am Canal Grande mit der gleichnamigen Brücke (im Vordergrund) umfaßt: die 1441 begonnene ehemalige Klosterkirche S. Maria della Carità, einen spätgotischen Ziegelbau; die ehemalige Scuola Grande della Carità aus dem 14. Jh., die Fassade von 1756, nach Erneuerung um 1820 heute der Eingang zur Gemäldegalerie; den Konvent, von Palladio 1560 umgestaltet, 1630 von einem Brand verheert, von dem nur mehr Fragmente erhalten sind: eine Seite der dreigeschossigen Fassade im Zweiten Großen Hof, ein kleiner gewölbter Raum mit Wandnischen und Säulenpaar (s. die Planzeichnung), das von Palladio als Neugestaltung eines römischen Atriums gedacht war sowie eine oval geführte Spindeltreppe. Im Hintergrund – Luftaufnahme – die weltberühmte Salute-Kirche, Meisterwerk von B. Longhi, um 1670, gegenüber der Markusplatz.

„Der große, schlangenförmig gewundene Kanal weicht keiner Straße in der Welt; dem Raum vor dem Markusplatz kann wohl nichts an die Seite gesetzt werden: ich meine den großen Wasserspiegel, der diesseits von dem eigentlichen Venedig im halben Mond umfaßt wird." (IR 29. Sept. 1786)

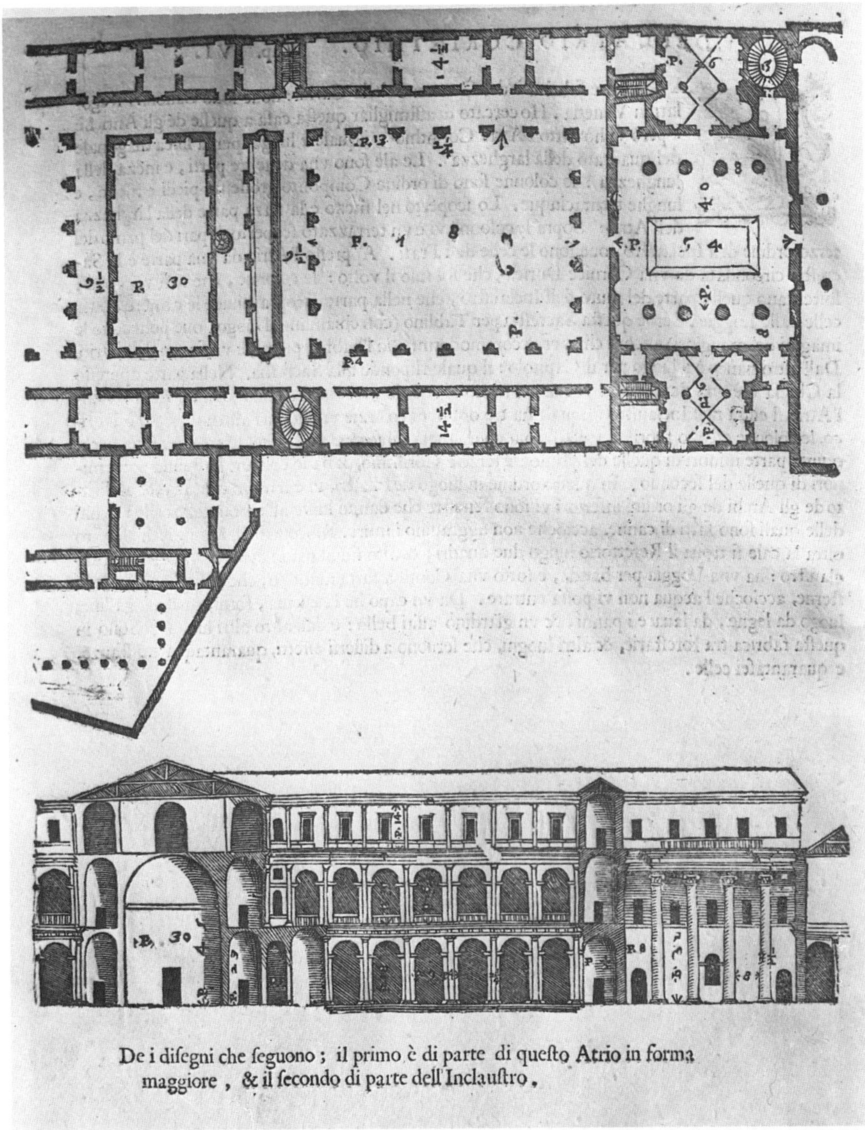

Palladios Planzeichnungen vom Carità-Kloster (Aus: „Quattro Libri dell'Architettura" di Andrea Palladio" 1570)

Il Redentore in Venedig, Franziskaner Kirche

„Die Kirche Il Redentore, ein schönes, großes Werk von Palladio, die Fassade lobenswürdiger als die von St. Giorgio. Diese mehrmals in Kupfer gestochenen Werke müßte man vor sich sehen, um das Gesagte verdeutlichen zu können. Hier nun wenige Worte.

Palladio war durchaus von der Existenz der Alten durchdrungen und fühlte die Kleinheit und Enge seiner Zeit, wie ein großer Mensch der sich nicht hingeben, sondern das Übrige so viel als möglich nach seinen edlen Begriffen umbilden will. Er war unzufrieden, wie ich aus gelinder Wendung seines Buches schließe, daß man bei christlichen Kirchen nach der Form der alten Basiliken zu bauen fortfahre, er suchte deshalb seine heiligen Gebäude der alten Tempelform zu nähern; daher entstanden gewisse Unschicklichkeiten, die mir bei Il Redentore glücklich beseitigt, bei St. Giorgio aber zu auffallend erscheinen." (IR 3. Oktober 1786)

Palladio hat wie kein anderer Architekt des 16. Jh. die antiken Denkmäler ihrem tiefen Wesen nach ergründet und dabei doch in schöpferischer Freiheit produziert, ihre Maße und Gesetze für uns flüssig gemacht. Sein eigentliches Anliegen war: die antike Baukunst wieder ins Leben zu rufen.

Die Erlöserkirche, ein Jahr nach der großen Pest von 1576 als Dankeskirche begonnen, 1592 vollendet, gilt als der vollkommenste Kirchenbau Palladios; sie hat nur eine Säulenordnung, ebenso hat das Innere nur eine Ordnung, was den harmonischen Eindruck bewirkt. – Andrea Palladio (1508-1580), Baumeister der Republik Venedig, hatte in seiner Vaterstadt Vicenza 20 Palazzi und andere Gebäude entworfen oder gebaut.

Il Redentore, Venedig

Venedig, alter Stadtplan: Ansicht von San Giorgio Maggiore und Markusbecken aus der Vogelperspektive

Vorne die Benediktiner-Abtei San Giorgio Maggiore auf der gleichnamigen Insel, im Hintergrund Dogenpalast, Markusplatz mit Campanile, Molo und Riva degli Schiavoni: dazwischen reitet Neptun auf einem Delphin, eine lateinische Inschrift in seiner Rechten: „Hier residiert Neptun und beschützt die Gewässer des Hafens." (Detail der Stadtansicht, Holzschnitt, um 1500 von einer deutschen Werkgruppe in Venedig geschaffen und vom Nürnberger Kaufmann Anton Kolb verlegt. Die bisherige Zuschreibung an Jacopo de' Barbari ist falsch.– Museo Correr, Venedig) – Die Kirche San Giorgio auf der Insel, von Palladio 1565-1580 neu erbaut und nach seinen Plänen von V. Scamozzi 1610 vollendet.

S
EVR AVSTER
EVRVS

Arsenal, Venedig

„Heute früh war ich im Arsenal, mir immer interessant genug, da ich noch kein Seewesen kenne und hier die untere Schule besuchte; denn freilich sieht es hier nach einer alten Familie aus, die sich noch rührt, obgleich die beste Zeit der Blüte und der Früchte vorüber ist. Da ich denn auch den Handwerkern nachgehe, habe ich manches Merkwürdige gesehen und ein Schiff von vierundachzig Kanonen, dessen Gerippe fertig steht, bestiegen" (IR, 5.10.1786). –

Das Arsenal, Werft auf einem Gelände von 32 ha, einst abgeschirmt wie die Rüstungswerkstätten und Atomwaffenlager von heute: 1104 gegründet und ständig vergrößert durch Docks, Gewölbe, überdeckte Hallen für die kleinen und großen Kriegsschiffe und den „bucintoro". In einer 316 m langen dreischiffigen Halle und einem 150 m langen Nebengebäude wurden Waffen und Ankertaue hergestellt, das Pulver aufbewahrt und Kanonen gegossen. Auf dem Höhepunkt ihrer Macht beschäftigte die Republik 16 000 Arbeiter zum Bau von Kriegs- und Handelsschiffen. Im Krieg gegen die Türken im 16. Jahrhundert lief täglich eine Galeere vom Stapel. Das Hauptportal zwischen Doppelsäulen, die einen mächtigen Architrav tragen, ist aus dem Jahr 1460; im Giebelfeld der Löwe von San Marco mit geschlossenem Buch, d.h. nicht Frieden, sondern Krieg verheißend; auf der Spitze eine Heiligenfigur (1578) – Santa Giustina – mit Inschrift betreffend die Schlacht von Lepanto („victoriae navalis monumentum MDLXXI").

Löwen am Arsenal, Venedig

Die beiden kolossalen Marmorlöwen rechts und links am Eingang sind eine Kriegsbeute, die der Doge Morosini 1686 aus Griechenland entführte. Der aufrecht sitzende bewachte bis zu seiner Verschleppung den Hafen Piräus von Athen und war im Altertum so berühmt, daß Piräus der Hafen des Löwen genannt wurde. (Der gleiche Löwe steht auf dem Schlachtfeld von Chäronea in Griechenland.) Auf Schultern und Keulen hat dieser Löwe am Arsenal Runeninschriften, die im 11. Jh. ein norwegischer Söldnerführer im Dienste von Konstantinopel nach der Niederwerfung eines Aufstandes in Athen einritzen ließ. Die Inschrift auf der linken Schulter besagt: „Jaarkon eroberte zusammen mit Ulf, mit Asmund und mit Orn diesen Hafen. Diese Männer und Harald der Lange forderten hohe Sühnegelder für den Aufstand des griechischen Volkes. Dalk war in fernen Landen zurückgehalten. Egil führte, zusammen mit Rangnar, in Rumänien und Armenien Krieg." Auf der rechten Keule steht: „Asmund ritzte diese Runen zusammen mit Asgeir, Thorleif, Thord und Ivar auf Wunsch Harald des Langen, obwohl sich die Griechen nach reiflicher Überlegung dagegen sträubten." Die zwei kleineren Löwen rechts vom Portal stammen ebenfalls aus Griechenland, der linke ist über 3500 Jahre alt. Der Eingang ist auf beiden Seiten von je vier allegorischen Figuren (1682) flankiert, rechts von Neptun, links von Mars angeführt. In der Eingangshalle das mächtige Monument für den deutschen Reichsgrafen von der Schulenburg, der als Feldmarschall der Republik 1716 Belagerung und Angriffe der Türken gegen Korfu siegreich abwehrte, sowie das Denkmal für den deutschen General Graf Königsmarck, der die venezianischen Truppen 1687 im Kampf gegen die von den Türken besetzten griechischen Städte auf dem Peloponnes befehligte. – 1946 wurde die Werft geschlossen. Heute durchfahren das Arsenal die Ringlinien der „vaporetti" nach Fondamenta nuove, San Michele und Murano.

Bronzerosse über dem Hauptportal von San Marco

Die antike Bronzequadriga – wahrscheinlich eine römische Arbeit nach einem griechischen Original – kam vom Trajansbogen in Rom nach Konstantinopel auf den Turm des Hippodroms, von wo sie der Doge Enrico Dandolo 1204 raubte und nach Venedig schaffen ließ. Unterwegs brach ein Huf ab, den der Kapitän des Schiffes behielt und über dem Tor seines Hauses am Campo Sant' Agostin annagelte. Die Pferde wurden repariert und zuerst vor dem Arsenal, dann auf der Markuskirche aufgestellt, von wo sie Napoleon herunterholte und nach Paris verschleppte. Dort standen sie 13 Jahre lang auf der Place du Carrousse. Nach der

Absetzung und Verbannung Napoleons gaben die Österreicher die Bronzerosse wieder an San Marco zurück. Im ersten Weltkrieg wurden sie – mit dem Colleoni-Standbild – nach Rom in den Garten des Palazzo Venezia transportiert, im Zweiten Weltkrieg in einer Lagerhalle verstaut. Unverändert der Zauber dieser einzigen erhaltenen Bronzegruppe aus dem Altertum, kraftvoll, jugendlich schön.

Jedes Roß wiegt 835 kg und besteht zu 98,75% aus Kupfer, 1,1% aus Zink, 0,25% aus Silber und Blei. Die schwarzen Striche an den Köpfen markieren die verloren gegangenen Zügel.

„Kleopatra", heute in den Vatikanischen Museen: Schlafende Ariadne

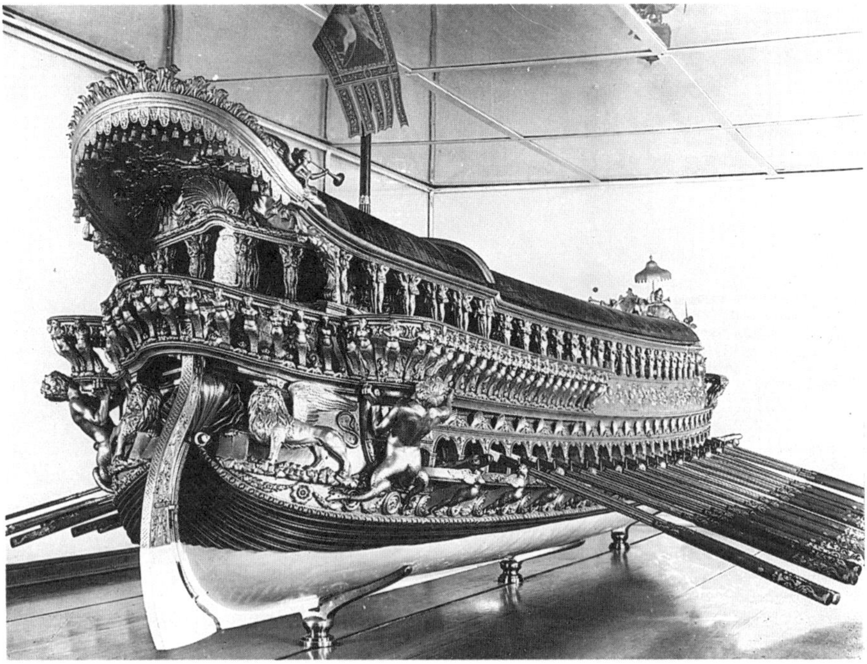

Der Bucintoro, Venedig, Museo Naval

„Wenn dem Künstler ein echter Gegenstand gegeben ist, so kann er etwas Echtes leisten. Hier war ihm aufgetragen, eine Galeere zu bilden, die wert wäre, die Häupter der Republik, am feierlichen Tage, zum Sakrament ihrer hergebrachten Meerherrschaft zu tragen, und diese Aufgabe ist fürtrefflich ausgeführt. Das Schiff ist ganz Zierat, also darf man nicht sagen: mit Zierat überladen, ganz verguldetes Schnitzwerk, sonst zu keinem Gebrauch, eine wahre Monstranz, um dem Volke seine Häupter recht herrlich zu zeigen. Wissen wir doch: das Volk, wie es gern seine Hüte schmückt, will auch seine Obern prächtig und geputzt sehen. Dieses Prunkschiff ist ein rechtes Inventarienstück, und woran man sehen kann, was die Venezianer waren und sich zu sein dünkten." (IR 5. Okt. 1786)

Der Bucintoro (von Buzo = Galeere und oro = Gold) ist die zweigeschossige Prunkgaleere, auf der am Himmelfahrtstage der Doge mit dem Adel durch den Porto del Lido aufs Meer hinausfuhr, um sich mit ihm durch Versenkung eines Ringes „sposalizio del mare" aufs neue zu vermählen. Zu Goethes Zeit regierte in Venedig der vorletzte Doge, Paolo Renieri. Goethe hat noch den letzten Bucintoro der Republik gesehen, der, 1728 erbaut, 1797 von Napoleon in ein Gefängnisschiff umgewandelt und später zu Brennholz zerkleinert wurde. – Der Buzentaur war 34 m lang, 7 m breit, 8 m hoch und wurde von 168 Ruderern an 42 Ruderbänken bewegt.

Auffahrt des Bucintoro zum Lido, Vermählung des Dogen – Venedigs – mit dem Meer (Gemälde von Guardi, Louvre/Paris)

Himmelfahrt Mariä, Tizian, Venedig, Frari-Kirche

In Verona, Venedig, Florenz und Rom hatte Goethe Gelegenheit, Tizians Werke kennenzulernen. In seinen Betrachtungen über „Ältere Gemälde" nach dem Aufenthalt in Venedig 1790 sowie in den „Propyläen" und „Ferneres zur Kunst" – Jahrzehnte später – heißt es: „An den Namen Tizian knüpfen wir den Begriff des vortrefflichsten Kolorits und eines großartigen sinnlichen Auffassens der Naturgegenstände." Tizians farbenglühendes Meisterwerk nennt er „das große Altarblatt in den Fraris, ein wundertätiges Bild" und fügt hinzu: „Überhaupt hat sich Tizian an der alten Weise ganz nahe gehalten und sie nur mit größerer Wärme und Kunst behandelt."

Richard Wagner, der das Gemälde siebzig Jahre später sah, nannte Maria „Isolde in der Verklärung".

Von Ferrara nach Rom

In der Nacht vom 14. Oktober verläßt Goethe mit dem Kurierschiff Venedig. Das reiche, sonderbare und einzige Bild der Seemetropole trägt er mit sich fort. Während der Fahrt erreicht er den 45. Breitengrad; und alles wollte er den Italienern lassen, wenn er nur soviel Klima mitnehmen könnte, um daheim die Wohnung auszufüllen.

Die Fahrt auf der Etsch und dem Po ist herrlich; am 16. Oktober um 7 Uhr früh ist er in Ferrara, das damals zum Kirchenstaat gehörte. „Zum erstenmal überfällt mich eine Art von Unlust in dieser großen und schönen, flachgelegenen, entvölkerten Stadt. Dieselben Straßen belebte sonst ein glänzender Hof; hier wohnte Ariost unzufrieden, Tasso unglücklich, und wir glauben uns zu erbauen, wenn wir diese Stätten besuchen. Ariosts Grabmal enthält viel Marmor, schlecht ausgeteilt. Statt Tassos Gefängnis zeigen sie einen Holzstall oder Kohlengewölb, wo er gewiß nicht aufbewahrt worden ist." (IR 16. Okt. 1786) Goethe hatte die beiden ersten Akte der Prosafassung seines „Tasso" bei sich.

Seine Stimmung besserte sich in Cento, dem Geburtsort des Malers Guercino (1591–1666). Nach seiner Gewohnheit besteigt er sogleich den Turm und sieht zum erstenmal den Apennin. „Guercino ist ein braver männlicher Maler ohne Roheit. Vielmehr haben seine Sachen eine zarte, moralische Grazie, eine ruhige Freiheit und Großheit, dabei etwas eigenes, daß man seine Werke, wenn man einmal das Auge darauf gebildet hat, nicht verkennen wird. Diese Leichtigkeit, Reinlichkeit und Vollendung seines Pinsels setzt in Erstaunen. Er bedient sich besonders schöner, ins braunrot gebrochener Farben zu seinen Gewändern: diese harmonieren gar gut mit dem Blauen, das er auch gern anbringt." (IR 17. Okt. 1786)

In Cento wohnte Goethe im „Albergo della Posta".

Am 18. Oktober kommt Goethe nach Bologna, „dieser alten, ehrwürdigen, gelehrten Stadt... Ein flinker und wohlunterrichteter Lohnbedienter, sobald er vernahm, daß ich nicht lange zu verweilen gedächte, jagte mich durch alle Straßen, durch soviel Paläste und Kirchen, daß ich kaum in meinem Volkmann anzeichnen konnte, wo ich gewesen war; und wer weiß, ob ich mich künftig bei diesen Merkzeichen aller der Sachen erinnre?" (IR 18. Okt. 1786)

Abends besteigt er den Turm und ergötzt sich an der Aussicht. Die Werke der Carracci (1560–1642), Guido Reni (1575–1642), Domenichino (1581–1641) wahrhaft zu genießen, fehlen ihm „Wissen und Urteil". Die von Goethe ausführlich beschriebenen Bilder, die nährende Maria von Guido Reni im Palazzo Tanari und die hl. Agathe von Raffael haben schon zu vielen Vermutungen und gelehrten Abhandlungen Anlaß gegeben, weil beide Werke in Bologna unbekannt sind!

„Zwei Menschen, denen ich das Beiwort groß unbedingt gebe, hab ich näher kennen lernen, Palladio und Raffael. Es war an ihnen nicht ein Haarbreit Willkürliches, nur daß sie die Grenzen und Gesetze ihrer Kunst im höchsten

Grade kannten und mit Leichtigkeit sich darin bewegten, sie ausübten, macht sie so groß." (An Charlotte v. Stein 19. Okt. 1786)

Seit Cento beschäftigt den Dichter eine „Iphigenie in Delphi", aber „wo soll man Hände und Zeit hernehmen". Das Institut der Wissenschaften in Bologna ist würdig und anständig, jedoch will es ihm als Deutschem dabei nicht wohl werden, der eine freiere Studienweise gewohnt ist. Den 20. Oktober verbringt er ganz im Freien, „von Berg und Gestein angezogen". Aus Paderno bringt er eine kleine Sammlung von Steinen, Schwefelmineralien, mit. Aber unaufhörlich mahnt der Gedanke an Rom und er faßt den Entschluß, Florenz nur zu durcheilen. Über Loiano, Scaricalasino, Osteria Nova, Traversa, Osteria delle Maschere, Tagliaferro, Florenz erreicht Goethe am 25. Oktober Perugia. An vielen dieser Orte übernachtete er in bescheidenen Gasthöfen oder Poststationen ohne Namen. Im „Albergo delle Maschere" hinter Loiano erwähnt Goethe zum erstenmal seinen Entwurf zum „Ulysses auf Phäa" und zum „Ewigen Juden". Heute noch steht der Gasthof an der Ponte del Chiereto auf der Straße von Bologna nach Florenz.

Perugia sieht er nur flüchtig. „Ich verließ Perugia an einem herrlichen Morgen. Die Lage der Stadt ist schön, der Anblick des Sees höchst erfreulich. Ich habe mir die Bilder wohl eingedrückt."

Vor Assisi verläßt unser Romfahrer sein Gefährt, verzichtet auf die Besichtigung der Kirchen und der Fresken von Giotto, sondern „ließ sie links mit Abneigung" liegen und eilt zu dem antiken Minervatempel, heute Santa Maria della Minerva. Goethe bestand dort ein unangenehmes Abenteuer mit Polizisten des Kirchenstaates – Sbirren –, die ihn ausplündern wollten und denen er so entschieden entgegentritt, daß sie von ihm ablassen. Auf der Weiterfahrt werden Foligno, Spoleto und Terni kurz besucht. In Terni hat er einen Priester als Mitreisenden in der Kutsche und er macht sich Gedanken über das Christentum und die Formen seiner Verwirklichung; der ewige Jude kommt ihm in den Sinn, der Zeuge aller Entwicklung war.

Am 28. Oktober ist er in Cività Castellana, wo er zum letzten Mal vor Rom übernachtet; unfaßbar dieser Gedanke, der jede andere Überlegung verdrängt. Ja, und dann ... hat er den Mittelpunkt gefunden, zu dem ihn ein unwiderstehliches Verlangen hingezogen hat: am 29. Oktober 1786 passiert er die Wachen der Porta del Popolo, die den Reisenden mit der Inschrift empfängt: „Salus intrantibus", Heil den Eintretenden. Mit Bedacht hatte Goethe diesen Termin für die Zukunft vorgesehen; er wollte Allerheiligen und Allerseelen in Rom miterleben.

„Nun bin ich sieben Tage hier, und nach und nach tritt in meiner Seele der allgemeine Begriff dieser Stadt hervor. Wir gehen fleißig hin und wider, ich mach mir die Pläne des alten und neuen Roms bekannt, betrachte die Ruinen, die Gebäude, besuche ein und die andere Villa, die größten Merkwürdigkeiten werden ganz langsam behandelt, ich tue nur die Augen auf, und seh' und geh' und komme wieder, denn man kann sich nur in Rom auf Rom vorbereiten." (IR 7. Nov. 1786)

Manchmal steht er einen Augenblick still und überschaut die hohen Gipfel des schon Gewonnenen. „Ich lebe nun hier mit einer Klarheit und Ruhe, von der ich lange kein Gefühl hatte. Meine Übung, alle Dinge, wie sie sind, zu sehen und abzulesen, meine Treue, das Auge Licht sein zu lassen, meine völlige Entäußerung von allen Prätentionen kommen mir einmal wieder recht zu statten und machen mich im stillen höchst glücklich.

Der Geist wird zur Tüchtigkeit gestempelt, gelangt zu einem Ernst ohne Trokkenheit, zu einem gesetzten Wesen mit Freude. Mir wenigstens ist es, als wenn ich die Dinge dieser Welt nie so richtig geschätzt hätte als hier. Ich freue mich der gesegneten Folgen auf mein ganzes Leben.

Und so laßt mich aufraffen, wie es kommen will, die Ordnung wird sich geben. Ich bin nicht hier, um nach meiner Art zu genießen; befleißigen will ich mich der großen Gegenstände, lernen und mich ausbilden, ehe ich vierzig Jahre alt werde." (IR 10. Nov. 1786)

Stadttürme von Bologna

„Der hängende Turm ist ein abscheulicher Anblick, und doch höchst wahrscheinlich, daß er mit Fleiß so gebaut worden. Ich erkläre mir diese Torheit folgendermaßen. In den Zeiten der städtischen Unruhen ward jedes große Gebäude zur Festung, aus der jede mächtige Familie einen Turm erhob. Nach und nach wurde dies zu einer Lust- und Ehrensache, jeder wollte auch mit einem Turme prangen, und als zuletzt die graden Türme gar zu alltäglich waren, so baute man einen schiefen. Auch haben Architekt und Besitzer ihren Zweck erreicht, man sieht an den vielen graden schlanken Türmen hin, und sucht den krummen. Ich war nachher oben auf demselben. Die Backsteinschichten liegen horizontal. Mit gutem bindendem Kitt und eisernen Ankern kann man schon tolles Zeug machen." (IR 18. Okt. 1786)

Goethe spricht nur von dem Turm Asinelli, der 97,6 m hoch ist, 1,2 m nach Westen überhängt, und zwischen 1109 und 1119 als Stadtturm errichtet wurde. Der kleinere ist der Turm Garrisenda, 49,6 m hoch, 3 m nach Süden überstehend, ebenfalls im 12. Jh. errichtet. Goethes Erklärung der Bauart entspricht unserer heutigen Auffassung.

Hl. Cäcilie von Raffael, Bologna, Pinakothek

„Zuerst also die Cäcilie von Raffael! Es ist, was ich zum voraus wußte, nun aber mit anderen Augen sah: er hat eben immer gemacht, was andere zu machen wünschten, und ich möchte jetzt nichts darüber sagen, als daß es von ihm ist. Fünf Heilige nebeneinander, die uns alle nichts angehen, deren Existenz aber so vollkommen dasteht, daß man dem Bilde eine Dauer für die Ewigkeit wünscht, wenn man gleich zufrieden ist, selbst aufgelöst zu werden. Um ihn aber recht zu erkennen, ihn recht zu schätzen, und ihn wieder auch nicht ganz als einen Gott zu preisen, der wie Melchisedeck ohne Vater und ohne Mutter erschienen wäre, muß man seine Vorgänger, seine Meister ansehen. Diese haben auf dem festen Boden der Wahrheit Grund gefaßt, sie haben die breiten Fundamente emsig, ja ängstlich gelegt und miteinander wetteifernd die Pyramide stufenweise in die Höhe gebaut, bis er zuletzt, von allen diesen Vorteilen unterstützt, von dem himmlischen Genius erleuchtet, den letzten Stein des Gipfels aufsetzte, über und neben dem kein anderer stehen kann." (IR 18. Oktober 1786)

In den „Propyläen" kommt Goethe noch einmal auf das Gemälde zu sprechen: „Die Figuren stehen da, um eine Musik der Engel im Himmel anzuhören. Zu den Füßen der Cäcilia liegen ihre Noten und Instrumente, weil sie durch die himmlische Musik den Geschmack an der irdischen verloren. Durch diesen sinnreichen Einfall hat Raffael seinem Gemälde Ausdruck zu geben gewußt."

Das um 1515 gemalte Bild, von dem J. Burckhardt sagt: „Es wird das Übernatürliche durch Spiegelung in einer Genossenschaft von Heiligen gegeben", befindet sich jetzt in der Pinakothek in Bologna. Rechts und links stehen die Heiligen Paulus, Magdalena, Johann Evangelist und Augustinus.

– Das Werk wurde zehn Jahre nach Goethes Besuch von den Franzosen nach Paris gebracht, 1815 zurückgegeben.

Minerva-Tempel, Assisi

„...das erste vollständige Denkmal der alten Zeit, das ich erblickte, ...und doch so vollkommen, so schön gedacht, daß er überall glänzen würde. ...An der Fassade konnte ich mich nicht satt sehen, wie genialisch konsequent auch hier der Künstler gehandelt. Die Ordnung ist korinthisch, die Säulenweiten etwas über zwei Model. Die Säulenfüße und die Platten darunter scheinen auf Piedestalen zu stehen, aber es scheint auch nur: denn der Sockel ist fünfmal durchschnitten, und jedesmal gehen fünf Stufen zwischen den Säulen hinauf, da man denn auf die Fläche gelangt, worauf eigentlich die Säulen stehen, und von welcher man auch in den Tempel hineingeht. Das Wagstück, den Sockel zu durchschneiden, war hier am rechten Platze, denn da der Tempel am Berge liegt, so hätte die Treppe, die zu ihm hinaufführte, viel zu weit vorgelegt werden müssen und würde den Platz verengt haben. Wie viel Stufen noch unterhalb gelegen, läßt sich nicht bestimmen; sie sind außer wenigen verschüttet und zugepflastert. Ungern riß ich mich von dem Anblick los und nahm mir vor, alle Architekten auf dieses Gebäude aufmerksam zu machen, damit uns ein genauer Riß davon zukäme..." (IR 25.10.1786)

Goethe hat damals am kirchlichen Italien geflissentlich vorbeigesehen und die Architektur der Grabeskirche des hl. Franziskus – eingeschworen auf Antike und Palladio – als „babylonisch übereinandergetürmte Kirchen" abgelehnt.

Ponte delle Torri, Spoleto

„Spoleto hab' ich bestiegen und war auf der Wasserleitung, die zugleich Brücke von einem Berg zu einem andern ist. Die zehn Bogen, welche über das Thal reichen, stehen von Backsteinen ihre Jahrhunderte so ruhig da, und das Wasser quillt immer noch in Spoleto an allen Orten und Enden. Das ist nun das dritte Werk der Alten, das ich sehe, und immer derselbe große Sinn. Eine zweite Natur, die zu bürgerlichen Zwecken handelt, das ist ihre Baukunst, so steht das Amphitheater, der

Tempel und der Aquadukt. Nun fühle ich erst, wie mir mit Recht alle Willkürlichkeiten verhaßt waren..." (IR 27.10.1786).

Die Wasserleitung ist 230 m lang, 80 m hoch und verbindet den Monte Luco mit dem Stadthügel. Der erste Bau stammt aus dem 1. Jh., im 7. Jh. haben die Langobarden die Anlage erneuert und ausgebaut.

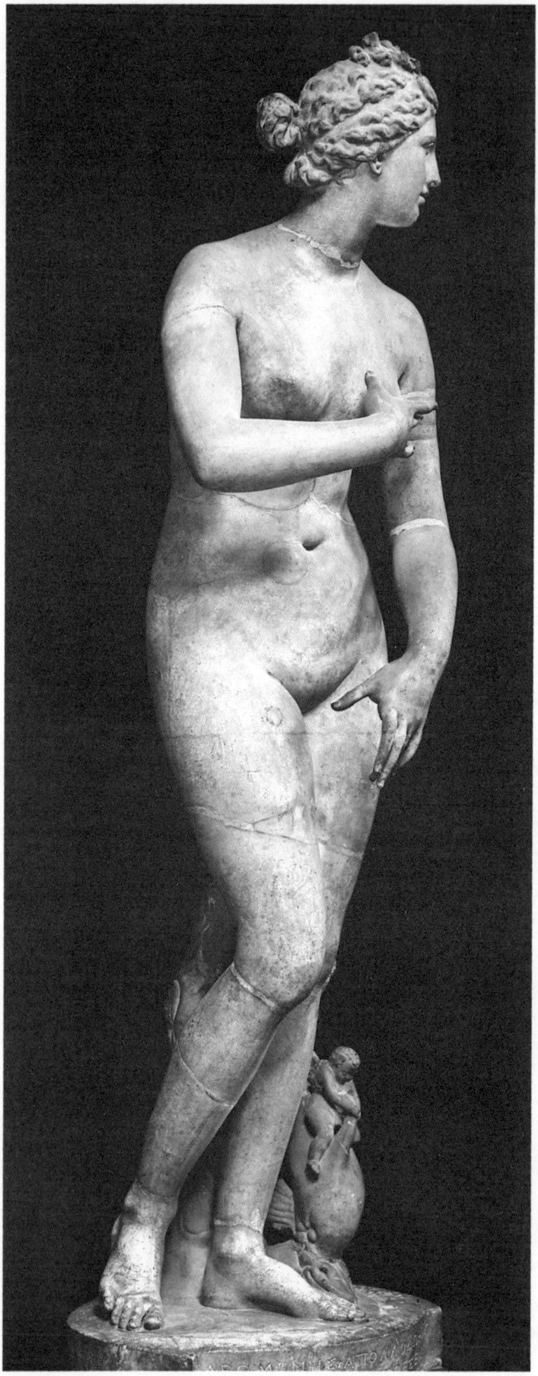

Mediceische Venus, Florenz, Uffizien

„Ich habe fast alles gesehen, was Florenz an Kunstsachen enthält... Die Mediceische Venus übertrifft alle Erwartungen und übersteigt allen Glauben." (An Herzog Carl August, 6. Mai 1788)

„... beim non plus ultra weiblicher Schönheit, der Mediceischen Venus." (K.A. Böttiger, Gespräche 8. Okt. 1791)

Jakob Burckhardt nennt die Statue „eine der größten Genüsse, die Italien zu bieten hat." („Der Cicerone", S. 428) Griechisches Original aus dem 3. Jh. v. Chr., aufgefunden in der Villa Adriana in Tivoli, 1677 nach Florenz gebracht, wurde sie 1797 von Napoleon geraubt, 1815 zurückerstattet.

Tanzender Faun, Florenz Uffizien

Der ganze Körper dieses Fauns ist Bewegung: er spielt zum Tanz, der rechte Fuß tritt den Takt mit der Klapper, deren eherne Becken beim Niedertreten klirrend erschallen, dazu spielt er die Tanzweise mit der Doppelschalmei in den Händen. Griechische Replik nach dem hellenistischen Original aus dem 3. Jh. v. Chr., von Michelangelo ergänzt.

„Der heftigste denkbare Eifer des Musizierens – eine der besten Satyrtypen" (Jacob Burckhardt, Cicerone S. 451)

Im Mai 1788, auf der Heimreise, bewunderte Goethe das antike Werk. Kunst ist ihm nichts anderes als Natur auf ihrer höchsten Stufe, im Kunstwerk verewigt sich das Werden zum Sein. „Jetzt seh' ich erst das Höchste, was uns vom Altertum übrig blieb, die Statuen." (Januar 1788 Rom).

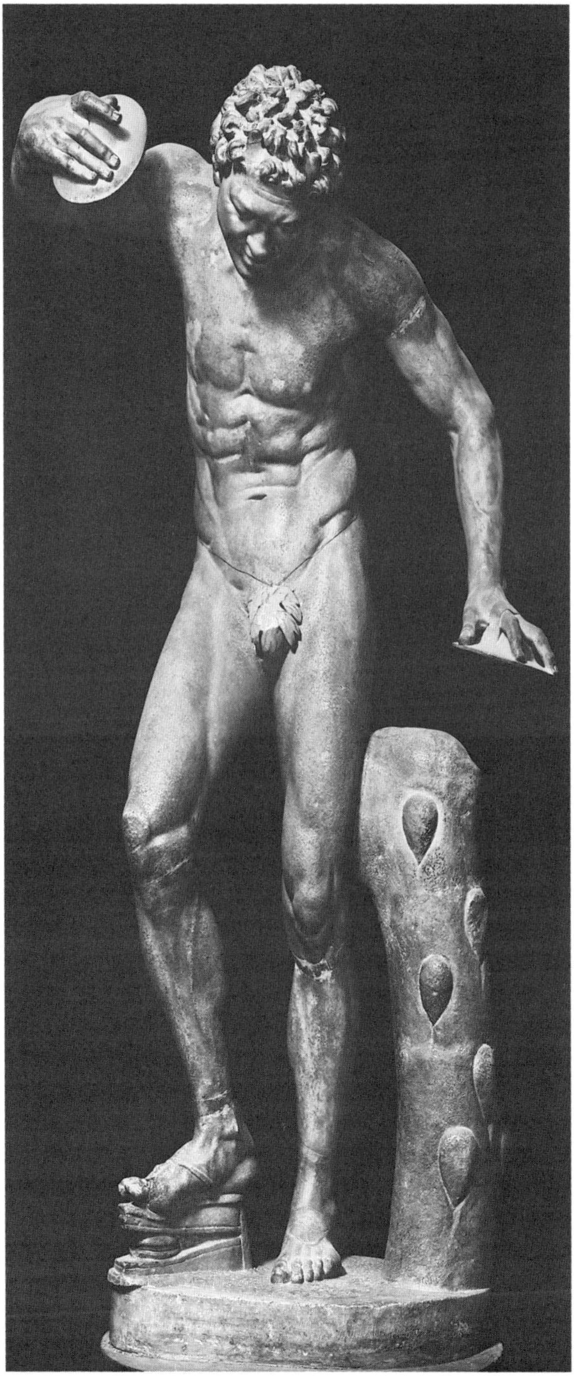

Piazza und Porta del Popolo, Rom, Stich um 1700

Zu Goethes Zeit – ohne Eisenbahn – kamen die Reisenden aus dem Norden, aus Deutschland über den Ponte Molle auf der Via Flaminia zur antiken Porta Flaminia, die später nach der danebenliegenden Kirche S. Maria del Popolo, den Namen Porta del Popolo erhielt. Durch diese Porta mit der Inschrift: „Salus intrantibus" – Heil den Eintretenden – betrat der Besucher die Stadt. So schrieb Goethe bei seiner Ankunft: „Nur unter der Porta del Popolo war ich gewiß, Rom zu haben." Im Vordergrund die äußere Fassade, nach Entwürfen von Michelangelo, ab 1561 von Vignola errichtet. Die Innenfassade stammt von Bernini. Die Statuen zwischen den Säulenpaaren stellen Petrus und Paulus dar, darüber das Mediciwappen. Im Hintergrund die Zwillingskirchen Carlo Rainaldis, links Santa Maria in Monte Santo, rechts Santa Maria dei Miracoli, davor der 3500 Jahre alte ägyptische Obelisk aus Heliopolis, der hier 1565 aufgestellt wurde. Links die Via Babuino zur Piazza Spagna und zum Quirinal, in der Mitte der „Corso" (auf Nr. 18 wohnte Goethe) zur Piazza Venezia, zum Capitol und Forum Romanum, rechts die Via di Ripetta zum Tiberhafen, der nicht mehr existiert, und weiter zu den Vatikanischen Museen.

Der Piazza del Popolo war bis ins 19. Jh. Empfangssalon der Stadt für Reisende und die Gesandten fremder Staaten beim Hl. Stuhl, zu Goethes Zeit und bis 1871 der weltliche und geistliche regierende Herr Roms. Wer heute mit dem Zug im Osten auf dem Hauptbahnhof ankommt, fährt über die Via Nazionale zur Piazza Spagna und del Popolo.

Über ein Vierteljahrhundert nach seiner Romreise erinnert sich Goethe noch an sein Glück und an seinen Schmerz, durch die Porta del Popolo in Rom anzukommen und wieder abfahren zu müssen: „Recht herzlich habe ich Sie früher bedauert, daß Sie nach hartnäckigem Widerstand doch noch endlich das liebe Rom mit dem Rücken haben ansehen müssen. Ich weiß recht gut was das heißt, und nehme aufrichtigen Anteil an jedem, der mit seinem Gepäcke zur Porta del Popolo hinausfährt." (An Caroline v. Humboldt 7.4.1812)

Unmittelbar am Tor soll der Leichnam Neros verscharrt worden sein, aus dessen Grab der „verfluchte Nußbaum" wuchs, den Papst Pasquale 1116 fällen und dort eine kleine Kirche, die spätere S. Maria del Popolo, errichten ließ.

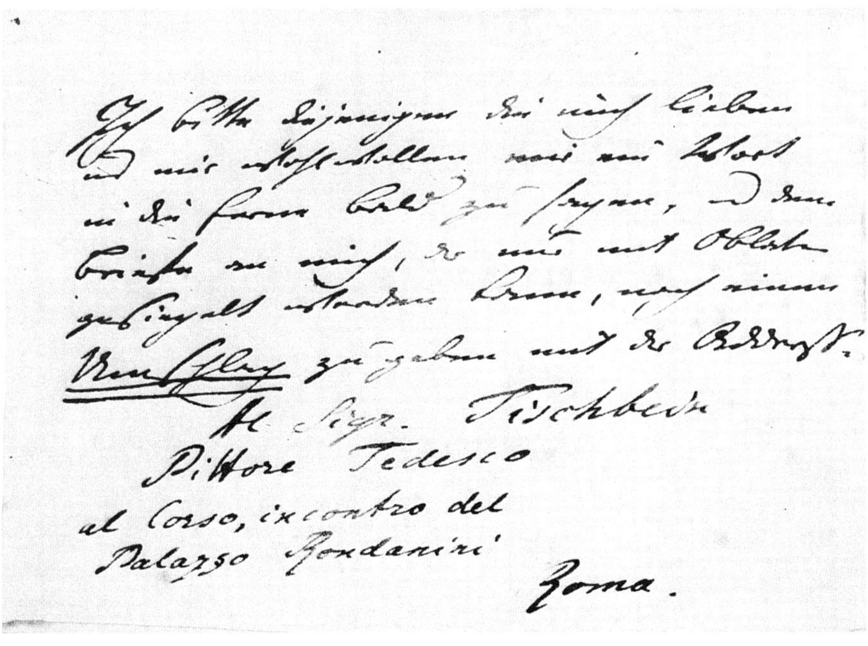

Al Sigr. Tischbein
Pittore Tedesco
al Corso, incontro del
Palazzo Rondanini
Roma.

Goethes eigenhändige Angabe seiner Adresse in Rom „al Corso" an seine Freunde

Rossebändiger vor dem Quirinal, Rom

„Gestern aber, am Tag Allerseelen, gelang mirs besser: das Andenken dieser feiert der Papst in seiner Hauskapelle auf dem Quirinal. Jedermann hat freien Zutritt. Ich eilte mit Tischbein auf den Monte Cavallo. Der Platz vor dem Palaste hat etwas ganz Eigenes, Individuelles, so unregelmäßig als grandios und lieblich. Die beiden Kolossen erblickte ich nun. Weder Auge noch Geist sind hinreichend sie zu fassen." (IR 3. Nov. 1786)

Besonders aber hatte ich der Gruppe von Kastor und Pollux, diesen kostbaren, obgleich problematischen Resten, die seligsten Augenblicke zu danken." (Dichtung und Wahrheit XI)

Ich eilte nach Rudolfstadt um die beiden Köpfe der Colossen von Monte Cavallo zu sehen." (An S. Boisserée, 17.10.1817)

Die beiden Statuen gaben zu den verschiedensten Deutungen Anlaß; man wollte darin Alexander sehen oder die Dioskuren, Wettkämpfer oder Rossebändiger. Die griechischen Bronzeoriginale der gutgearbeiteten marmornen Kopien stammten aus dem 5. Jahrhundert v. Chr. (die Inschriften Opus Phiadiae, Opus Praxiteles aus dem 5. Jahrhundert n. Chr. sind damals vertauscht worden). Die Statuen, 5,60 m hoch, sind im Stil von Fries und Giebel des Parthenon in Athen gearbeitet, was

ihren hohen künstlerischen Wert bestätigt; sie gehören zu den wenigen Antiken, die niemals verschüttet wurden.

Der Quirinal war bis 1870 Sitz der Päpste und Sitz des Konklave – von dem Balkon wurde der Name der neuen Päpste verkündet –, später Wohnsitz der Könige von Italien, heute des Staatspräsidenten. Nach den beiden Rossebändigern auf den mächtigen Sockeln heißt der Platz auch Monte Cavallo.

„Was könnte ich Ihnen sagen, da Sie im Genuß alles dessen sind, über dessen Entbehren ich zeitlebens nicht zur Ruhe komme. Es vergeht kein Tag, daß ich nicht beim Anblick des großen Prospects von Rom oder irgendeiner anderen Charte, besonders da mein Knabe jetzt römische Antiquitäten studiert, halb unzufrieden ausrufe: Diesen Weg können nun die Freunde machen, wenn es ihnen beliebt! Sie gehen um die Colossen auf Monte Cavallo, die ich nur noch wenige Minuten in meinem Leben zu sehen wünschte, ganz bequem herum, und von da hängt es bloß von ihnen ab, sich zu anderen köstlichen Gastmahlen hinzubewegen, indeß wir arme Nordländer von den Brosamen leben, die keineswegs vom Tische fallen, sondern die wir uns, noch überdieß mit Mühe, Zeit und Kosten, zu verschaffen haben." (an W. v. Humboldt (Concept) 27.1.1808)

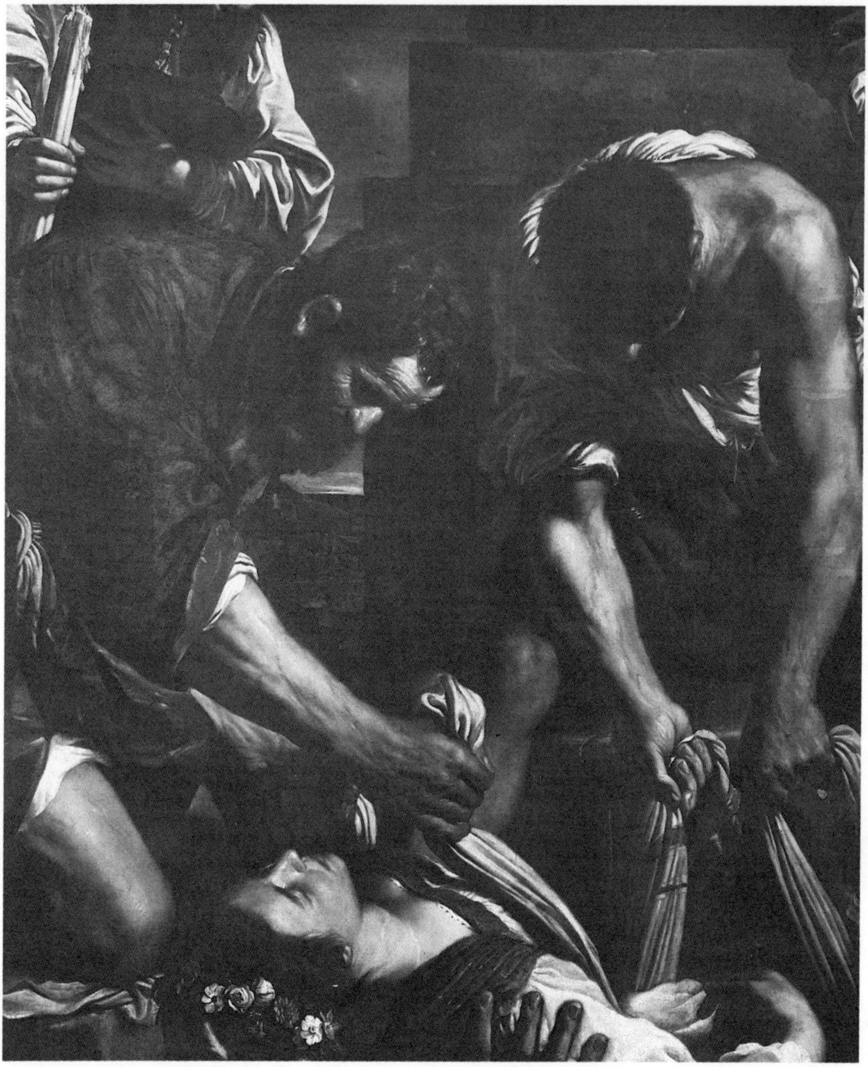

Die hl. Petronilla von Guercino, Pinacoteca Capitolina, Rom

„Ich sah mit Bewunderung die Heilige Petronilla von Guercino, ehemals in St. Peter, wo nun eine musivische Kopie anstatt des Originals aufgestellt ist. Der Heiligen Leichnam wird aus dem Grabe gehoben und dieselbe Person neubelebt in der Himmelshöhe von einem göttlichen Jüngling empfangen. Was man auch gegen diese doppelte Handlung sagen mag, das Bild ist unschätzbar." (IR 3.11.1786)

Die Grablegung der hl. Petronilla, 1621 als Altarbild für St. Peter gemalt, hat Goethe im Quirinalpalast gesehen.

Abb. Seite 108/109:

Die Schule von Athen, Stanza della Segnatura, Vatikan, von Raffael

Goethe sah diese allegorische Darstellung der Philosophie, Platon und Aristoteles in der Mitte stehend – sie lehrten in Athen, daher der Name des Bildes – bald nach seiner Ankunft 1786 in Rom. Platon mit den Zügen des Leonardo da Vinci – weist als Philosoph des Idealismus nach oben, der Realist Aristoteles mit der Hand zur Erde. Links eine Gruppe um Sokrates und der in seine Berechnungen versunkene Pythagoras; rechts Zeno, der Begründer der Stoischen Schule, Ptolomäus mit Krone und Weltkugel und Zarathustra; auf den Stufen liegt Diogenes. Rechts unten Archimedes mit den Zügen Bramantes und ein Selbstbildnis Raffaels. Im Vordergrund sitzt schwermütig versunken Heraklit, eine gültige Darstellung des 40 jährigen Michelangelo, der damals nebenan die Sixtinische Kapelle ausmalte. Auch architektonisch ist das Bild ein Meisterwerk, als Ganzes ein Hymnus auf den Triumph der geistigen Forschung; die sieben freien Künste bahnen den Weg zur höchsten Weisheit, die sich in Platon und Aristoteles entfaltet. – In der „Geschichte der Farbenlehre, Überliefertes" erinnert sich Goethe des Freskos im Vatikan und schreibt: „Plato verhält sich zu der Welt wie ein seliger Geist, dem es beliebt, einige Zeit auf ihr zu beherbergen... Aristoteles hingegen steht zu der Welt wie ein Mann, ein baumeisterlicher. Er ist nun einmal hier und soll hier wirken und schaffen... Ja wie die Völker, so teilen sich auch die Jahrhunderte in die Verehrung des Plato und Aristoteles, bald friedlich, bald in heftigen Widerstreit: und es ist als ein großer Vorzug des unsrigen anzusehen, daß die Hochschätzung beider sich im Gleichgewichte hält, wie schon Raffael, in der sog. Schule von Athen, beide Männer gedacht und gegeneinander über gestellt hatt". – (Raffael malte das Werk zwischen 1508 und 1520.) –

Schule von Athen, von Raffael, Vatikan

Die Loggien Raffaels, Vatikanische Museen, Rom

„Die berühmten Arabesken, womit Raffael einen Teil der Loggien des Vatikans ausgeziert, sind freilich schon in einem anderen Sinne, es ist als wenn er verschwenderisch habe zeigen wollen, was er erfinden und was die Anzahl geschickter Leute, welche mit ihm waren, ausführen konnte. Hier ist also schon nicht mehr jene weise Sparsamkeit der Alten, die nur gleichsam eilten, mit einem Gebäude fertig zu werden, um es genießen zu können: sondern hier ist ein Künstler, der für den Herrn der Welt arbeitet und sich sowohl als jenem ein Denkmal der Fülle und des Reichtums errichten will". (Über Italien, Fragmente eines Reisejournals)

Die lange Galerie mit 13 Kreuzgewölben um den Cortile di S. Damaso im Vatikan – 1513 von Bramante begonnen, 1518 vollendet – ist an den Wänden mit Figuren, Pflanzen, Tieren, den sogenannten Grotesken, geschmückt. In den ersten zwölf Gewölben sind 48 Szenen aus dem Alten Testament, im letzten vier aus dem Neuen Testament dargestellt: Fresken nach Zeichnungen Raffaels, von seinen Schülern ausgeführt, die sog. Bibel Raffaels. Die Darstellungen, gehoben durch stimmungsvolle Landschaften, sind so einfach und rein menschlich, als wollte man Kindern die biblische Geschichte erzählen. Es ist das Verdienst Raffaels und seiner Schüler, die Loggien zu den prachtvollsten Hallen der Welt ausgeschmückt zu haben.

„Die Logen von Raffael und die großen Gemälde der Schule von Athen etc. hab ich nur erst einmal gesehen, und da ists, als wenn man den Homer aus einer zum Teil verloschenen, beschädigten Handschrift herausstudieren sollte. Das Vergnügen des ersten Eindrucks ist unvollkommen, nur wenn man nach und nach alles recht durchgesehen und studiert hat, wird der Genuß ganz. Am erhaltensten sind die Deckenstücke der Logen, die biblische Geschichten vorstellen, so frisch wie gestern gemalt, zwar die wenigsten von Raffaels eigener Hand, doch aber gar trefflich nach seinen Zeichnungen und unter seiner Aufsicht." (IR 7.11.1786)

Apoll von Belvedere, Vatikanische Museen, Rom

„... und wer kann leugnen, daß Apoll von Belvedere, durch seine mäßige Colossalgröße, den schlanken Bau, die freie Bewegung, den siegenden Blick, auch über unsere Empfindungen vor allen anderen den Sieg davon trage?" (Dichtung und Wahrheit XI)

„Und so hat mich Apoll von Belvedere aus der Wirklichkeit hinausgerückt. Denn wie von jenen Gebäuden die richtigsten Zeichnungen keinen Begriff geben, so ist hier mit dem Original von Marmor gegen die Gipsabgüsse, deren ich doch sehr schöne früher gekannt habe." (IR 9. Nov. 1786)

„... das genialiste Werk, das man sagen muß, es scheint unmöglich, ist der Apoll von Belvedere." (An Frau von Stein, 7. Nov. 1786)

„Der Herzog von Gotha hat mir einen Abguß der wahren Büste des Vatikanischen Apolls geschickt..." (An Charlotte von Stein, 16.1.1782)

„Der Marmor ist ein seltenes Material, deswegen ist Apoll von Belvedere so grenzenlos erfreulich, denn der höchste Hauch des lebendigen, jünglingsfreien, ewig jungen Wesens verschwindet gleich im besten Gipsabguß." (IR 25. Dez. 1786)

„Denn so viel ich auch Abgüsse gesehen habe, selbst ein gutes Bruststück besitze, so glaubt man doch die Statue nie gesehen zu haben." (An den Weimarer Freundeskreis 7.11.1786)

„In meiner Stube habe ich schon... das Haupt des Apoll von Belvedere." (An Herder 13.1.1786)

Apoll von Belvedere: Marmorkopie nach dem berühmten Original in Erz von Leochares, 4. Jh. v. Chr. Mit den Pfeilen seines unfehlbaren Bogens reinigt Apoll die Erde von Ungeheuern und Frevlern. Die zusammengezogenen Brauen, der leicht geöffnete unwillige Mund, die vibrierenden Nasenflügel drücken Verachtung für den bestraften Menschen- und Götterfeind aus. Ungetrübt die hohe Ruhe der Stirne, die Schönheit und Klarheit des strahlenden Lichtgottes. Die Statue verkörpert, was die Griechen Theophanie nannten, das plötzliche Erscheinen einer unsichtbaren Gottheit. Goethe sah den Apoll, den Laokoon u.a. im Museum Pio-Clementinum, aus dem sich die Vatikanischen Museen entwickelt haben.

Vatikan – Peterskirche, Rom, zur Zeit Goethes

„Endlich bestiegen wir das Dach der Kirche, wo man das Bild einer wohlgebauten Stadt im kleinen findet. Häuser und Magazine, Brunnen, (dem Ansehen nach) Kirchen und einen großen Tempel, alles in der Luft, und schöne Spaziergänge

dazwischen. Wir bestiegen die Kuppel und besahen die hellheitere Gegend der Apeninen... Nahe vor uns die ganze Stadt Rom..." (IR 22. Nov. 1786, „ein glücklicher Tag").

Cestius-Pyramide, Rom, mit der Porta San Paolo

Die Pyramide hat auf Goethe immer einen eigenen Zauber ausgeübt. Wenige Tage nach seiner Ankunft in Rom berichtet er: „Heute war ich bei der Pyramide des Cestius", und kurz vor dem Abschied: „Meine kleinen Gedichte hat' ich gesucht in eine gewisse Ordnung zu bringen, sie nehmen sich wunderlich aus. Die Gedichte auf Hans Sachs und auf Miedings Tod schließen den achten Band, und so meine Schriften für diesmal. Wenn sie mich indessen bei der Pyramide zur Ruhe bringen, so können diese beiden Gedichte statt Personalien und Parentation gelten." (IR, 22. Febr. 1788)

„Du schreibst neulich von einem Grab der Miss Gore bei Rom. Vor einigen Abenden, da ich traurige Gedanken hatte, zeichnete ich meines bei der Pyramide des Cestius." (An Friedrich v. Stein, 16.2.1788)

Am letzten Abend in Rom versprechen Goethe und der schwedische Forscher Gyldenstubbe einander, im Alter zurückzukehren, um an der Pyramide ihr Grab zu finden. In den Römischen Elegien heißt es:

„Dulde mich, Jupiter, hier, und Hermes führe mich später an Cestius Mal vorbei, leise zum Orkus hinab."

Die Cestius-Pyramide aus Tuff und Travertin, 27 m hoch, wurde 16 v. Chr. als Mausoleum für den Praetor Cestius erbaut und später in die Aurelianische Stadtmauer miteinbezogen. Rechts der protestantische Friedhof. Unter der päpstlichen Regierung Roms durften auf den Gräbern keine Kreuze angebracht, bis 1870 mußte jede Grabinschrift von einer päpstlichen Kommission gebilligt werden. Erst mit dem Ende des Kirchenstaates, als Rom Hauptstadt des Königreiches Italien wurde, hörte diese Zensur auf.

Eine Interessengemeinschaft „Der Protestantische Friedhof in Rom", der deutsche, britische, skandinavische, amerikanische Diplomaten angehören, kümmert sich um die Erhaltung des „friedvollsten Friedhofes der Welt". – (Emilie Gore, Tochter des ab 1791 in Weimar seßhaften Kunstliebhabers Charles Gore, die der Herzog 1785 in Bad Pyrmont kennen gelernt hatte, „die schöne Engländerin").

Palatin, Rom

„Heute war ich abends auf dem Palatin, oben auf den Ruinen der Kaiserpaläste, die wie Felsenwände dastehen. Hiervon läßt sich nun freilich nichts überliefern! Wahrlich, es gibt hier nichts Kleines, wenn auch wohl hier und da etwas Scheltenswertes und Abgeschmacktes. Doch auch ein solches hat teil an der allgemeinen Großheit genommen." (IR 10. Nov. 1786)

„Abends, nachdem wir alle diese schönen Sachen mit behaglicher Muße betrachtet, gingen wir in die Gärten auf dem Palatin, wodurch die Räume zwischen den Ruinen der Kaiserpaläste urbar und anmutig gemacht worden. Dort auf einem freien Gesellschaftsplatze, wo man unter herrlichen Bäumen die Fragmente verzierter Kapitäler, glatter und kannelierter Säulen, zerstückte Basreliefe, und was noch derart im weiten Kreise umhergelegt hatte, – dort genossen wir der reizenden Zeit nach Herzenslust, und als wir die mannigfachste Aussicht mit frisch gewaschenen und gebildeten Augen bei Sonnenuntergang überschauten, mußten wir gestehen, daß dieses Bild auf alle die andern, die man uns heute gezeigt, noch recht gut anzusehen sei." (IR Bericht Sept. 1787)

„Schon die Lage dieser Hauptstadt der Welt führt uns auf ihre Erbauung

zurück. Wir sehen bald, hier hat sich kein wanderndes, großes, wohlgeführtes Volk niedergelassen, und den Mittelpunkt eines Reiches weislich festgesetzt, hier hat kein mächtiger Fürst einen schicklichen Ort zum Wohnsitz einer Kolonie bestimmt. Nein, Hirten und Gesindel haben sich hier zuerst eine Stätte bereitet, ein paar rüstige Jünglinge haben auf dem Hügel den Grund zu Palästen der Herren der Welt gelegt..." (IR 22.1.1787).

Blickt man zum Palatin hoch: die Farnesischen Gärten, 1540/50 angelegt, die gewaltigen Subkonstruktionen und spärlichen Ruinen der Paläste des Tiberius und Caligula sowie die Palatinterrasse mit Blick auf Rom. Nur wenige Schritte entfernt, die archaischen Anlagen Ur-Roms, Roma quadrata. Die Hirten- und Räubersiedlung auf dem Palatin breitete sich aus, vereinigte sich mit den Siedlern auf den anderen Hügeln zum Bund der Sieben Hügel. Auf dem Kapitol errichteten sie gemeinsam eine Burg. In Roma quadrata lag die Höhle der Wölfin, die Romulus und Remus genährt hat, Symbol der Kraft der Mater Roma. Augustus, der auf dem Palatin geboren wurde – wie Cicero – erhob den Hügel zur kaiserlichen Residenz; die späteren Kaiser wohnten hier, auch Odoaker und Theoderich d.Gr.

Via Appia mit Grabmal der Caecilia Metella, Rom

Wahrzeichen des klassischen römischen Panoramas auf der Via Appia. Der monumentale Rundbau von 20,5 m Durchmesser auf einem quadratischen Sockel wurde vor etwa 2000 Jahren als Mausoleum für die Schwiegertochter des Triumvirs Crassus, General Caesars in Gallien, erbaut. Im Hintergrund die Landschaft der Campagna mit den Albanerbergen. Goethe besuchte die Via Appia zum er-

stenmal am 11. Nov. 1786: „Heut' hab' ich ... besucht die zerstörten Grabstätten längs der Via Appia und das Grab der Metella, das einem erst einen Begriff von solidem Mauerwerk gibt. Diese Menschen arbeiteten für die Ewigkeit, es war auf alles kalkuliert, nur auf den Unsinn der Verwüster nicht, dem alles weichen mußte". (IR 11. Nov. 1786)

Colosseum, Rom

Zu Goethes Zeit gab es in Rom noch keine Straßenbeleuchtung, während der Dunkelheit und in der Nacht waren die berühmten Stätten nur bei Mondschein zu bewundern. Goethe wanderte oft – nicht nur in Rom – auch in Venedig und Neapel – bei Mondenschein durch die Straßen und über die Plätze. In Rom war das gefährlich, so mancher solcher Nachtschwärmer wurde überfallen und getötet. „Von der Schönheit, im vollen Mondschein Rom zu durchgehn, hat man, ohne es gesehen zu haben, keinen Begriff. Alles Einzelne wird von den großen Massen des Lichts und Schattens verschlungen, und nur die größten, allgemeinsten Bilder stellen sich dem Auge dar... Einen vorzüglichen schönen Anblick

gewährte das Coliseo. Es wird nachts zugeschlossen, ein Eremit wohnt darin an einem Kirchelchen, und Bettler nisten in den verfallenen Gewölben. Sie hatten auf flachen Boden ein Feuer angelegt, und eine stille Luft trieb den Rauch erst auf die Arena hin, daß der untere Teil der Ruinen bedeckt war und die ungeheuren Mauern oben drüber finster hinausragten; wir standen am Gitter und sahen dem Phänomen zu, der Mond stand hoch und heiter..." (IR 2. Februar 1787). – I.J. 72 begonnen, wurde das ursprünglich Flavisches Amphitheater genannte Riesenwerk von Titus nach der Eroberung Jerusalems – i.J. 80 mit 20.000 jüdischen Gefangenen fertiggestellt und mit 100 Tage dauernden Spielen eingeweiht.

Aquädukte auf der Via Appia, Rom

„Die Reste der großen Wasserleitung sind höchst ehrwürdig. Der schöne, große Zweck, ein Volk zu tränken durch eine so ungeheure Anstalt!" (IR 11. Nov. 1786)

Neunzehn Wasserleitungen durchzogen die Campagna. Das alte Rom ver-

brauchte für seine zahlreichen Brunnen, die Tag und Nacht plätscherten, viel Wasser. Auch die Thermen verlangten riesige Wasserzufuhren, und noch heute ist Rom mit seinen vielen Springbrunnen allen anderen Städten voraus.

Die Aquädukte wurden im 2. Jahrhundert v. Chr. erbaut.

Farnesina, Rom

„Gestern war ich mit Angelika in der Farnesina, wo die Fabel der Psyche gemalt ist. Wie oft und unter wie manchen Situationen hab ich die bunten Kopien dieser Bilder in meinen Zimmern mit euch angesehn! Es fiel mir recht auf, da ich sie eben durch jene Kopien fast auswendig weiß. Dieser Saal oder vielmehr Galerie ist das Schönste, was ich von Dekoration kenne, so viel auch jetzt dran verdorben und restauriert ist." (IR 16. Juli 1787)

Goethe besaß die von Dorigny 1693 in zehn Blättern herausgegebenen Fresken.

Die Farnesina, Juwel der Renaissancearchitektur, wurde 1508-11 von B. Peruzzi im Auftrag des Bankiers und Mäzens Chigi erbaut und von ihm, Raffael, G. Romano, Seb. del Piombo und Sodoma ausgemalt. Künstler, Fürsten, Kardinäle, Päpste nahmen hier an prunkvollen Festen teil. Der zweistöckige Gartenpalast, flankiert von turmartig vortretenden Flügeln, dazwischen eine 19 m lange Glasgalerie als Pfeilerloggia, ist auch durch die Wand- und Deckenmalereien weltberühmt geworden. In der Gartenhalle der sog. Farnesina-Zyklus, die romantische Geschichte von Amor und Psyche – die Zwickelgestalten von Raffael, die anderen von seinen Schülern – und Raffaels Meisterwerk: Triumph der Galatea. Im Obergeschoß der Saal der Perspektiven, im ehemaligen Schlafzimmer die Hochzeit Alexanders mit Roxane von Sodoma. Goethe besuchte mit Angelika Kauffmann die Farnesina und nahm sich von den bewunderten Fresken Stiche nach Weimar mit.

Die Farnesina auf dem rechten Tiberufer sollte mit dem Palazzo Farnese auf der anderen Flußseite durch eine gedeckte Brücke verbunden werden; der Anfang dazu war die Überbrückung der Via Giulia zum Tiber hin, dann blieb das Vorhaben liegen.

Farnesina, Fresken der Sala di Galatea, in den Lünetten Szenen nach den Metamorphosen Ovids.

La Fornarina von Raffael, Galleria Nazionale, Pal. Barberini, Rom

„Sonntags, den 22. Juli aß ich bei Angelika; es ist nun schon hergebracht, daß ich ihr Sonntagsgast bin. Vorher fuhren wir nach dem Palast Barberini, den trefflichen Leonard da Vinci und die Geliebte des Raffael, von ihm selbst gemalt, zu sehen. Mit Angelika ist es gar angenehm, Gemälde zu betrachten, da ihr Auge sehr gebildet und ihre mechanische Kunstkenntnis so groß ist." (IR, 22. Juli 1787)

Das Bild des Leonardo da Vinci ist nicht mehr zu bestimmen. Das bekannte, viel diskutierte und kopierte Bild: Fornarina (Bäckerin), zeigt die angebliche Geliebte Raffaels. Sie sitzt, ein rotes Kleid über dem Schoß, mit der Rechten ein durchsichtiges Gewebe vor die Brust haltend, bereit es abzuwerfen und nackt zu sein. Am linken Oberarm ein schmales Band, darauf in goldenen Lettern: Raffael. Urbinas. Wollte Raffael damit sein Besitztum andeuten? Denn hinter dieser Stirne unter dem schwarzen Haar wohnen kaum hehre Gedanken; nur unverwüstlich gute Laune, vielleicht Eifersucht und Stolz auf den berühmten Geliebten sprechen aus dem sinnlich-üppigen jungen Weibe.

RAPHAEL VRBINAS

Sixtinische Kapelle

„Am 28. November kehrten wir zur Sixtinischen Kapelle zurück, ließen die Galerie aufschließen, wo man den Plafond näher sehen kann; man drängt sich zwar, da sie sehr eng ist, mit einiger Beschwerlichkeit und mit anscheinender Gefahr an den eisernen Stäben weg, deswegen auch die Schwindligen zurückbleiben; alles wird aber durch den Anblick des größten Meisterstücks ersetzt. Und ich bin dem Augenblicke so für Michelangelo eingenommen, daß mir nicht einmal die Natur auf ihn schmeckt, da ich sie doch nicht mit so großen Augen wie er sehen kann. Wäre nur ein Mittel, sich solche Bilder in der Seele recht zu fixieren! Wenigstens was ich von Kupfern und Zeichnungen nach ihm erobern kann, bring' ich mit." (IR 2. Dez. 1786)

„Diese Vorliebe für den großen Florentiner teilte sich von den Künstlern gar bald auch den Liebhabern mit, da denn auch gerade zu jener Zeit Bury und Lips Aquarellkopien in der Sixtinischen Kapelle für den Grafen Fries zu fertigen hatten. Der Kustode ward gut bezahlt, er ließ uns durch die Hintertüre neben dem Altar hinein, und wir hauseten darin nach Belieben. Es fehlte nicht an einiger Nahrung, und ich erinnere mich, ermüdet von großer Tageshitze, auf dem päpstlichen Stuhle einem Mittagsschlaf nachgegeben zu haben." (IR Bericht August 1787)

Mit dem großen Florentiner ist Michelangelo gemeint, dessen „Jüngstes Gericht" Goethe durchzeichnen und kopieren ließ.

Die Sixtinische Kapelle, 1473-81 erbaut. Michelangelo malte von 1508–12 das berühmte Deckengemälde, das Weltdrama, und von 1534–41 das Jüngste Gericht (auf der Wand im Hintergrund).

„Das Jüngste Gericht und die mannigfaltigen Gemälde der Decke, von Michelangelo, teilten unsere Bewunderung. Ich konnte nur sehen und anstaunen. Die innere Sicherheit und Männlichkeit des Meisters, seine Großheit geht über allen Ausdruck. Nachdem wir alles wieder und wieder gesehen, verließen wir dieses Heiligtum..." (IR 22. Nov. 1786)

„Ohne die Sixtinische Kapelle gesehen zu haben – kann man sich keinen anschauenden Begriff machen, was ein Mensch vermag."

Der Gottessturm der Schöpfung, Michelangelo, Sixtinische Kapelle, Vatikan

Der Gottessturm, der uranfänglich über den Gewässern schwebte; aller Anfang ist dunkel, der Schöpfer noch allein, die Arme ausbreitend, mit den Händen das Gewölk auseinanderschiebend.

„Stumm war alles, still und öde
Einsam Gott zum erstenmal!
Da erschuf er Morgenröte,
Die erbarmte sich der Qual;
Sie entwickelte dem Trüben
Ein erklingend Farbenspiel,
Und nun konnte wieder lieben,
Was erst auseinanderfiel."
(Goethe, „Wiederfinden", Diwan)

Beseelung Adams, Michelangelo, Sixtinische Kapelle, Vatikan

Von rechts heranbrausende himmlische Gewalten: Gott-Vater schwebt nahe der Erdoberfläche. Über den Zeigefinger seines ausgestreckten Armes springt der erweckende Funke über auf den ersten Menschen. Im wehenden göttlichen Mantel geborgen eine Engelschar, vor ihnen das höchste Wunder, die Krone der Schöpfung: Freude, Staunen, Entsetzen in ihren Gesichtern – die Erschaffung des Menschen als kosmisches Geschehen.

Wunderbarer noch als der rote Mantel, der die elf Köpfe im Arm des Herrn umschließt, ist das Gewand um Gottes eigene Gestalt: violettgrau, durchsichtig, wie aus Urnebeln zusammengesetzt, umspannt es den gewaltig schönen Leib dicht anliegend, verhüllt ihn ganz und läßt dennoch jede Partie und Muskel durchscheinen. Seit Phidias ist eine solche Schönheit nicht mehr sichtbar gemacht worden. Hoheit des Schöpfers schlechthin: Allmächtige Kraft, vereint mit Erbarmen, leuchtet aus seinem Wesen. Der Allmächtige in menschlicher Form, nach seinem Ebenbilde schaffend!

„Spiegel hüben, Spiegel drüben,
Doppelstellung, auserlesen;
Und dazwischen ruht im Trüben
Als Kristall das Erdewesen."
(Goethe, Entoptische Farben)

Sintflut, Michelangelo (Detail) Sixtinische Kapelle, Vatikan

Der letzte Berggipfel in der Wasserwüste. Vorne eine Frau in Ohnmacht, taub für das Weinen des Kindes auf ihrem Rücken. Stehend eine wahre Urmutter mit gewaltigen Gliedern, leidend um ihre dem Tode geweihten Kinder. Verzweifelt klammert sich ein Jüngling an den Baum, darunter ein Liebespaar. Rechts im Heraufkommen ein Mann mit einer Geretteten auf dem Rücken, links eine reisefertige Gruppe mit einem Esel.

Fresken von Domenicchino, San Andrea della Valle, Rom

„Ich aber kann nur mit wenig Worten das Glück dieses Tages bezeichnen. Ich habe die Freskogemälde von Domenicchino in Andrea della Valle... gesehen. Freilich zu viel für Monate, geschweige für einen Tag." (IR 17. Nov. 1786)

Die Kirche, 1591 begonnen, 1650 geweiht, die Fassade von Carlo Maderno und Carlo Rainaldi 1665, wurde von Domenicchino (Bologneser Maler 1581–1641) zwischen 1624–28 mit Fresken geschmückt: in der Chorwölbung: Johannes der Täufer zeigt Petrus und Andreas den Heiland, Berufung des Petrus und des Andreas, Andreas' Gang zur Richtstätte und sein Martyrium. In den Kuppelzwikkeln die vier Evangelisten.

Pantheon, S. Maria della Rotonda, heute La Rotonda genannt, das besterhaltene antike Bauwerk Roms.

Agrippa, Schwiegersohn und General des Augustus, ließ das Heiligtum 27 v. Chr. in seinen Thermen errichten. 80 n. Chr. brannte es ab, 30 Jahre später zum zweitenmal. Kaiser Hadrian ließ es von 120-125 in ursprünglicher Form wiederherstellen und zu Ehren des ersten Erbauers die alte Giebelinschrift anbringen: „M Agrippa L F COS Tertius Fecit – Marcus Agrippa, des Lucius Sohn, zum dritten Male Konsul, hat es gemacht." Der Tempel für die sieben Planetengottheiten besteht aus Vorhalle und Cella, einer Halbkugel aus Steinmörtel. Den Dachstuhl aus Bronze ließ Papst Urban VIII. 1632 für den Baldachin des Altars in Sankt Peter und zum Guß für Geschütze einschmelzen. 391 wurde der Rundbau als heidnisches Heiligtum geschlossen. Papst Bonifatius IV. weihte das Pantheon i.J. 609 Maria und allen Märtyrern; der Gedenktag wurde auf den 1. November festgesetzt, so entstand das Allerheiligen-Fest.

Pantheon, eine der vollkommensten Raumschöpfungen aller Zeiten.

Die von keinem Rundbau übertroffene Wirkung entsteht durch das Licht und die Harmonie der Proportionen. Höhe und Durchmesser sind gleich, 43,4 m, 1,4 m breiter als die Kuppel von Sankt Peter. Die Kuppel – Symbol des Himmelsgewölbes – zur Kugel ergänzt, würde sie den Boden berühren. Das wiederholt sich auch in den Maßen von Tambour und Rundung, von Unterbau und Kuppelrund: 21,7 m – genau geteilt. Breite und Höhe, Ruhe und Bewegung in vollendetem Gleichmaß, eine architektonische Raumkugel – Inbegriff der Vollkommenheit der Antike. Im Scheitel eine runde Öffnung von 9 m Durchmesser, durch die seit 2000 Jahren das Licht den Raum gleichmäßig durchströmt. Goethe hat das Wunderwerk immer wieder besucht und bestaunt, öfter als in der IR vermerkt. Zum erstenmal am 3. Dez. 1786: „So hat z.B. das Pantheon... so mein Gemüt eingenommen, daß ich daneben fast nichts mehr sehe..." (IR 3. Dez. 1786)

Medusa Rondanini, München, Glyptothek (Auf Empfehlung Goethes von König Ludwig I. von Bayern erworben).

„Gegen uns über im Palast Rondanini steht eine Medusenmaske, wo in einer hohen und schönen Gesichtsform über Lebensgröße das ängstliche Starren des Todes unsäglich trefflich ausgedrückt ist. Ich besitze schon einen guten Abguß, aber der Zauber des Marmors ist nicht übriggeblieben. Das edle Halbdurchsichtige des gelblichen, der Fleischfarbe sich nähernden Steins ist verschwunden. Der Gips sieht immer dagegen kreidenhaft und tot." (IR 25. Dez. 1786)

„Ihr werdet euch aus meinen ersten Römischen Briefen einer Meduse erinnern, die mir damals schon so sehr einleuchtete, jetzt nun aber mir die größte Freude gibt. Nur einen Begriff zu haben daß so etwas in der Welt ist, daß so etwas zu machen möglich war, macht einen zum doppelten Menschen. Wie gern sagt ich etwas drüber, wenn nicht alles was man über so ein Werk sagen kann, leerer Windhauch wäre. Die Kunst ist deshalb da, daß man sie sehe, nicht davon spreche, als höchstens in ihrer Gegenwart. Wie schäme ich mich alles Kunstgeschwätzes, in das ich ehmals einstimmte. Wenn es möglich ist einen guten Gipsabguß von dieser Meduse zu haben, so bring ich ihn mit, doch sie müßte neu geformt werden. Es sind einige hier zum Kaufe, die ich nicht möchte, denn sie verderben mehr die Idee, als daß sie uns den Begriff gäben und erhielten. Besonders ist der Mund unaussprechlich und unnachahmlich groß." (IR 29. Juli 1787)

„... ein guter alter Abguß der Medusa Rondanini; ein wundersames Werk, das, den Zwiespalt zwischen Tod und Leben, zwischen Schmerz und Wollust ausdrückend, einen unnennbaren Reiz wie irgendein anderes Problem über uns ausübt." (IR Bericht April 1788)

Vierzig Jahre später erinnert sich Goethe: „In Rom wohnte ich im Corso, dem Grafen Rondanini gegenüber; dieser besaß, nebst andern herrlichen Kunstwerken, das Angesicht, die Maske einer Meduse, überlebensgroß, aus weißem Marmor, von merkwürdiger Vortrefflichkeit. Wir Künstler und Kunstgenossen besuchten sie oft, ja ich hatte sogar einen guten Abguß derselben auf meinem Saale stehen. Diesen Anblick, der keineswegs versteinerte, sondern den Kunstsinn höchlich und herrlich belebte, entbehrte ich nun seit vierzig Jahren, wie so manches andere Große und Schöne. Endlich vernehme, daß sie mir so viel näher, daß sie nach München gerückt sei, und wage den kühnen Wunsch, einen Abguß davon zu besitzen. Dieser ist nicht zu gewähren, aber ein trefflich erhaltener Abguß, auf Ihro des Kronprinzen Hoheit Befehl von Rom verschrieben, wird mir nun durch die Gunst Ihro Majestät des Königs." (An Zelter, 21. Januar 1826)

In den Tagebüchern vom 21.12.1825 heißt es: „Ankunft des Medusenkopfs von München", und im Faust gedenkt Goethe dieser „Begegnung" von Rom:

Laßt das nur stehn! Dabei wirds niemand wohl.
Es ist ein Zauberbild, ist leblos, ein Idol.
Ihm zu begegnen ist nicht sehr gut;
Vom starren Blick erstarrt des Menschen Blut,
Und er wird fast in Stein verkehrt,
Von der Meduse hast du ja gehört.
(Faust I, Walpurgisnacht)

Zeus von Otricoli, Rom, Vatikanische Museen

„Ich habe mich nicht enthalten können, den kolossalen Kopf eines Jupiter anzuschaffen. Er steht meinem Bette gegenüber wohl beleuchtet, damit ich sogleich meine Morgenandacht an ihn richten kann, und der uns, bei aller seiner Großheit und Würde, das lustigste Geschichtchen veranlaßt hat.

Unserer alten Wirtin schleicht gewöhnlich, wenn sie das Bett zu machen hereinkommt, ihre vertraute Katze nach. Ich saß im großen Saale und hörte die Frau drinn ihr Geschäft treiben. Auf einmal, sehr eilig und heftig gegen ihre Gewohnheit, öffnet sie die Türe, und ruft mich, eilig zu kommen und ein Wunder zu sehen. Auf meine Frage, was es sei, erwiderte sie, die Katze bete Gott-Vater an. Sie habe diesem Tiere wohl längst angemerkt, daß es Verstand habe wie ein Christ, dieses aber sei doch ein großes Wunder. Ich eilte, mit eigenen Augen zu sehen, und es war wirklich wunderbar genug. Die Büste steht auf einem hohen Fuße, und der Körper ist weit unter der Brust abgeschnitten, so daß also der Kopf in die Höhe ragt. Nun war die Katze auf den Tisch gesprungen, hatte ihre Pfoten dem Gott auf die Brust gelegt, und reichte mit ihrer Schnauze, indem sie die Glieder möglichst ausdehnte, gerade bis an den heiligen Bart, den sie mit der größten Zierlichkeit beleckte und sich weder durch die Interjektion der Wirtin noch durch meine Dazwischenkunft im mindesten stören ließ. Der guten Frau ließ ich ihre Verwunderung, erklärte mir aber diese seltsame Katzenandacht dadurch, daß dieses scharf riechende Tier wohl das Fett möchte gespürt haben, daß sich aus der Form in die Vertiefungen des Bartes gesenkt und dort verhalten hatte." (IR 25. Dez. 1786)

„In meiner Stube habe ich schon die schönste Jupiter-Büste." (an Herder, 13. Jan. 1787)

Zeus Otricoli, benannt nach dem Fundort. Man muß sich diesen Kopf einer kolossalen, thronenden Gestalt des Gottes vorstellen, wie er, vorgeneigt, mit leisem unerforschlichem Lächeln auf die Betenden herabsieht, gnädig Erhörung gewährt und Trost im Leide spendet. Höchste Weisheit in der mächtig emporsteigenden Stirne, gewaltige Energie in ihrem unteren, vorgewölbten Teil, gedankenvoller Ernst in der Mitte mit der Falte. Der Blick der abwärts gerichteten Augen ist geheimnisvoll und unergründlich; Milde und Majestät um den etwas geöffneten Mund, im Bart und Haupthaar wallt gleichsam die göttliche Kraft. Wiederholung eines berühmten Originals von Bryaxis aus dem 4.Jh. v. Chr.

IFICENTIA PII

„Goethe in der Campagna", von Heinrich Wilhelm Tischbein (Text siehe Seite 144)

Bild Seite 142/143:

„Goethe in der Campagna" von Heinr. Wilh. Tischbein, LW 164 x 206 cm

„Ich bemerkte wohl, daß Tischbein mich öfters aufmerksam betrachtete, und nun zeigt sich, daß er mein Portrait zu malen gedenkt. Sein Entwurf ist fertig, er hat die Leinwand schon aufgespannt. Ich soll in Lebensgröße als Reisender, in einen weissen Mantel gehüllt, in freier Luft auf einem umgestürzten Obelisken sitzend, vorgestellt werden, die tief im Hintergrunde liegenden Ruinen der Campagna di Roma überschauend. Es gibt ein schönes Bild, nur zu groß für unsere nordischen Wohnungen. Ich werde wohl dort wieder unterkriechen, das Portrait aber wird keinen Platz finden." (IR 29. Dez. 1786)

„Mein Portrait wird glücklich, es gleicht sehr, und der Gedanke gefällt jedermann." (IR 27. Juni 1787)

Das berühmte Ölgemälde blieb bis nach Goethes Tod in Italien. Tischbein verkaufte es 1789 an den deutschen Kaufmann Heigelin, der dänischer Konsul in Neapel war. Von dessen Erben erwarb es der Frankfurter Bankier Karl Meyer von Rothschild, dessen Erben es 1887 dem Städel-Museum in Frankfurt a.M. schenkten.

Goethe hat also das fertige Bild nie gesehen. Das zerstörte griechische Relief neben Goethe stellt Orest und Pylades vor Iphigenie dar, in der Ferne die Albaner Berge., die Via Appia mit dem Grabmal der Caecilia Metella.

Die im Goethe-Nationalmuseum bewahrte aquarellierte Nachbildung des Gemäldes, 13 x 21 cm – die einzige Nachbildung vom Original, noch in Rom entstanden – hat Goethe ebenfalls nicht gesehen; sie kam erst nach seinem Tode ins Museum.

Der Kopf spiegelt – bei aller Stilisierung – unergründlichen Ernst. Ungoethisch der romantische Anstrich: ein lagernder Wanderer auf den Trümmern erstarrter Kulturen, über die Vergänglichkeit meditierend. Klarheit suchte Goethe in Natur und Kunst, nicht Mystisches und Schwärmerei, häufig bei Deutschen in Italien.

Bild Seite 146/147:

Frascati von der Villa Aldobrandini aus

„Wir haben ein paar schöne regenfreie Tage hier gehabt, warm und freundlichen Sonnenschein, daß man den Sommer nicht vermißt. Die Gegend ist sehr angenehm, der Ort liegt auf einem Hügel, vielmehr an einem Berge und jeder Schritt bietet dem Zeichner die herrlichsten Gegenstände. Die Aussicht ist weit, man sieht Rom liegen und weiter die See, an der rechten Seite die Gebirge von Tivoli u.s.w.; vielleicht bring ich dir etwas Gezeichnetes mit. In dieser lustigen Gegend sind Landhäuser recht zur Lust angelegt und wie die alten Römer schon ihre Villen hatten, so haben vor hundert Jahren und mehr, reiche und übermütige Römer ihre Landhäuser auch auf die schönsten Flecke gepflanzt. Zwei Tage gehn wir schon hier herum und es ist immer etwas neues und Reizendes." (An Frau von Stein, 15. Nov. 1786)

„Eine herrliche, obgleich nicht unerwartete Aussicht ward aus den Fenstern der Villa des Fürsten Aldobrandini, der, gerade auf dem Lande gegenwärtig, uns freundlich einlud, und uns in Gesellschaft seiner geistlichen und weltlichen Hausgenossen an einer gut besetzten Tafel festlich bewirtete. Es läßt sich denken, daß man das Schloß dergestalt angelegt hat, die Herrlichkeit der Hügel und des flachen Landes mit einem Blick übersehen zu können. Man spricht viel von Lusthäusern, aber man müßte von hier aus umherblicken, um sich zu überzeugen, daß nicht leicht ein Haus lustiger gelegen sein könnte." (Bericht September 1787)

„Ich bin hier sehr glücklich: es wird den ganzen Tag bis in die Nacht gezeichnet, gemalt, getuscht, geklebt, Handwerk und Kunst recht ex professo getrieben." (IR 28. Sept. 1787)

Die Villa Aldobrandini ist das Meisterwerk dieser Architektur des 17.Jh. und von 1598 bis 1604 von Giacomo della Porta, Giovanni Fontana und Carlo Maderna errichtet worden.

Frascati von der Villa Aldobrandini aus gesehen

Villa Aldobrandini Frascati

Juno Ludovisi, Thermenmuseum, Rom

„Zu meiner Erquickung habe ich gestern einen Ausguß des kolossalen Junokopfes, wovon das Original in der Villa Ludovisi steht, in den Saal gestellt. Es war dieses meine erste Liebschaft in Rom, und nun besitz ich sie. Keine Worte geben eine Ahnung davon. Es ist wie ein Gesang Homers.

Ich habe aber auch für die Zukunft die Nähe einer so guten Gesellschaft wohl verdient, denn ich kann nun vermelden, daß Iphigenie endlich fertig geworden ist." (IR 6. Jan. 1787)

„Seit gestern habe ich einen kolossalen Junokopf in dem Zimmer oder vielmehr nur den Vorderteil, die Maske davon. Es war dies meine erste Liebschaft in Rom und nun besitze ich diesen Wunsch. Stünd ich nur schon mit dir davor." (An Charlotte v. Stein, 6.1.1787)

„Über die Vorsicht Franckenbergs, daß ich hier mich nicht verlieben soll, mußte ich lachen; du hast nur eine Nebenbuhlerin bisher und die bring ich dir mit, das ist ein kolossal Kopf der Juno." (An Charlotte v. Stein, 25.1.1787)

„In meiner Stube hab ich schon... eine kolossale Juno über allen Ausdruck groß und herrlich, eine andre kleiner und geringer... und in Tischbeins Studio steht auch manches, dessen Wert mir aufgeht." (An Herder 13.1.1787)

„Diese neue Wohnung gab nun Gelegenheit, eine Anzahl von Gipsabgüssen, die sich nach und nach um uns gesammelt hatten, in freundlicher Ordnung und gutem Licht aufzustellen, und man genoß jetzt erst eines höchst würdigen Besitzes...

Den ersten Platz bei uns behauptete Juno Ludovisi, um desto höher geschätzt und verehrt, als man das Original nur selten, nur zufällig zu sehen bekam und man es für ein Glück achten mußte, sie immerwährend vor Augen zu haben; denn keiner unsrer Zeitgenossen, der zum erstenmal vor sie hintritt, darf behaupten, diesem Anblick gewachsen zu sein." (IR Bericht April 1788)

Die Juno Ludovisi steht heute im Thermen-Museum. Goethe schenkte seine Kopie Angelika Kauffmann. Der Abguß im Goethehaus ist ein Geschenk des Staatsrates Schultz 1823 an den Dichter.

Königliche Würde, weibliche Milde und Schönheit zeichnen diese römische Kopie eines griechischen Originals aus dem 5. Jh. v. Chr. aus. Die Büste wird auch als Portrait der Agrippina, Mutter des Kaisers Nero, gedeutet.

Goethe am Fenster seiner Wohnung am Corso,
Frankfurt, Goethe-Museum, von J.H.W. Tischbein 1786/87

Goethe von rückwärts, früh am Morgen aus dem Fenster schauend, nur mit dreiviertellanger Hose und Hemdbluse bekleidet, der Kopf noch unfrisiert, Pantoffeln an den Füßen, denn der Boden ist mit Steinfliesen belegt.

Wenn er das Haus verläßt, führt ihn sein Weg rechts über die Piazza del Popolo zur Acqua Acetosa, links in wenigen Minuten zum Capitol, das den „Freier" immer wieder lockte, sich das alte Rom als seinen geistigen und sinnlichen Besitz anzueignen.

Goethes Wohnhaus in Rom, Corso Nr. 18, heute eine Gedenkstätte des Frankfurter Hochstifts.

Goethe in seiner Wohnung am Corso
Federzeichnung von J.H.W. Tischbein, Frankfurt, Goethe-Museum

Goethe greift gerade nach dem „verfluchten (verflixten) zweiten Küssen" (Tischbein). Über Bänden der Werke Winckelmanns und des Livius liegt ein Brett, darauf der Abguß der Juno Ludovisi, die Goethe am 5. Januar 1787 gekauft hatte, sowie eine am 13. Januar 1787 erwähnte „kleinere und geringere Juno", davor die Katze, die nach Meinung der Wirtin den Zeus Otricoli anbetete.

„... Der Künstler freuet sich seiner
Werkstatt, wenn sie um ihn immer ein Pantheon scheint.
Jupiter senket die göttliche Stirn, und Juno erhebt sie;
Phöbus schreitet hervor, schüttelt das lockige Haupt;
Trocken schaut Minerva herab, und Hermes, der leichte,
Wendet zur Seite den Blick, schalkisch und zärtlich zugleich.
Aber nach Bacchus, dem weichen, dem träumenden, hebet Cytere
Blicke der süßen Begier, selbst in dem Marmor noch feucht.
Seiner Umarmung gedenket sie gern und scheinet zu fragen:
Sollte der herrliche Sohn uns an der Seite nicht stehn?"
(Römische Elegien)

Im Zimmer Töpfe, in die Goethe Samen und Kerne gepflanzt, ein kleiner Dattelbaum, den er aufziehen will, um Stellung, Länge, Ordnung der Blätter zu studieren.

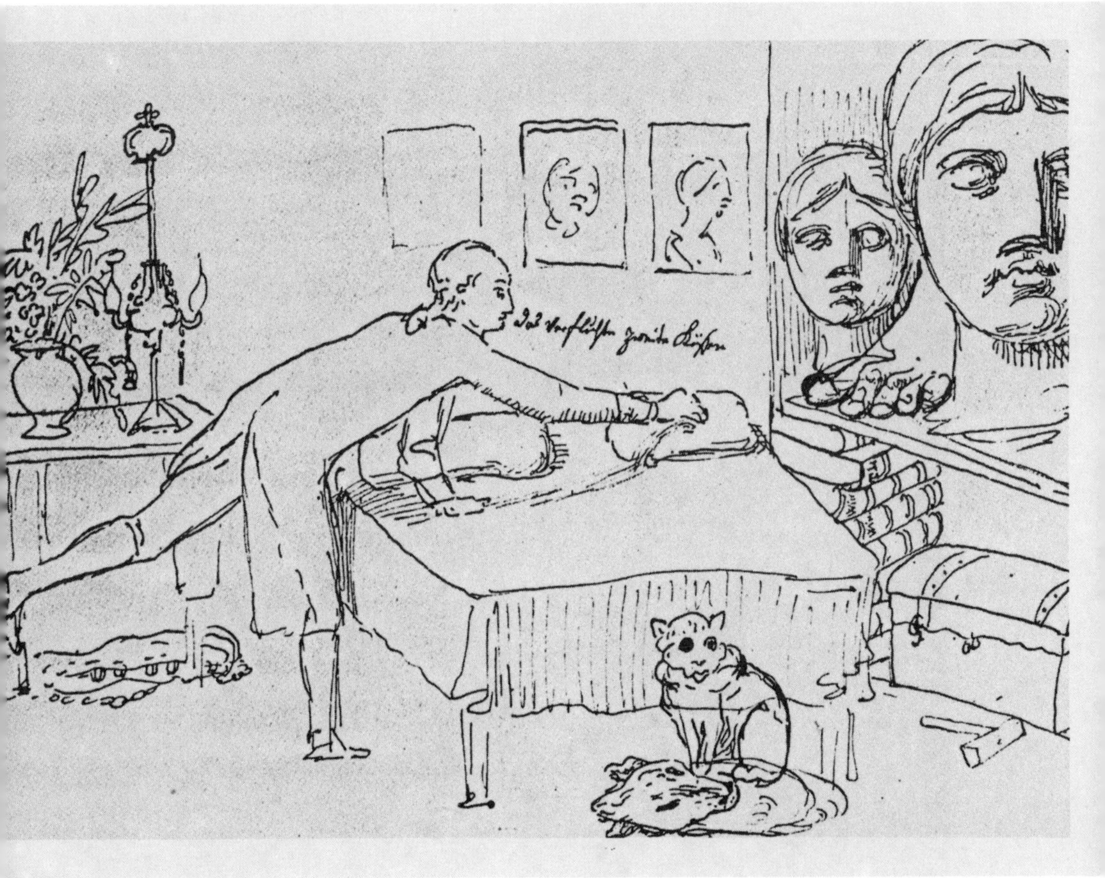
Das verfluchte zweite Küssen

Trinità de' Monti z. Zt. Goethes, mit der Piazza di Spagna.

Goethe weilte oft in der französischen Kirche Trinità de' Monti; einer der Patres dort war sein Freund. Nur wenige Schritte entfernt die Villa Medici mit ihren Kunstschätzen, die der Dichter wie alte Bekannte besuchte.

Den erst 1789 – also nach Goethes Abreise – aufgestellten Obelisk – konnte er noch am Boden liegend anschaun und studieren. Der Sportsmann Goethe hat spielend unzählige Male die 132 Stufen der berühmten Treppe vom Brunnen zur doppeltürmigen Kirche auf dem Hügel überwunden.

Angelica Kauffmann, Selbstbildnis, Vatikanische Museen

„Angelica ist gar lieb und gut, sie macht mich auf alle Weise zu ihrem Schuldner. Den Sonntag bringen wir zusammen zu, und in der Woche sehe ich sie abends einmal." (IR 7. Dez. 1787)

„Sie ist nicht glücklich, wie sie es zu sein verdiente, bei dem wirklich großen Talent und bei dem Vermögen das sich täglich mehrt. Sie ist müde, auf den Kauf zu malen und doch findet ihr alter Gatte es gar zu schön, daß so schweres Geld für oft leichte Arbeit einkommt. Sie möchte nun, sich selbst zur Freude, mit mehr Muße, Sorgfalt und Studium arbeiten und könnte es. Sie haben keine Kinder, können ihre Interessen nicht verzehren und sie verdient täglich auch mit mäßiger Arbeit noch genug hinzu. Das ist nun aber nicht und wird nicht. Sie spricht sehr aufrichtig mit mir, ich habe ihr meine Meinung gesagt, hab ihr meinen Rat gegeben, und muntre sie auf, wenn ich bei ihr bin. Man rede von Mangel und Unglück, wenn die welche genug besitzen, es nicht brauchen und genießen können! Sie hat ein unglaubliches und als Weib wirklich ungeheures Talent. Man muß sehen und schätzen was sie macht, nicht das was sie zurückläßt." (IR 18. August 1787)

„Angelica malt mich auch, daraus wird aber nichts. Es verdrießt sie sehr, daß es nicht gleichen und werden will. Es ist immer ein hübscher Bursche, aber keine Spur von mir." (IR 27. Juni 1787)

Angelica Kauffmann, geb. 1741 in Chur, starb 1807 in Rom und wurde in der Kirche S. Andrea delle Fratte bestattet. Während seines römischen Aufenthaltes stand Goethe mit der bekannten Malerin und ihrem Gemahl, dem Maler Antonio Zucchi in freundschaftlichem Verkehr.

Für die Gesamtausgabe seiner Werke bei Göschen zeichnete Angelica Iphigenie, Egmont, Klärchen und die Musen an Goethes Büste. Goethe blieb weiterhin mit ihr von Weimar aus in Verbindung.

ANGELICA

Torquato Tasso, S. Onofrio, Rom

„Darauf suchten wir das Freie und kamen nach einem großen Spaziergange auf St. Onofrio, wo Tasso in einem Winkel begraben liegt. Auf der Klosterbibliothek steht seine Büste. Das Gesicht ist von Wachs, und ich glaube gern, daß es über seinen Leichnam abgeformt sei. Nicht ganz scharf und hie und da verdorben, deutet es doch im Ganzen mehr als irgend ein anderes seiner Bildnisse auf einen talentvollen, zarten, feinen, in sich geschlossenen Mann." (IR 16. Febr. 1787)

Torquato Tasso starb am 25. April 1595, am Vorabend seiner Dichterkrönung auf dem Capitol, in Armut im Kloster S. Onofrio in Rom. Heute wird seine Büste in einem Tasso-Zimmer gezeigt. Papst Pius IX. ließ ihm ein Denkmal errichten. – Der Vorplatz der auf dem Gianicolo 1493 gegründeten Kirche mit dem Kloster gewährt einen prachtvollen Blick auf Rom. – Reiffenstein schickte Goethe auf dessen Wunsch einen Abguß der Totenmaske.

In dem großen Zimmer stehen die Sachen, die Tasso benutzt hatte – Stuhl, Schreibtisch, antike Vase, Tintenfaß, der winzige Bleisarg, in dem sechs Jahre nach seinem Tode seine Gebeine geborgen waren. Die Totenmaske zeigt den armen Flüchtling, gequält von Visionen, breit auseinander stehende Backenknochen, feine scharfe Nase, geistvolle breite Stirne, modischer Spitzbart, ein Ritter und ein Kranker, erbarmungswürdig und stolz.

Minerva Giustiniani,
Rom,
Vatikanische Museen

Goethe sah die Minerva noch im Palazzo Giustiniani. In „Dichtung und Wahrheit" rühmt er sie „eine Juno, die auf ihrer Majestät und Frauenwürde ruht, eine in sich versenkte Minerva". Wilhelm von Humboldt schreibt er am 27.1.1803 nach Rom: „Wie glücklich sind Sie in der Nähe so mancher unschätzbarer Originale zu wohnen. Küssen Sie der Minerva Giustiniani doch ja von mir die Hand."

Die Statue ist die Replik eines Erzbildes aus dem 4. Jh. v. Chr., sie zeigt die griechische Göttin Pallas Athene, von den Römern der Minerva gleichgesetzt, die Licht-Jungfrau, dem Haupte des Zeus entsprungen, die dämonische Gewalten bekämpft und Helden, Städte, Akkerbau, Wissenschaften und Künste beschützt. Eule und Schlange sind ihr heilig, Helm, Brustschild, Speer ihre Zeichen.

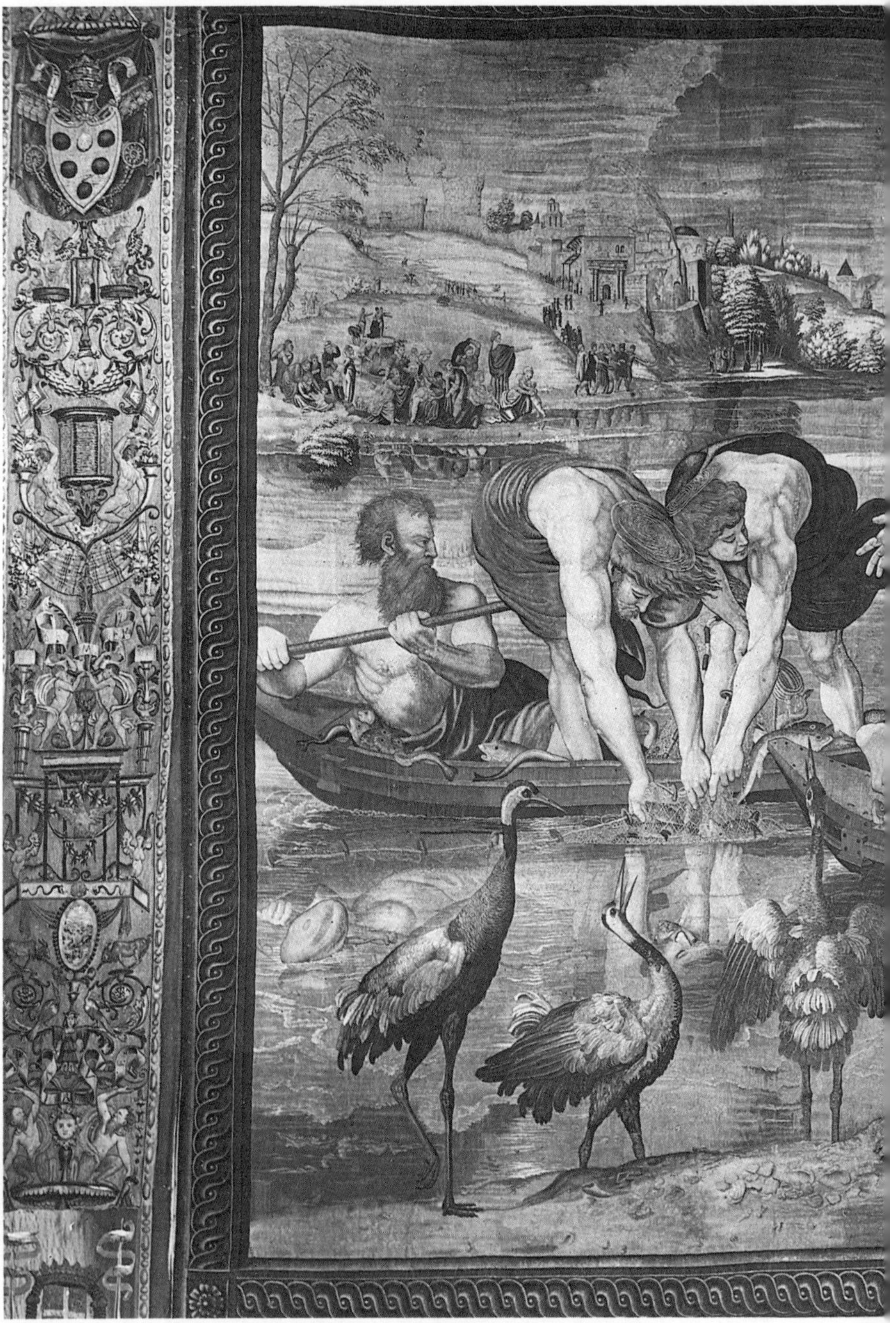

Arazzi – Wandteppiche Raffaels Fischzug Petri (Text siehe Seite 164)

Bild Seite 162/163:

Wandteppiche von Raffael, Vatikanische Museen

„Die große Aufopferung, zu der ich mich entschloß, eine von dem Gipfel des Bergs bis beinahe ans Meer herabströmende Lava hinter mir zu lassen, ward mir durch den erreichten Zweck reichlich vergolten, durch den Anblick der Teppiche, welche, am Fronleichnamstag aufgehängt, uns an Raffael, seine Schüler, seine Zeit auf das glänzendste erinnerten... Am Fronleichnamstage nun lernte man erst die wahre Bestimmung der Teppiche kennen, hier machten sie Kolonnaden und offene Räume zu prächtigen Sälen und Wandelgängen, und zwar indem sie das Vermögen des begabtesten Mannes uns entschieden vor Augen stellen, und uns das glücklichste Beispiel geben, wo Kunst und Handwerk in beiderseitiger Vollendung sich auf ihrem höchsten Punkte lebendig begegnen... Sittlicher Ernst, ahnungsvolle Größe walten überall, und obgleich hie und da geheimnisvoll, werden sie doch denjenigen klar, welche von dem Abschiede des Erlösers und den wundervollen Gaben, die er seinen Jüngern hinterließ, aus den heiligen Schriften genugsam unterrichtet sind. ... Bekennen wir gern, daß ein solches Studium uns zu den schönsten Freuden eines langen Lebens geführt hat.” (IR Juni 1787)

Raffaels 10 Kompositionen aus der Apostelgeschichte sind 1515/16 als Vorlagen für eine zur Bekleidung der unteren Wände der Sixtinischen Kapelle bestimmte Teppichfolge geschaffen und 1519 in Brüssel ausgeführt worden.

Die Peterskirche in Festbeleuchtung

Die Illuminierung der Peterskirche, einst durch Fackeln, heute mit elektrischen Birnen, geschieht nur zu besonderen Anlässen, bei Heiligsprechungen, während des Heiligen Jahres oder an hohen kirchlichen Feiertagen.

Goethe erlebte in Rom das Schauspiel zu Peter und Paul im Jahre 1787: „Die Erleuchtung ist ein Anblick wie ein ungeheures Märchen, man traut seinen Augen nicht... Die schöne Form der Kolonnade, der Kirche und besonders der Kuppel, erst in einem feurigen Umrisse und, wenn die Stunde vorbei ist, in einer glühenden Masse zu sehen, ist einzig und herrlich. Wenn man bedenkt, daß das ungeheure Gebäude in diesem Augenblick nur zum Gerüst dient, so wird man wohl begreifen, daß etwas ähnliches in der Welt nicht sein kann." (IR 30. Juni 1787)

Tivoli

„Laßt mich auch wieder, meine Lieben, ein Wort zu euch reden. Mir geht es sehr wohl, ich finde mich immer mehr in mich zurück und lerne unterscheiden, was mir eigen und was mir fremd ist. Ich bin fleißig und nehme von allen Seiten ein und wachse von innen heraus. Dieser Tage war ich in Tivoli und habe eines der ersten Naturschauspiele gesehen. Es gehören die Wasserfälle dort mit den Ruinen und

dem ganzen Komplex der Landschaft zu den Gegenständen, deren Bekanntschaft uns im tiefsten Grund reicher macht." (IR 16.6.1787)

Mit den Ruinen sind der Sibyllentempel – ein Rundtempel, von den 18 korinthischen Säulen stehen noch 10 um die zylindrische Cella – und der Tempel des Tiburtus gemeint; mit den Wasserfällen die des Aniene-Flusses.

Tivoli, Villa d'Este, Fontana dell'Ovate (Text siehe Seite 170)

Bild Seite 168/169:

Tivoli, Villa d'Este, von Pirro Ligorio 1550–1572 für den Kardinal Ippolito II. von Este als Residenz erbaut.

Durch einen unterirdischen Tunnel werden aus dem Anienefluß pro Sekunde 1200 Liter in die fontana di Ovate geführt und damit die Gärten mit 250 Brunnen und mehr als 300 Kaskaden gespeist. Das Ovato-Zypressenrondell und die Wasserspiele der Villa d'Este sind weltberühmt geworden und haben Dichter, Musiker, Maler inspiriert. Franz Liszt lebte jahrelang in der Villa und komponierte „Die Brunnen der Villa d'Este."

Zypressenhain in Tivoli

„Ein Baum, dessen Zweige von unten bis oben, die ältesten wie die jüngsten, gen Himmel streben, der seine dreihundert Jahre dauert, ist wohl der Verehrung wert." (IR 17. Sept. 1786) Goethe ist die Zypresse „der respektabelste Baum", über den er noch viel nachdenken müsse.

Unter diesen Zypressen in Tivoli las Herder im Mai 1789 der Herzogin Amalia, Angelika Kauffmann und Begleitung den eben veröffentlichten Teil von Goethes „Tasso" vor.

„Wenn in Wäldern, Baum an Bäumen,
Bruder sich mit Bruder nähret,
Sei das Wandern, sei das Träumen
Unverwehrt und ungestöret.
Doch wo einzelne Gesellen
Zierlich miteinander streben,
Sich zum schönen Ganzen stellen,
Das ist Freude, das ist Leben."
(W. Tischbeins Idyllen 1821)

Tivoli Villa d'Este, Zypressenhain

Acqua acetosa, Rom

„Morgens mit Sonnenaufgang stehe ich auf und gehe nach der Acqua acetosa, einem Sauerbrunnen, ungefähr eine halbe Stunde vor dem Tor, an dem ich wohne, trinke das Wasser, das wie ein schwacher Schwalbacher schmeckt, in diesem Klima aber schon sehr wirksam ist. Gegen acht Uhr bin ich wieder zu Hause und bin fleißig auf alle Weise, wie es die Stimmung nur geben will. Ich bin recht wohl. Die Hitze schafft alles Flußartige weg und treibt, was Schärfe im Körper ist, nach der Haut, und es ist besser, daß ein Übel juckt, als daß es reißt und zieht." (IR 5. Juli 1787)

„Gestern fuhr ich vor Sonnenuntergang nach Acqua acetosa; es ist wirklich zum Närrischwerden, wenn man die Klarheit, die Mannigfaltigkeit, duftige Durchsichtigkeit und himmlische Färbung der Landschaft, besonders der Fernen ansieht." (IR, 18. Aug. 1787)

König Ludwig I. von Bayern pflanzte dort eine Reihe von Bäumen und ließ zur Erinnerung eine steinerne Bank setzen, deren Inschrift: „Ludwig Baiern's Kronprinz lies diese Baenke und Baeume setzen" von deutschfeindlichen Römern gelöscht worden ist.

Der Brunnen enthält Glauber-Bitter- und Kochsalz, etwas Eisen und Kohlensäure, ein noch heute sehr geschätztes Mineralwasser. Wer vom Corso 18 die Acqua acetosa zu Fuß in einer halben Stunde erreichen will, muß kräftig ausschreiten. Goethe war nicht nur ein ausdauernder und zäher Reiter, er muß auch sehr gut zu Fuß gewesen sein.

Kapitol, Campidoglio, Rom

Dieser im alten Rom heilige Platz war für Goethe Symbol der „Hauptstadt der Welt" und Inbegriff seiner Sehnsucht. In den „Römischen Elegien" heißt es:

„Dichter, wohin versteigst du dich?
Vergib mir, der hohe
Capitolinische Berg ist dir ein zweiter Olymp."

Will er sich einmal „einen guten Tag machen", dann besucht er (am 19. Jan. 1787) das Kapitol, wenige Tage später erlebt er es bei Mondschein (1. Februar); am 7. März ruft er begeistert aus: „Auch habe ich das Kapitol wieder gesehen." An Herder schreibt er voll Dankbarkeit für die Übersendung des Werkes: „Ideen zur Geschichte der Menschheit" und für die erwiesene Freundschaft: „Wenn ich dich nur einmal für all das Gute auf dem Kapitol bewirten könnte! Es wäre einer meiner angelegensten Wünsche." (IR 10. Jan. 1788)

Das Kapitol, der kleinste der sieben Hügel, war die religiöse und politische Mitte des alten Roms. Die von Michelangelo entworfene Rampentreppe führt den Besucher – links und rechts die Dioskuren – zum Bronze-Reiterstandbild des Kaisers Marc Aurel. Links die Kirche S. Maria d'Aracoeli, auf der Rückseite der Palazzo Senatorio, rechts der Konservatorenpalast, gegenüber das Museo Capitolino.

1538 beauftragte der Papst Michelangelo mit dem Umbau des Kapitols, das verwahrlost war und keinen Aufgang von der Stadt her besaß und ließ das Marc-Aurel Denkmal vom Lateran hier aufstellen, eine spektakuläre Demonstration: Der Papst als Nachfolger der römischen Kaiser, als ein moderner Cäsar. Michelangelo erweitert den Platz in die Tiefe und erbaut ab 1544 die Freitreppen vor dem Senatorenpalast im Hintergrund.

Achillessarkophag, Museo Capitolino, Rom

Auf dem Deckel die liegenden Figuren eines verstorbenen Ehepaares, darunter Reliefszenen aus der Achilleslegende, attische Arbeit 3. Jh. v. Chr.

Das Relief: Ein Orakel hatte den frühen Tod des Achill verkündet; seine Mutter bringt ihn als Mädchen verkleidet an einen fremden Königshof, wo er unerkannt mit den Töchtern des Königs aufwächst. Als die Griechen den Kriegszug gegen Troja beschließen, den sie ohne Achill nicht gewinnen können, wird Odysseus ausgeschickt, den Held zu suchen. Durch eine List vermag er Achill zu entdecken: Am Königshof zu Skyros preist er laut neue herrliche Waffen, die die Mädchen kaum, Achill aber sofort interessieren. Er springt herbei: Wir sehen ihn in der Mitte mit einem Schwert,während ihm die Mädchenkleider vom Leibe gleiten. Rechts sitzend Zeus, hinter ihm Athene, vom Olymp aus das Geschehen auf der Erde verfolgend.

Goethe hat bei seinen wiederholten Besuchen auf dem Kapitol den berühmten Sarkophag betrachtet, aber erst später darüber berichtet: „Achill, dem das Gewand sich zurückgeschlagen, so daß er fast ganz nackt dasteht... tritt, indem er gegen die Linke schreitet, auf einen Helm. Ihm folgt Deidamia, die meist von hinten gesehen wird, sie hält ihn mit der rechten Hand zurück, indem sie mit der linken eine Gebärde macht, die auf Überredung deutet." (Kunstausstellung vom Jahre 1801)

Die Römische Wölfin, La Lupa Capitolina, Palazzo dei Conservatori, Rom

„Noch eine Darstellung können wir nicht verschweigen; es ist die römische Wölfin. Man sehe sie, wo man will, auch in der geringsten Nachbildung, so erregt sie immer ein hohes Vergnügen. Wenn an dem zitzenreichen Leibe dieser wilden Bestie sich zwei Heldenkinder einer würdigen Nahrung erfreuen und sich das fürchterliche Scheusal des Waldes auch mütterlich nach diesen fremdem Gastsäuglingen umsieht, der Mensch mit dem wilden Tiere auf das zärtlichste in Kontakt kommt, das zerreißende Monstrum sich als Mutter, als Pflegerin darstellt, so kann man wohl von einem solchen Wunder auch eine wundervolle Wirkung für die Welt erwarten. Sollte die Sage nicht durch den bildenden Künstler zuerst entsprungen sein, der einen solchen Gedanken plastisch am besten zu schätzen wußte?" (Aus „Kunst und Altertum", Sophienausgabe, Bd. 30, S. 281)

Diese älteste Plastik Roms (um 550 v. Chr.) – aus der Zeit, da etruskische Könige regierten – ist ein Werk archaisch-jonischer Kunst. „Von dem zähnefletschenden Schädel mit den sprühenden Augen und aufgerichteten Ohren, dem gestreckten Hals mit dem Schuppenpanzer der Mähne über den gestrafften Rippen bis zu den gespannten Muskeln der Beine": archaisch im Ausdruck, „ehern, nicht nur dem Stoff nach, sondern auch als Wille" (Bruhns). Zunächst stand die Wölfin als Schützerin der Stadt auf dem Capitol, wo sie i.J. 65 vom Blitz getroffen von ihrem Sockel stürzte; Spuren davon auf den Hinterläufen. Später befand sich das Erzbild am Lateran, wurde 1471 auf das Capitol zurückgebracht. Im 15. Jh. fügte Ant. del. Pollaiuolo die Zwillinge hinzu.

Tizian, Madonna von S. Nicolò di Frari (signiert)

„Noch mehr erstaunte ich vor einem Bilde von Tizian. Es überleuchtet alle, die ich gesehen habe. Ob mein Sinn schon geübter, oder ob es wirklich das vortrefflichste sei, weiß ich nicht zu unterscheiden. Ein ungeheures Meßgewand, das von Stikkerei, ja von getriebenen Goldfiguren starrt, umhüllt eine ansehnliche bischöfliche Gestalt. Den massiven Hirtenstab in der Linken blickt er entzückt in die Höhe, mit der Rechten hält er ein Buch, woraus er soeben eine göttliche Berührung empfangen zu haben scheint. Hinter ihm eine schöne Jungfrau, die Palme in der Hand, mit lieblicher Teilnahme nach dem aufgeschlagenen Buche hinschauend. Ein ernster Alter dagegen zur Rechten, dem Buche ganz nahe, scheint er dessen nicht zu achten: die Schlüssel in der Hand mag er sich wohl eigenen Aufschluß zutrauen. Dieser Gruppe gegenüber ein nackter, wohlgebildeter, gebundener, von Pfeilen verletzter Jüngling, vor sich hinsehend, bescheiden ergeben. In dem Zwischenraume zwei Mönche, Kreuz und Lilie tragend, andächtig gegen die Himmlischen gekehrt. Denn oben offen ist das halbrunde Gemäuer, das sie sämtlich umschließt. Dort bewegt sich in höchster Glorie eine herabwärts teilnehmende Mutter. Das lebendig muntere Kind in ihrem Schoß reicht mit heiterer Gebärde einen Kranz herüber, ja scheint ihn herunter zu werfen. Auf beiden Seiten schweben Engel, Kränze schon im Vorrat haltend. Über allen aber und über dreifachem Strahlenkreise waltet die himmlische Taube, als Mittelpunkt und Schlußstein zugleich." (IR 3. Nov. 1786)

Die Madonna von S. Nicolò di Frari – in Venedig gemalt, kam 1770 nach Rom – mit den Heiligen Nikolaus, Katharina, Petrus und Sebastian, Franz von Assisi und Antonius von Padua, befindet sich jetzt in der Vatikanischen Pinakothek, Rom. (Tiziano Vecellio aus Pieve di Cadore 1477–1576)

Der Dornauszieher, Palazzo dei Conservatori, Kapitol, Rom

„Geht die Kunst zum leidenschaftlich Bedeutenden über, so kann sie wieder auf dieselbe Weise handeln: sie stellt uns entweder einen Kreis von Gestalten dar, die unter einander einen leidenschaftlichen Bezug haben, ... oder sie zeigt uns in Einem Werke die Bewegung zugleich mit ihrer Ursache. Wir gedenken hier nun des anmutigen Knaben, der sich den Dorn aus dem Fusse zieht..." („Über Laokoon" aus Kunst und Altertum, 1797)

Die schöne Statue ist wahrscheinlich eine römische Bronzereplik nach einem älteren griechischen Original. Die Einfachheit des Motivs, das spannendes Interesse erregt, die suggestiven Linien – von welcher Seite man es auch betrachtet –, der Unterschied, ja Widerspruch zwischen den knabenhaften Armen und Beinen zu dem ausgebildeten Rücken haben den Dornauszieher zu einem der bekanntesten alten Werke gemacht.

Kapitolinische Venus, Museo Capitolina, Rom

Unter der Führung von Heinrich Meyer fanden in Rom Besichtigungen der Kunstsammlungen bei Fackellicht statt. Meyer verfaßte einen Aufsatz über die Vorteile der Fackelbeleuchtung bei der Betrachtung von Kunstwerken, den Goethe in seine „Italienische Reise" übernahm. Darin wird „die nackte Venus die schönste Statue dieser Art in Rom" genannt. (IR Bericht November 1787)

Die Venus ist stark nach vorn gebeugt; die Rückseite ist von unvergleichlicher naturalistisch-schöner Bildung. Die Statue, aus parischem Marmor, im Stil der Venus von Knidos, Kopie eines griechischen Werkes aus dem 3. Jh., ist fast unversehrt erhalten.

Torso del Belvedere, Vatikanische Museen

Ein Herkules oder Gigant, auf einem Tierfell sitzend; nach der Signatur von dem in Rom lebendenden Künstler Apollonius 1. Jh. v. Chr. geschaffen, seit 1530 im Vatikan. Das Werk hat Generationen von Künstlern und Kennern begeistert und für die Kunst die gleiche Bedeutung erlangt wie der Laokoon und der Apoll von Belvedere. Winckelmann hat es in seiner „Geschichte der Kunst des Altertums" ausführlich beschrieben, Goethe hat die Antike im Nov. 1787 gesehen: „das Wunder der Kunst, der nie genug zu preisende berühmte Torso" (IR Bericht Nov. 1787). Der mächtige Körper von edlen Formen und Proportionen wirkt trotz seiner Kraft, die im Spiel der Muskeln sichtbar wird – von innerem Leben erfüllt. Elastisch und frisch die Gestalt, die vollendete, weiche Oberfläche läßt einen lebenden atmenden Leib glauben.

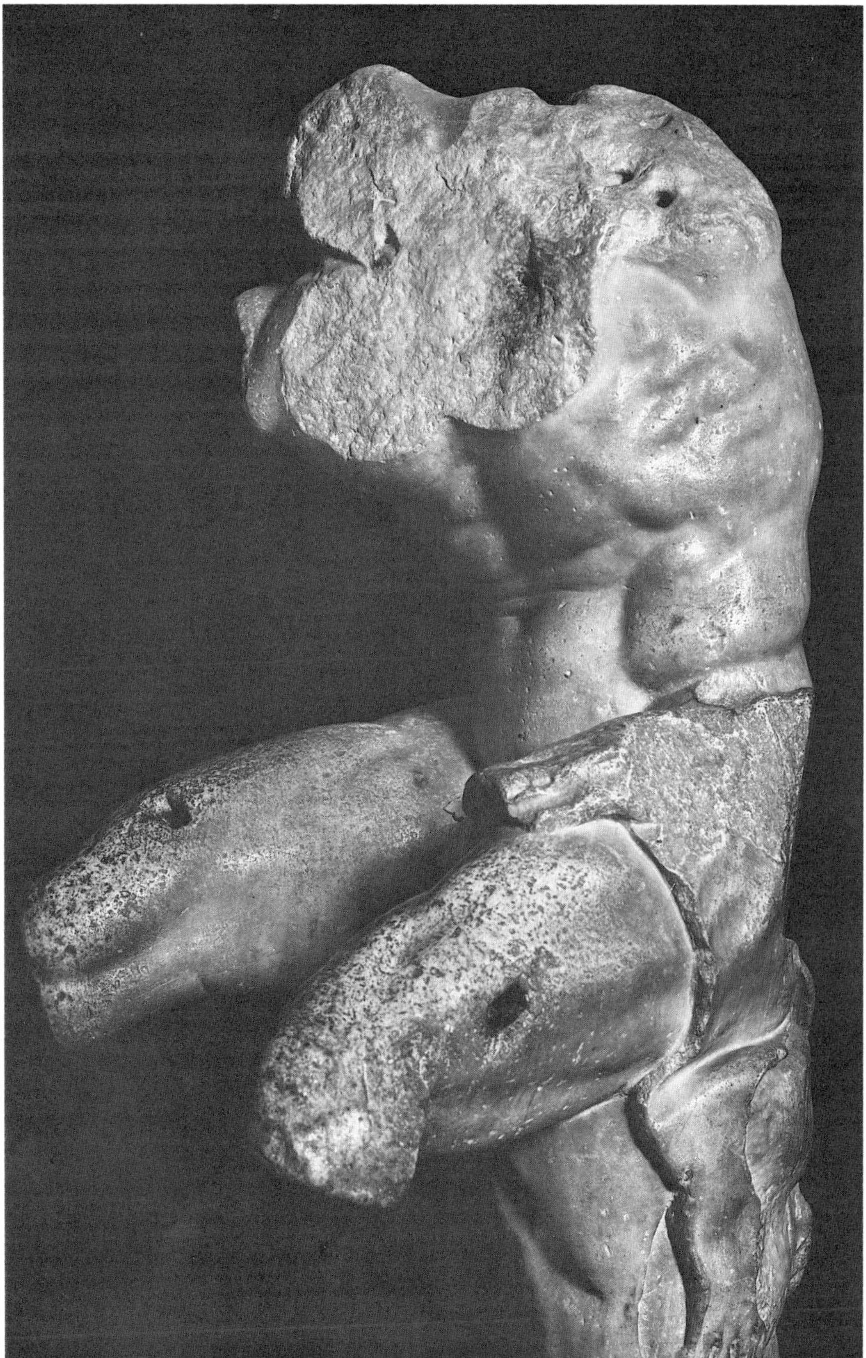

Trajansforum

Im alten Rom das schönste der Kaiserforen: ein breiter rechteckiger Platz mit Säulengängen, zwei Exedren, den Trajansmärkten, das Handelszentrum der Stadt, die Basilica Ulpia, die größte Basilika im alten Rom mit fünf Schiffen wie San Paolo fuori le Mur, mit Bibliotheken und der Trajanssäule, erbaut im 2. Jh.

(Text siehe Seite 188)

Bild Seite 186/187:

Trajanssäule, Rom

„Montag, den 23. Juli bestieg ich abends die Trajanische Säule, um des unschätzbaren Anblicks zu genießen. Von dort oben herab, bei untergehender Sonne, nimmt sich das Coliseo ganz herrlich aus, das Kapitol ganz nahe, der Palatin dahinter, die Stadt, die sich anschließt. Ich ging erst spät und langsam durch die Straßen zurück." (IR 23. Juli 1787)

Zu Goethes Zeit war nur die allernächste Umgebung der Säule freigelegt.

Die Trajanssäule, das bedeutendste Denkmal des Forum Trajanum, wurde 113 n. Chr. vom römischen Senat und Volk dem Kaiser zum Dank für seine Siege über die Daker geweiht. In der 38 m hohen Säule führt eine Wendeltreppe bis zur Höhe des dorischen Kapitells, auf dem die Statue steht, einst das goldene Standbild des Kaisers, seit 1588 das des Hl. Petrus.

Piazza Colonna, Rom, Zentrum des römischen Lebens

„Diesen Abend sah ich den Platz der Antoninischen Säule, den Palast Chigi vom Mond erleuchtet, und die Säule, von Alter schwarz, vor dem hellen Nachthimmel, mit einem weißen glänzenden Piedestal. Und wie viel andere unzählige schöne einzelne Gegenstände trifft man auf so einer Promenade an. Aber wie viel dazu gehört, sich nur einen geringen Teil von allem diesem zuzueignen! Es gehört ein ganzes Menschenleben dazu, ja das Leben vieler Menschen, die immer stufenweise von einander lernen" (IR 24. Juli 1787). – Der Platz, nach der Marc Aurel-Säule benannt, die bei der Restaurierung von D. Fontana i.J. 1509 irrtümlich dem Antoninus Pius zugeschrieben wurde. Der Sockel hat dabei seinen Reliefschmuck verloren und steckt heute metertief in der Erde. Auf der Säule sind die Kriegszüge Marc Aurels gegen die Sarmaten (174–75) und gegen die Markomannen, untere Hälfte, von 171–173 dargestellt. – Die 42 m hohe Säule, errichtet und reliefgeschmückt zw. 176–193, krönt heute anstelle des Standbildes von Marc Aurel eines des hl. Paulus.

Obelisk, Piazza di Monte Citorio, Rom

„Ich bin wieder in die ägyptischen Sachen gekommen. Diese Tage war ich einigemal bei dem großen Obelisk, der noch zerbrochen zwischen Schutt und Kot in einem Hofe liegt. Es war der Obelisk des Sesostris, in Rom zu Ehren des Augustus aufgerichtet, und stand als Zeiger der großen Sonnenuhr, die auf dem Boden des Campus Martius gezeichnet war. Dieses älteste und herrlichste vieler Monumente liegt nun da zerbrochen, einige Seiten (wahrscheinlich durch Feuer) verunstaltet. Und doch liegt es noch da, und die unzerstörten Seiten sind noch frisch wie gestern gemacht und von der schönsten Arbeit (in ihrer Art). Ich lasse jetzt eine Sphinx der Spitze und die Gesichter von Sphinxen, Menschen, Vögeln abformen und in Gips gießen." (IR 3. Sept. 1787)

Papst Pius VI. ließ 1792 den Obelisk auf der Piazza di Monte Citorio aufstellen. Der 22 m hohe Obelisk des Psammetico II (594-589), nicht des Sesostris, wie Goethe irrtümlich annahm, hatte Augustus aus Heliopolis nach Rom schaffen lassen.

AVGVSTVS
PONTIFEX·MAXIMVS

Castel Gandolfo am Lago di Albano

„Zu Anfang dieses Monats bei mildem, durchaus heiterem, herrlichem Wetter genossen wir eine förmliche Villeggiatur in Castel Gandolfo, wodurch wir uns denn in die Mitte dieser unvergleichlichen Gegend eingeweiht und eingebürgert sahen. Herr Jenkins, der wohlhabende englische Kunsthändler, bewohnte daselbst ein sehr stattliches Gebäude, den ehemaligen Wohnsitz des Jesuitengenerals, wo es einer Anzahl von Freunden weder an Zimmern zu bequemer Wohnung, noch an Sälen zu heiterem Beisammensein, noch an Bogengängen zu munterem Lustwandel fehlte." (IR Oktober 1787)

Goethe lernte dort Maddalena Riggi, die schöne Mailänderin, kennen. Als Sommerresidenz des Papstes nimmt Castel Gandolfo eine Sonderstellung unter den sog. Castelli Romani auf den Hängen der Colli Albani ein. Die meisten der pittoresken Castelli, Orte, Städtchen – Frascati, Grottaferrata, Albano, Genzano, Nemi, Rocca di Papa, Ariccia, Tivoli... stammen aus dem Mittelalter, einige sind älter als Rom. Die Bauten haben sich Päpste und römische Patrizier errichten lassen. Die malerische Landschaft, gute Luft, immergrüne Hügel und Hänge, in einem Halbrund von 60 km um Rom – sind seit Horaz von Dichtern, Malern, Komponisten zu allen Zeiten in Versen, Tönen, Farben gepriesen worden.

Die Villa in Castel Gandolfo trägt seit 1903 eine Gedenktafel zur Erinnerung an den Aufenthalt Goethes.

Maddalena Riggi

Im Oktober 1787 ist Goethe mit Freunden und Bekannten in Castel Gandolfo bei Rom.

„Eine Mailänderin interessierte mich die acht Tage meines Bleibens; sie zeichnete sich durch ihre Natürlichkeit, ihren Gemeinsinn, ihre gute Art vorteilhaft von den Römerinnen aus."

Zufällig erfuhr Goethe nach einigen Tagen, daß die junge Italienerin bereits versprochen sei und demnächst zu heiraten gedenke.

„Ich hatte Jahre und Erfahrungen hinreichend, um mich, obwohl schmerzhaft, doch auf der Stelle zusammenzunehmen. Es wäre wunderbar genug, rief ich aus, wenn ein wertherähnliches Schicksal dich in Rom aufgesucht hätte, um dir so bedeutende bisher wohlbewahrte Zustände zu verderben."

Jeden Morgen begab er sich mit seinen Malrequisiten in die Umgebung von Castel Gandolfo, von wo er spät abends zur Gesellschaft zurückkehrte. Er vermied so ein Zusammentreffen und Alleinsein mit der jungen Mailänderin. Einige Wochen später erfuhr er in Rom, daß der Bräutigam des Mädchens die Verlobung gelöst hatte.

„Denn ich vernahm sogleich, das liebe Kind sei aus Schrecken und Entsetzen über dieses Ereignis in ein gewaltsames Fieber verfallen, welches für ihr Leben fürchten lasse. Indem ich mich nun tagtäglich, und die erste Zeit zweimal erkundigen ließ, hatte ich die Pein, daß meine Einbildungskraft sich etwas Unmögliches hervorzubringen bemüht war, jene heitern, dem offenen frohen Tag allein gehörigen Züge, diesen Ausdruck, unbefangen, still vorschreitenden Lebens nunmehr durch Tränen getrübt, durch Krankheit entstellt und eine so frische Jugend durch inneres und äußeres Leiden so frühzeitig blaß und schmächtig zu denken...

Man wird es natürlich finden, daß ich bei meinen Abschiedsbesuchen jene anmutige Mailänderin nicht vergaß. Ich hatte die Zeit von ihr manches Vergnügliche gehört: wie sie mit Angelika immer vertrauter geworden und sich in der höhern Gesellschaft, wohin sie dadurch gelangt, gar gut zu benehmen wisse. Auch konnte ich die Vermutung nähren und den Wunsch, daß ein wohlhabender junger Mann, welcher mit Zucchis in bestem Vernehmen stand, gegen ihre Anmut nicht unempfindlich und ernstere Absichten durchzuführen nicht abgeneigt sei.

Nun fand ich sie im reinlichen Morgendkleide, wie ich sie zuerst in Castel Gandolfo gesehen; sie empfing mich mit offener Anmut und drückte, mit natürlicher Zierlichkeit, den wiederholten Dank für meine Teilnahme gar liebenswürdig aus...

Als ich vor die Türe kam, fand ich meinen Wagen ohne den Kutscher, den ein geschäftiger Knabe zu holen lief. Sie sah heraus zum Fenster des Entresols, den sie in einem stattlichen Gebäude bewohnten; es war nicht gar hoch, man hätte geglaubt sich die Hand reichen zu können.

„Man will mich nicht von Euch wegführen, seht Ihr!" rief ich aus: „man weiß, so scheint es, daß ich ungern von Euch scheide."

Was sie darauf erwiderte, was ich versetzte, den Gang des anmutigen Gespräches, das von allen Fesseln frei, das Innere zweier nur halb bewußt Liebender offenbarte, will ich nicht entweihen durch Wiederholung und Erzählung; es war ein wunderbares, zufällig eingeleitetes, durch innern Drang abgenötigtes lakonisches Schlußbekenntnis der unschuldigsten und zartesten wechselseitigen Gewogenheiten, das mir auch deshalb nie aus Sinn und Seele gekommen ist." (IR 23. Oktober 1787, Bericht Oktober 1787, Bericht Dezember 1787, Bericht April 1788)

Das Gedicht „Amor als Landschaftsmaler" entstand damals in Castel Gandolfo.

Das Forum Romanum zur Zeit Goethes

„Für uns andere, besonders deutsche Zuhörer blieb es ein unschätzbarer Genuß in dem Augenblicke, wo wir eine treffliche, längst gekannte verehrte Dame, in den zartesten Tönen sich auf dem Flügel ergehend, vernahmen, zugleich hinab vom Fenster in die einzigste Gegend von der Welt zu schauen und in dem Abendglanz der Sonne, mit weniger Wendung des Hauptes, das große Bild zu überblicken, das sich linker Hand vom Bogen des Septimius Severus, des Campo Vaccino entlang bis zum Minerven- und Friedenstempel erstreckte, um dahinter das Coliseo hervorschauen zu lassen, in dessen Gefolge man dann, das Auge rechts wendend, an dem Bogen des Titus vorbeigleitend, in dem Labyrinthe der palatinischen Trümmer und ihrer durch Gartenkultur und wilde Vegetation geschmückten Einöde sich zu verwirren und zu verweilen hatte" (IR, Bericht Februar 1788).

Zu Goethes Zeit hieß das Forum Romanum „Campo Vacchino", das „Kuhfeld", und war Viehweide und Platz von Viehmärkten, auf dem Rinderherden weideten. Der Bogen des Septimius Severus steckte noch tief im Boden, nur der mittlere Bogen war gangbar. Mit Minerva- oder Friedenstempel bezeichnete man damals die „Konstantinsbasilika". Mit der Freilegung des Forum wurde erst 1803 begonnen.

„Anderer Orten muß man das Bedeutende aufsuchen, hier werden wir davon überdrängt und überfüllt. Wie man geht und steht, zeigt sich ein landschaftliches Bild aller Art und Weise, Paläste und Ruinen, Gärten und Wildnis, Fernen und Engen, Häuschen, Ställe, Triumpfbögen und Säulen, oft alles zusammen so nah, daß es auf ein Blatt gebracht werden könnte. Man müßte mit tausend Griffeln schreiben, was soll hier eine Feder! und dann ist man abends müde und erschöpft vom Schauen und Staunen." (IR 7.11.1786)

Lieblingsplatz Goethes in der Villa Borghese

Der Zauber der Stätte ist geblieben: immergrüne uralte Steineichen, über Steinbänken und Karyatiden im marmornen Halbrund des Bernini, Einsamkeit und Stille in einer unvergleichlichen Landschaft. Hier schuf Goethe die Hexenszene aus dem Faust, hier entstanden – aus frohem Dankgefühl für die Erfüllung seines Lebenswunsches, Rom in seiner ganzen Mächtigkeit erleben zu dürfen – die tönenden Verse: „Erhabner Geist, du gabst mir, gabst mir alles..." Hierher eilte er, um schwierige Entschlüsse zu fassen, Eingebungen auszuarbeiten oder die Briefe aus der Heimat zu lesen. Als ihm Charlotte von Stein abfällig über den in Italien fertiggestellten „Egmont" schreibt, begibt er sich bestürzt am Morgen des Briefempfanges zu jenem Platz, um sein Werk und die Kritik der fernen Freundin zu überdenken. Er findet nichts zu ändern und antwortet nachsichtig auf die Behauptung der Freundin, das Klärchen erscheine ihr wie eine Dirne: „Dir scheint eine Nuance zwischen Dirne und Göttin zu fehlen..."

Phokion, Vatikan. Museen

Eine nur mit einem Reitermantel bekleidete Porträtstatue. Die einfache schöne Heldenfigur mit Helm und derbem Chlamys wird für Aristomenes, Feldherr der Messenier, gehalten. Der Kopf ist die Nachbildung eines Porträts eines griechischen Feldherrn des 4. Jh. v. Chr., der Körper die Kopie einer griechischen Hermesstatue des 5. Jh. Die Statue stand früher auf dem Capitol, wo sie Goethe gesehen und bewundert hat. „Keiner anderen Antike ist Fakkelbeleuchtung so vorteilhaft als dem sog. Phokion, weil man nur dann, nicht aber bei gewöhnlichem Licht die wundersam zart durch das einfache Gewand durchscheinenden Teile des Körpers wahrnehmen kann." (IR Bericht Nov. 1787 über die Vorteile der Fackelbeleuchtung).

Laokoon, Vatikanische Museen, Rom

„Um die Intention des Laokoon recht zu fassen, stelle man sich in gehöriger Entfernung mit geschlossenen Augen davor; man öffne sie und schließe sie sogleich wieder, so wird man den ganzen Marmor in Bewegung sehen, man wird fürchten, indem man die Augen wieder öffnet, die ganze Gruppe verändert zu finden. Ich möchte sagen, wie sie jetzt dasteht, ist sie ein fixierter Blitz, eine Welle versteinert im Augenblicke, da sie gegen das Ufer anströmt.

... Der Zustand der drei Figuren ist mit der höchsten Weisheit stufenweise dargestellt: der älteste Sohn ist nur an den Extremitäten verstrickt, der zweite öfters umwunden, besonders ist ihm die Brust zusammengeschnürt; durch die Bewegung des rechten Arms sucht er sich Luft zu machen, mit der Linken drängt er sanft den Kopf der Schlange zurück, um sie abzuhalten, daß sie nicht noch einen Ring um die Brust ziehe; sie ist im Begriff, unter der Hand wegzuschlüpfen, keineswegs aber beißt sie; der Vater hingegen will sich und die Kinder von diesen Umstrickungen mit Gewalt befreien, er preßt die andere Schlange, und diese, gereizt, beißt ihn in die Hüfte.

Um die Stellung des Vaters sowohl im ganzen als nach allen Teilen des Körpers zu erklären, scheint es mir am vorteilhaftesten, das augenblickliche Gefühl der Wunde als Hauptursache der ganzen Bewegung anzugeben. Die Schlange hat nicht gebissen, sondern sie beißt, und zwar in den weichen Teil des Körpers, über und etwas hinter der Hüfte... Der Punkt des Bisses... bestimmt die gegenwärtigen Bewegungen der Glieder: das Fliehen des Unterkörpers, das Einziehen des Leibes, das Hervorstreben der Brust, das Niederzucken der Achsel und des Hauptes, ja alle die Züge des Angesichts sehe ich durch diesen augenblicklichen, schmerzlichen, unerwarteten Reiz entschieden.

... Der gewählte Gegenstand ist einer der glücklichsten, die sich denken lassen. Menschen mit gefährlichen Tieren im Kampfe, und zwar mit Tieren, die nicht als Massen oder Gewalten, sondern als ausgeteilte Kräfte wirken, nicht von einer Seite drohen, nicht einen zusammengefaßten Widerstand fordern, sondern die nach ihrer ausgedehnten Organisation fähig sind, drei Menschen mehr oder weniger ohne Verletzung zu paralysieren. Durch dieses Mittel der Lähmung wird, bei der großen Bewegung, über das Ganze schon eine gewisse Ruhe und Einheit verbreitet. Die Wirkungen der Schlangen sind stufenweise angegeben. Die eine umschlingt nur, die andere wird gereizt und verletzt ihren Gegner.

Die drei Menschen sind gleichfalls äußerst weise gewählt. Ein starker, wohlgebauter Mann, aber schon über die Jahre der größten Energie hinaus, weniger fähig, Schmerz und Leiden zu widerstehen. Man denke sich an seiner Statt einen rüstigen Jüngling, und die Gruppe wird ihren ganzen Wert verlieren. Mit ihm leiden zwei Knaben, die, selbst dem Maße nach, gegen ihn klein gehalten sind; abermals zwei Naturen, empfänglich für Schmerz. Der jüngere strebt ohnmächtig; er ist geängstigt, aber nicht verletzt; der Vater strebt mächtig, aber unwirksam, vielmehr bringt sein Streben die entgegengesetzte Wirkung hervor; er reizt seinen Gegner

und wird verwundet. Der älteste Sohn ist am leichtesten verstrickt; er fühlt weder Beklemmung noch Schmerz; er erschrickt über die augenblickliche Verwundung und Bewegung seines Vaters, er schreit auf, indem er das Schlangenende von dem einen Fuß abzustreifen sucht; hier ist also noch ein Beobachter, Zeuge und Teilnehmer bei der Tat, und das Werk ist abgeschlossen." („Über Laokoon" Sophienausgabe 30. Bd. S. 31 ff)

Laokoon, Priester des Apoll in Troja, wird wegen eines begangenen Frevels – er hatte seine Landsleute vor dem hölzernen Pferd der Griechen gewarnt – bei der Darbringung eines Opfers von zwei ungeheuren Schlangen überfallen und getötet. Das 1506 aufgefundene griechische Original aus dem 2. Jh. v. Chr. bezeichnete Michelangelo als ein „Wunder der Kunst"; in seiner Werkstätte wurde der fehlende rechte Arm des Laokoon ergänzt. Seit 1961 stehen zwei Fassungen im Vatikan: die bisher gültige, der gesamten Kulturwelt vertraute mit der dynamischen Geste des emporgereckten Armes in Gips – und das Original mit dem später aufgefundenen originalen Armfragment, halseinwärts gewinkelt.

Aldobrandinische Hochzeit, Vatikanische Bibliothek, Rom

„Besonders seitdem die Aldobr. Hochzeit dem weit und breit gewaltigen Buonaparte glücklich entronnen und vor wenigen Tagen in Stäfa angelangt war, so konnte der Wunsch nicht außen bleiben, dieses dem Moder und den Franzosen entrissene Bild schon in Weimar aufgestellt und von Ihnen beleuchtet zu sehen. Es wird sorgfältig eingepackt auf der Reise mitgeführt, weil wir diesen Schatz fremden Händen und neuen Zufällen nicht aussetzen mögen." (An K.A. Böttiger 25.10.1797)

Goethe sah das antike Fresko in Rom und beauftragte Heinrich Meyer, der 1796 zur Vorbereitung einer neuen Italienreise in Rom weilte, eine Kopie anzufertigen. 1797 traf Goethe in der Schweiz seinen „Kunstmeyer", der die Kopie mitbrachte. Die geplante zweite Romreise Goethes mußte wegen der napoleonischen Feldzüge in Oberitalien aufgegeben werden. Die Kopie der „Aldobrandinischen Hochzeit" hängt im Empfangszimmer im Haus am Frauenplan in Weimar.

Aldobrandinische Hochzeit, Museo Sacro, nach dem Fundort der Villa Aldobrandini benannt, römische Kopie eines antiken Meisterwerkes aus dem 4. Jh. v. Chr. In dem friesartigen Wandgemälde mit rhythmisch verteilten Figurengruppen sind die Vorbereitungen zu einer Hochzeit dargestellt. Nach L. Curtius ist es die feierliche Zeremonialhochzeit des Archon Basileus mit seiner Gattin, nach anderen die Alexanders d. Gr. mit Roxane. Das römische Wandbild aus der Zeit des Augustus überträgt das griechische Vorbild in römisches Denken und Empfinden: Das Tafelbild vom Feste des Archon Basileus hing als Weihegabe in einem Heiligtum des Dionysos in Athen, die römische Kopie zeigt die Hochzeit des Bacchus mit einer seiner Bräute, bestimmt, die Wand eines römischen Privathauses zu schmücken. Die Braut sitzt tief verhüllt in ihrer Kammer, neben ihr – freundlich auf sie einredend – Aphrodite; rechts – mit einem Kranz auf dem Haupt – Hymenäus, der Gott der Hochzeit.

Niobide, Vatikanische Museen, Rom

„Hier ist keine Spur vom wütenden Schrecken des Todes, vielmehr die höchste Subordination der tragischen Situation unter die höchsten Ideen von Würde, Hoheit, Schönheit, gemäßigtem Betragen. Ich sehe hier überall den Kunstzweck, die Glieder zierlich und anmutig erscheinen zu lassen. Der Charakter erscheint nur noch in den allgemeinsten Linien, welche durch die Werke, gleichsam wie ein geistiger Knochenbau, durchzogen sind..." (Goethe: Der Sammler und die Seinigen, Sophienausgabe Bd. 30, S. 36)

Das verwundete Mädchen stützt sich sterbend auf den flüchtenden Bruder. Von diesem ist nur ein Teil der linken Seite und der Mantel erhalten. Eine unvergleichliche schöne lebendige Arbeit, oft auch als Cephalus und Procris bezeichnet. Der Kopf ist antik und gehört zu einer anderen Statue. Nach einem Original des 3. Jh. v. Chr.

Tänzerin, Vatikanische Museen, Rom

„Wir kehrten uns um, eine weibliche Statue zu bemerken, die über dem Torwege in einer Nische stand. Sie wird für die Nachbildung einer Tänzerin schon von Winckelmann gehalten, wie denn solche Künstlerinnen in lebendiger Bewegung auf das Mannigfalteste dasjenige vorstellen, was die bildenden Meister uns als erstarrte Nymphen und Göttinnen aufbewahren. Sie ist sehr leicht und schön, der Kopf war abgebrochen, ist aber gut wieder aufgesetzt, übrigens nichts daran versehrt, und verdiente wohl einen bessern Platz." (IR Neapel, 7. März 1787)

Ein Jahr darauf, wenige Tage vor Goethes Rückreise nach Deutschland, wird ihm in Rom diese Statue für 300 Zechinen heimlich angeboten.

„... und ich leugne nicht, daß der Gedanke, dieses Wesen zu besitzen bei mir tiefe Wurzel gefaßt hatte. Ja, als ein Beweis, wie sehr ich mir hierin schmeichelte mag das Bekenntnis gelten, daß ich dieses Ereignis als einen Wink höherer Dämonen ansah, die mich in Rom festzuhalten und alle Gründe, die mich zum Entschluß der Abreise vermocht, auf das tätigste niederzuschlagen gedächten." (IR Bericht April 1788)

Angelikas Gatte riet Goethe ab, für die Statue die geforderte Summe zu geben. Nach langem Überlegen bezwang er die „leidenschaftliche Liebesneigung" und verzichtete.

Goethe sah die Statue zuerst im Palazzo Colombrano zu Neapel. Während der Redaktion der Italienischen Reise 1829, also 40 Jahre später! erkundigt sich Goethe nach der Statue und dem Ort der Aufbewahrung.

Die Verklärung Christi – Transfiguration von Raffael, Pinakothek, Vatikan

(Text siehe Seite 208)

Bild Seite 206/207:

Die Verklärung Christi (Transfiguration) von Raffael, Pinakothek, Vatikan

Das Bild, gemalt im Auftrag des späteren Medici-Papstes Clemens VII., stand unvollendet auf der Staffelei, als der siebenunddreißigjährige Raffael plötzlich verstarb. Seine Schüler malten den unteren Teil zu Ende. Es schmückte seit 1523 den Hochaltar von San Pietro in Montorio, wo Goethe das Gemälde am 18. November 1786 zum erstenmal gesehen hat. Die Franzosen entführten das Werk 1797 nach Paris, von wo es nach Napoleons Sturz 1815 nach Rom in die Pinakothek des Vatikans zurückkam.

Im „Bericht Dezember 1787" der IR schildert Goethe eine Diskussion mit Freunden über das Bild vor Ort in der Kirche: „Das herrliche Bild der Transfiguration, welches man in dem zunächst gelegenen Kloster gleich darauf anzustaunen Gelegenheit fand. Da war denn des Redens viel; der stillere Teil jedoch ärgerte sich, den alten Tadel von doppelter Handlung wiederholt zu sehen... Wundersam bleibt es indes immer, daß man an der großen Einheit einer solchen Konzeption jemals hat mäkeln dürfen. In Abwesenheit des Herrn stellen trostlose Eltern einen besessenen Knaben den Jüngern des Heiligen dar; sie mögen schon Versuche gemacht haben, den Geist zu bannen; man hat sogar ein Buch aufgeschlagen, um zu forschen, ob nicht etwa eine überlieferte Formel gegen dieses Übel wirksam könne gefunden werden, aber vergebens. In diesem Augenblick erscheint der einzig Kräftige, und zwar verklärt, anerkannt von seinen großen Vorfahren; eilig deutet man hinauf nach solcher Vision, als der einzigen Quelle des Heils. Wie will man nun das Obere und Untere trennen? Beides ist eins: unten das Leidende, Bedürftige, oben das Wirksame, Hilfreiche, beides auf einander sich beziehend, in einander einwirkend. Läßt sich denn, um den Sinn auf eine andere Weise auszusprechen, ein ideeller Bezug aufs Wirkliche von diesem lostrennen?

Die Gleichgesinnten bestärkten sich auch diesmal in ihrer Überzeugung: Raffael, sagten sie zueinander, zeichnete sich eben durch die Richtigkeit des Denkens aus, und der gottbegabte Mann, den man eben hieran durchaus erkennt, soll in der Blüte seines Lebens falsch gedacht, falsch gehandelt haben? Nein! er hat wie die Natur jederzeit Recht, und gerade da am gründlichsten, wo wir ihn am wenigsten begreifen."

Rechts von der Verklärung Christi Raffaels „Madonna di Foligno", 1512 gemalt, ganz rechts die „Kommunion des Hl. Hieronymus" von Domenicchino, eines der berühmtesten Werke der Pinakothek.

Bild Seite 210/211:

San Paolo fuori le Mura, Rom

„Die Kirche St. Paul vor den Mauern genannt, ein aus alten herrlichen Resten groß und kunstreich zusammengestelltes Monument. Der Eintritt in diese Kirche verleiht einen erhabenen Eindruck: die mächtigsten Säulenreihen tragen hohe gemalte Wände, welche, oben durch das verschränkte Zimmerwerk des Daches geschlossen, zwar jetzt unserm verwöhnten Augen einen scheunenartigen Anblick geben, obschon das Ganze, wäre die Kontignation an festlichen Tagen mit Teppichen überspannt, von unglaublicher Wirkung sein müßte. Mancher wundersame Rest kolossaler, höchst verzierter Architektur an Kapitellen findet sich hier anständig aufbewahrt, aus den Ruinen von dem ehemals nahe gelegenen, jetzo fast ganz verschwundenen Palast des Caracalla entnommen und gerettet." (IR Bericht Dezember 1787)

Konstantin d.Gr. errichtete über dem Apostelgrab eine Gedächtniskapelle, die, von seinen Nachfolgern 386–410 zu einer fünfschiffigen Säulenbasilika mit Querschiff und offenem Dachstuhl umgebaut, schon damals als „Goldener Dom" gerühmt wurde. Sie hat als einzige Kirche Roms bis heute Grundriß und Idee einer christlichen Kaiserbasilika bewahrt. Plan und Ausmaße waren ursprünglich beinahe identisch mit der Basilica Ulpia vom Trajansforum. Wie Goethe die Paulskirche erlebte und beschrieb, existiert sie nicht mehr, denn sie brannte im Juli 1823 ab. Das offene Dachgestühl („scheunenartiger Anblick") wurde beim Wiederaufbau bis 1854 durch eine ornamentierte Kassettendecke ersetzt. Das grandiose Innere, 133,60 m lang, 65 m breit, 29,70 m hoch, mit vier Reihen von je zwanzig monolithischen antiken Granitsäulen zum Großen und Besinnlichen weisend, hat schon viele Besucher mehr beeindruckt als die Peterskirche.

San Paolo fuori le Mura, Rom

Abbazia delle Tre Fontane, Kirche der hl. Vinzenz und Anastasius, Rom

„Unterhalb Roms, eine Strecke nicht weit von der Tiber, liegt eine mäßig große Kirche, „Zu den drei Brünnlein" genannt: diese sind, so erzählt man, bei Enthauptung des heiligen Paulus durch sein Blut hervorgerufen worden und quillen noch bis auf den heutigen Tag. Das Innere steht wenig geschmückt und beinahe verlassen, nur für einen seltenen Gottesdienst, reinlich, wenngleich moderhaft, gehegt und besorgt. Was ihr aber zur größten Zierde dient, sind Christus und seine Apostel, die Reihe her an den Pfeilern des Schiffs, nach Zeichnungen Raphaels farbig in Lebensgröße gemalt. Dieser außerordentliche Geist hat jene frommen Männer, die er sonst am rechten Orte in versammelter Schar als übereinstimmend gekleidet vorgeführt, hier, da jeder einzelne abgesondert auftritt, jeden auch mit besonderer Auszeichnung abgebildet, nicht als wenn er im Gefolge des Herrn sich befände, sondern als wenn er, nach der Himmelsfahrt desselben auf seine eigenen Füße gestellt, nunmehr seinem Charakter gemäß das Leben durchzuwirken und auszudulden habe.

Um uns aber von den Vorzügen dieser Bilder auch in der Ferne zu belehren, sind uns Nachbildungen der Originalzeichnungen von der treuen Hand Marc Antons übrig geblieben, welche uns öfters Gelegenheit und Anlaß gaben, unser Gedächtnis aufzufrischen und unsere Bemerkungen niederzuschreiben. Wir fügen den Auszug eines Aufsatzes bei, der im Jahre 1791 in den Deutschen Merkur aufgenommen worden – über Christus und die zwölf Apostel –" (IR Bericht Dezember 1787)

Die Kirche, 625 gegründet, 1221 erneuert, wurde Ende des vorigen Jahrhunderts restauriert. Die Wandfresken stammen aus dem 16. Jh.

Acqua Paola, Rom

„Auf dem Platze vor Sankt Peter in Montorio begrüßten wir den Wasserschwall der Acqua Paola, welcher durch eines Triumphbogens Pforten und Tore in fünf Strömen ein großes verhältnismäßiges Becken bis an den Rand füllt. Durch einen von Paul V. wiederhergestellten Aquädukt macht diese Stromfülle einen Weg von fünfunddreißig Miglien hinter dem See Bracciano her durch ein wunderliches, von abwechselnden Höhen gebotenes Zickzack bis an diesen Ort, versieht die Bedürfnisse verschiedener Mühlen und Fabriken, um sich zugleich in Trastevere zu verbreitern.

Hier nun rühmen Freunde der Baukunst den glücklichen Gedanken, diesen Wassern einen offen schaubaren triumphierenden Eintritt verschafft zu haben. Man wird durch Säulen und Bogen, durch Gesims und Attiken an jene Prachttore erinnert, wodurch ehmals kriegerische Überwinder einzutreten pflegten; hier tritt der friedlichste Ernährer mit gleicher Kraft und Gewalt ein und empfängt für die Mühen seines Laufes sogleich Dank und Bewunderung. Auch sagen uns die Inschriften, daß Vorsehung und Wohltätigkeit eines Papstes aus dem Hause Borghese hier gleichsam einen ewigen, ununterbrochenen stattlichen Einzug halten." (Bericht Dez. 1787)

Fontana dell'Acqua Paola auf dem Gianicolo, von Papst Paul V. 1612 nach Plänen C. Madernas und G. Fontanas erbaut, monumentale Schauwand und Kopf der Wasserleitung des Kaisers Trajan, die vom Bracciano-See hereinkommt und ihre Wassermassen hier in das halbkreisförmige Becken ergießt. Ein dreifacher Triumphbogen für das Wasser, Ehrenmal für das kostbare Element, das sich durch diese Palastfassade in die Ewige Stadt ergieße, die selber keine Quellen besitzt. Von weither mußten die römischen Kaiser das Trinkwasser holen, und in imperialer Manier ließen sie es durch einen Kranz von sprühenden Brunnenmündern gleiten, dem Volk zum Wohlergehen, Vergnügen und zur Freude. Die Päpste setzten das Werk der Kaiser großartig fort, und so rauschen seit Jahrhunderten Tag und Nacht die Brunnen von Rom ihre Melodie.

PAVLVS·QVINTVS·PONTIFEX·MAXIMVS
AQVAM·IN·AGRO·BRACCIANENSI
SALVBERRIMIS·E·FONTIBVS·COLLECTAM
VETERIBVS·AQVAE·ALSIETINAE·DVCTIBVS·RESTITVTIS
NOVISQVE·ADDITIS
XXXV·AB·MILLIARIO·DVXIT

Himmlische und Irdische Liebe, Tizian, Galleria Borghese, Rom

Goethe hat öfter die Kunstsammlungen der Villa Borghese besucht, ohne dies in seiner „Italienischen Reise" zu erwähnen. Von dem weltberühmten Meisterwerk aus der Jugend Tizians ließ er sich von Bury eine Kopie für sein Haus in Weimar anfertigen, dadurch „dem einzigen Tizian und seinem großartigen Kunstgeschmack meine Verehrung beweisend."

Der Sinn des Bildes hat zu zahlreichen Vermutungen Anlaß gegeben; er

konnte bis jetzt nicht eindeutig geklärt werden: vielleicht stellt es Venus dar, wie sie Helena verleitet, Paris zu folgen, oder Helena, Medea verleitend, Jason zu folgen. In der Himmlischen und Irdischen Liebe ist zweimal die gleiche Person dargestellt, die eitle irdische bekleidet, die himmlische unbekleidet. Die leuchtende Farbenpracht, besonders der Landschaft, lenkt von den anatomischen Schwächen des um 1512 gemalten Bildes ab.

Tempietto di Bramante, San Pietro in Montorio, Rom

Im Hof des Klosters i.J. 1502 von Bramante an jener Stelle erbaut, auf der nach der Legende das Kreuz Petri gestanden haben soll. Der kleine, von einer Ringhalle von 16 dorischen Granitsäulen umgebene Kuppelbau auf einem flachen kreisrunden Podest verwirklicht die Idee der Wiedergeburt der griechischen Baukunst zu neuem Leben: Ebenmaß der Formen, strenge Gesetzmäßigkeit in Gleichgewicht und Harmonie, schlichte Größe, Klarheit und Würde. Goethe hat im Dezember 1787 beglückt davor gestanden.

Villa Albani, heute Villa Torlonia, Via Salaria, Rom

„Dann ging ich in die Villa Albani und sah mich nur im allgemeinen darin um. Es war ein herrlicher Tag." (IR 1. März 1788)

Diese prächtigste Villa Roms, 1743–63 für den Kunstsammler Kardinal Alessandro Albani erbaut, von Joh. J. Winckelmann 1775 zu einer der kostbarsten Kunstsammlungen Roms ausgestaltet, hat Goethe öfter besucht. Von der Pallas Athene, einer antiken Statue mit doppeltem Mantel, ließ er sich eine Kopie anfertigen, die heute in Weimar steht.

Napoleon raubte 194 Antiken und Gemälde aus der Villa Albani, die Paris nach 1815 nur zu einem kleinen Teil zurückerstattete.

Das große Deckengemälde des Mittelsaales – der Parnaß – schuf bis 1761 der Deutsche Anton Raphael Mengs, der damals als der größte Maler Roms galt. J.J. Winckelmann, Freund und Berater des Kardinals, schrieb dort seine „Geschichte der Kunst des Altertums", mit der er zum Begründer der klassischen Archäologie und der neueren Kunstgeschichte wurde, an der sich Goethe orientierte.

Villa Medici am Pincio,
1544 von A.Lippi errichtet, Rom

Die strenge Front auf der Straßenseite läßt nichts von dem echt römischen Casinocharakter der Gartenseite ahnen, bei deren Ausführung Michelangelo seinen Landsmann Lippi beraten haben soll. Zu Seiten eines säulenartigen Portikus zwei turmartige erhöhte Seitenflügel, geschmückt und belebt mit einer verwirrenden Fülle von Reliefs, Statuen, Medaillons, flachen und geneigten Dächern, Türmchen, Balustraden und ein Brunnen mit einem Merkur von Giovanni da Bologna, 16. Jh. in einem der schönsten Gärten Roms mit dem weltbekannten Blick auf die Stadt und die Kuppel von Sankt Peter. Die Villa Medici, Sitz der Französischen Akademie, von 1630 bis 1633 Verbannungsort von Galilei, hat Goethe während des ersten und zweiten römischen Aufenthaltes öfter aufgesucht, zuletzt wenige Tage vor seinem Abschied: „Ich war mit meinem guten Meyer diesen Morgen in der französischen Akademie, wo die Abgüsse der besten Statuen des Altertums beisammenstehen. Wie könnte ich ausdrücken, was ich hier wie zum Abschied empfand? In solcher Gegenwart wird man mehr, als man ist; man fühlt das Würdigste, womit man sich beschäftigen sollte, sei die menschliche Gestalt, die man hier in aller mannigfaltigen Herrlichkeit gewahr wird..." (IR 11. April 1788).

Cloaca Maxima am Tiber, Rom (Text siehe Seite 224)

Bild Seite 222/223:

Cloaca Maxima am Tiber, Rom

„Auf dem Verzeichnisse, was vor der Abreise von Rom allenfalls nachzuholen sein möchte, fanden sich zuletzt sehr disparate Gegenstände, die Cloaca Massima und die Catacomben bei St. Sebastian. Die ersten erhöhte wohl noch den kolossalen Begriff, wozu uns Piranesi vorbereitet hatte; der Besuch des zweiten Lokals geriet jedoch nicht zum besten, denn die ersten Schritte in diese dumpfigen Räume erregten mir alsobald ein solches Mißbehagen, daß ich sogleich wieder ans Tageslicht hervorstieg und dort im Freien in einer ohnehin unbekannten, fernen Gegend der Stadt die Rückkunft der übrigen Gesellschaft abwartete, welche, gefaßter als ich, die dortigen Zustände getrost beschauen mochte." (IR Bericht April 1788)

Wir sehen die Einmündung der Cloaca Maxima in den Tiber bei dem Ponte Palatino. Als die Siedlungen auf dem Palatin, Capitol und Quirinal zu klein wurden, entwässerten die ersten Einwohner gemeinsam das dazwischenliegende sumpfige Tal – das spätere Forum Romanum – durch einen Abzugskanal, später Cloaca Maxima genannt. Diese erste kommunalpolitische Leistung Roms aus dem 6. Jh. v. Chr. ist teilweise bis heute erhalten, und die etwa 4 m hohen Kanalgewölbe aus mächtigen Tuffblöcken gehören zu den bewunderten Werken der etruskisch-römischen Architektur. Oberhalb der halbkreisförmigen Mündung in den Fluß der sog. römische Vestatempel, rechts davon der Glockenturm von S. Maria in Cosmedin, einer byzantinischen Kirche, auf der Anhöhe die Ruinen des Palatin.

Der heilige Lukas malt die Madonna mit dem Kind,
Raffael, Accademia di S. Luca, Rom

„Das liebenswürdige Bild von des Künstlers Hand, St. Lukas, dem die Muttergottes erscheint, damit er sie in ihrer vollen göttlichen Hoheit und Anmut wahr und nätürlich darstellen möge, gewährte den heitersten Anblick. Raffael selbst, noch jung, steht in einiger Entfernung und sieht dem Evangelisten bei der Arbeit zu. Anmutiger kann man wohl nicht einen Beruf, zu dem man sich entschieden hingezogen fühlt, ausdrücken und bekennen." (IR Bericht April 1788)

Das Gemälde wurde von Raffael begonnen, von anderer Hand vielleicht vollendet und kürzlich restauriert.

Moses von Michelangelo, S. Pietro in Vincoli, Rom

„Moses. Diesen Heroen kann ich mir freilich nicht anders als sitzend denken, und ich erwehre mich dessen umso weniger, als ich um der Abwechslung willen auch wohl einen Sitzenden und in dieser Lage Ruhenden möchte dargestellt sehen. Wahrscheinlich hat die überkräftige Statue des Michel Angelo am Grabe Julius des Zweiten sich in meiner Einbildungskraft dergestalt bemächtigt, daß ich nicht von ihr loskommen kann." (Aus Goethes Nachlass, Ausgabe letzter Hand, Bd. 44)

„Michelangelo... anstatt uns zu dem, was wir ihm schon verdanken, noch Überschwängliches im Plastischen zu hinterlassen, quält sich die schönsten Jahre durch in Steinbrüchen nach Marmorblöcken und -bänken, so daß zuletzt von allen beabsichtigten Heroen des Alten und Neuen Testamentes der einzige Moses fertig wird, als ein Musterbild dessen, was hätte geschehen können und sollen." (Aus Kunst und Altertum: „Antik und modern.")

„Vor Goethes Fenster stand ein kleiner bronzener Moses, eine Nachbildung des berühmten Originals von Michelangelo. Die Arme erschienen mir im Verhältnis zum übrigen Körper zu lang und zu stark, welche meine Meinung ich gegen Goethe offen aussprach. Aber die beiden schweren Tafeln mit den Zehn Geboten! rief er lebhaft; glaubt Ihr denn, daß es eine Kleinigkeit war, die zu tragen? Und glaubt Ihr denn ferner, daß Moses, der eine Armee Juden zu kommandieren und zu bändigen hatte, sich mit ganz ordinären Armen hätte begnügen können?

Goethe lachte, indem er dies sagte, sodaß ich nicht erfuhr, ob ich wirklich unrecht hatte, oder ob er sich mit der Verteidigung seines Künstlers nur einen Spaß machte." (Gespräche mit Eckermann, 12. Mai 1830)

In der „Italienischen Reise" erwähnt Goethe den Moses nicht, obwohl er das Werk bereits in den ersten Tagen seines Aufenthaltes in Rom, am 3. Dezember 1786, aufgesucht hat.

Michelangelo schuf dieses Denkmal des Verkünders einer bildlosen Religion, 2,55 m hoch, zwischen 1513–1516.

„... ich habe eine Nachbildung des *Moses* von Michelangelo in Bronze gekauft, die sehr schön und wahrscheinlich aus dem 16. Jahrhundert ist. Wie er sitzt, ist die Figur 13 Weimarische Zoll hoch. Also eine schöne Größe. Das Nackte ist wohl verstanden. Bart und Gewänder von der größten Ausführung."
An Christiane (für Meyer), Teplitz, 27. Juli 1812

Odysseus bei Circe, Pal. Farnese, Rom (Text siehe Seite 230)

Bild Seite 228/229:

Odysseus bei der Circe, von Annibale Caracci, Palazzo Farnese, Rom

„Mich hat besonders vergnügt, daß Sie das Bild von der Circe im Farnesischen Palaste so sehr loben, es war immer eine meiner Favoritkompositionen. Leider ist der Sinn in welchem es komponiert ist, sehr verschwunden und erloschen und unser lebendes Geschlecht möchte wohl meist das Lobenswürdige daran zu tadeln geneigt sein. Es ist dies Bild eins von den Mustern wie der Maler dichten soll und kann, Caracci habe es nun von sich selbst oder von einem Alten." (Goethe an Meyer 19. Sept. 1788)

Die Göttin sitzt auf einem Thron, die goldene Rute in der Rechten. Mit der anderen Hand reicht sie dem ankommenden Helden die Schale. Odysseus sieht man die Mühen der Wanderschaft an; er stützt sich auf den Speer und nimmt den Trunk im guten Glauben, daß er ihm nicht schaden werde. Merkur kommt von rückwärts und legt ihm heimlich die Pflanze, die vor Zauberei schützt, in die Schale, verbirgt sich dabei hinter dem Helden, so daß ihn Circe nicht sehen kann. Einer der animalisierten Gesellen liegt vorn im Winkel und trägt den Schweinskopf als Zeichen der Verwandlung. – A. Caracci aus Bologna, 1560-1609, übertraf mit seinem Freskenzyklus im Pal. Farnesse seine bisherige Tafelmalerei.

Bild Seite 232/233:

Ponte Molle, Rom

„Goethe animierte mich sehr zu einer Reise nach Italien... Plötzlich blieb er vor jenem Abbilde Roms sinnend stehen und zeigte auf Ponte Molle... 'Euch darf ichs wohl gestehn', sagte er, 'seit ich über den Ponte Molle heimwärts fuhr, habe ich keinen rein glücklichen Tag mehr gehabt." (F. v. Müller 30.5.1814, Gespräche 2,223)

Als Goethe in Italien reiste – vor der Zeit der Eisenbahn – mußten die Besucher aus dem Norden zu Fuß, zu Pferd oder mit der Kutsche, den Ponte Molle passieren, um nach Rom zu gelangen. So wurde die antike Tiberbrücke Pons Milvius für den Romfahrer zum Symbol von Ankunft und Abschied. Der 39jährige Goethe hat nur schweren Herzens Rom verlassen, das er nie wiedersehen sollte.

Ponte Milvio, in der Volkssprache Ponte Molle, hinter der sich die nach dem Norden führenden Straßen, die Cassia und Flaminia trennen; um 200 v. Chr. als Holzbrücke errichtet, 109 v.Chr. in Stein neu erbaut. Um diesen Übergang tobte am 25. Oktober 312 der weltgeschichtliche Entscheidungskampf zwischen Heidentum und Christentum: Konstantin errang seinen Sieg unter der Kreuzesstandarte mit der berühmten griechischen Inschrift: „In diesem Zeichen siege!" und zog über die Brücke in Rom ein, wie nach ihm die Könige und Kaiser seit Karl dem Großen und die ungezählten Wanderer aus dem Norden. 1462 empfing hier Papst Pius II. den byzantinischen Humanisten Bessarion, der ihm das Haupt des hl. Andreas brachte, weshalb an der Stelle ein Standbild des Heiligen errichtet wurde. Den Brückenturm aus dem 15. Jh. verwandelte Valadier im Auftrag Pius VII. 1805 in einen Triumphbogen. Um den Vormarsch der Franzosen aufzuhalten, ließ Garibaldi 1849 die Brücke sprengen; sie wurde im Jahr darauf wieder restauriert. Die vier mittleren Bogen sind die antiken.

Ponte Molle, Rom

Grabmal von Goethes Sohn,
Protestantischer Friedhof bei der Cestius-Pyramide, Rom

Wie sein Vater ihm, so verordnete Goethe seinem Sohn, als dessen Lebensumstände dringend eine Veränderung verlangten, eine Reise nach Italien in der Hoffnung, er möge dort genesen. Doch nicht ohne Grund wiederholte der Dichter den Spruch: „Lange leben heißt doch eigentlich nicht viel mehr als viele überleben."

Frau und Kinder, der fürstliche Freund, die Herzogin Luise, viele alte Gefährten seiner Jugendzeit, Schiller und Jüngere waren vor ihm gestorben. Der härteste Schlag traf ihn noch zuletzt im 81. Lebensjahr, wie er es lange zuvor in der Elegie „Euphrosyne" gesungen:

„Alles entsteht und vergeht nach Gesetz; doch über des Menschen
Leben, dem köstlichen Schatz, herrschet ein schwankendes Los.
Nicht dem blühenden nickt der willig scheidende Vater,
seinem trefflichen Sohn, freundlich vom Rande der Gruft;
Nicht der Jüngere schließt dem Älteren immer das Auge,
das sich willig gesenkt, kräftig dem schwächeren zu.
Öfter, ach! verkehrt das Geschick die Ordnung der Tage – "

So mußte auch er den einzigen Sohn, der ihm manche Sorge bereitet hatte, in der Fremde verlieren. Am 22. April 1830 war August nach Italien abgereist.

„Sein Sohn ist zu Rom am 26. Oktober plötzlich durch einen Schlagfluß dahingerafft worden... Sie können leicht ermessen, welch bittere Aufgabe es für mich war, solche Schreckenskunde dem ehrwürdigen Vater beizubringen! Doch er empfing sie mit großer Fassung und Ergebung. 'Non ignoravi me mortalem genuisse' rief er aus, als seine Augen sich mit Tränen füllten." (F.v.Müller, 10.11.1830 Gespräche IV, 303)

August Goethe, geboren am 25. Dezember 1789, gestorben am 26. Oktober 1830 in Rom; die Obduktion ergab eine fünffach vergrößerte Leber. Das Medaillon am Grabmal ist von Thorwaldson, die kurze Grabinschrift verfaßte Goethe: „Goethe filius, patri antevertens" Goethes Sohn, dem Vater vorrauseilend.

Auf dem sogenannten akatholischen, später protestantischen Friedhof wurden im 18. Jh. Nichtkatholiken – Protestanten, Orthodoxe, Deutsche, Engländer, Griechen, Skandinavier – begraben. Die Beerdigungen mußten bei Nacht stattfinden. Erst nach dem Ende des Kirchenstaates 1871 durfte der Friedhof ganz eingefriedet werden.

Die Malerin Julie von Egloffstein, die zum „Haushalt" Goethes gehörte, den sie seit ihrem 17. Lebensjahr oftmals porträtiert hatte, zeichnete 1830 – wie die Inschrift auf der Skizze lautet – „den jungen Goethe nach dem Tod".

GOETHE FILIVS
PATRI
ANTEVERTENS
OBIIT
ANNOR XL
MDCCCXXX

August von Goethe mit 5 Jahren, Zeichnung von Joh. H. Lips, 1794

Die Malerin Julie Gräfin von Egloffstein (1786–1868) lebte von Juli 1829 bis 1832 (und von 1838 bis 1840) in Rom, wo ihr der bayrische König Ludwig I. ein Atelier in der Villa Malta zur Verfügung stellte. Zusammen mit dem hannoveranischen Ministerresidenten in Rom, Chr. A. Kestner, stand sie am Sterbebett von August Goethe. Kestner war ein Sohn von Goethes Lotte im „Werther", – Charlotte Buff aus Wetzlar, wo sie Goethe 1772 als Braut des hannoverschen Legationssekretärs J. Chr. Kestner, den sie 1773 heiratete, kennenlernte. Seinen Freunden in Rom las Kestner aus Goethes Briefen an seine Mutter, die er nach ihrem Tod 1828 stets bei sich trug, vor. Im Mai 1832 wurde Julie von Egloffstein in Rom der Nachlaß von Goethes Sohn August ausgehändigt.

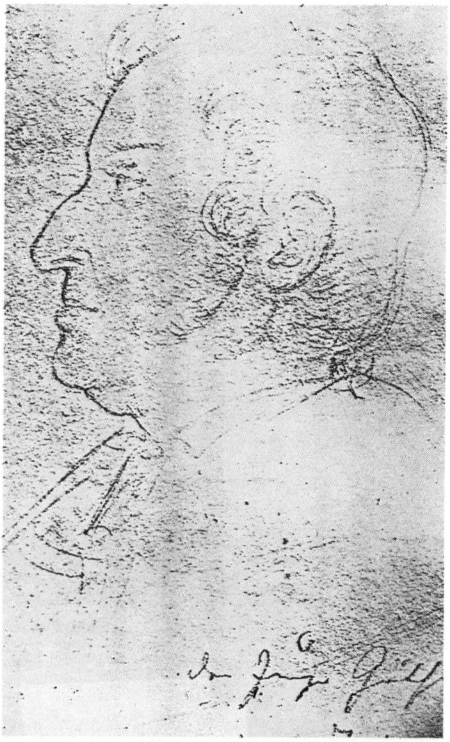

Goethe-Denkmal in der Villa Borghese, Rom

Das Andenken Goethes ist in Italien lebendig geblieben. An den Häusern, in denen er gewohnt, sind meist Gedenktafeln angebracht: Unübersehbar ist die italienische Literatur über seine „Italienische Reise". In der Villa Borghese steht dieses Denkmal, ein Geschenk Wilhelms II. an die Stadt, 1902 von Gustav Eberlein aus Hannover geschaffen. Die Widmung am Sockel: „Der Stadt Rom Wilhelm II. Deutscher Kaiser" haben die „dankbaren" Römer 1944 gelöscht; unten Gestalten aus Goethes Werken: Mignon und der blinde Sänger, Iphigenie mit Orest und auf der Rückseite Mephisto mit Faust.

Goethe, Kupferstich von Joh. H. Lips, Frankfurter Goethe-Museum

Der livländische Maler Karl Grass schildert Goethe im Februar 1792: „Das Gesicht Goethes ist voll Feuer und doch Weichheit, nicht wie bei Herder: Marmor. Sein Auge ist rund und frei, braun, ein dunkler Spiegel, der desto reiner und heller auffaßt. Sein Blick ist oft unmerklich auf Dinge gerichtet, die er gar nicht zu bemerken scheint. Er ist noch voll Manneskraft in seinem Wort und Tun, überlegend, prüfend im Urteil. Lips hat ihn, wie noch niemand zuvor, gezeichnet und sticht jetzt sein Bild."

In Rom gehörte Lips zum Freundeskreis Goethes, der ihn 1789 für vier Jahre als Lehrer an das Freie Zeicheninstitut nach Weimar holte. Das nach jahrelangem Umgang im Januar 1791 in Weimar entstandene Porträt veranschaulicht Weg und Werden des Dichters über Weimar und Rom zum größten Deutschen und Europäer deutlicher als eine literarische Beschreibung, ein Glücksfall für Goethes Biographie. Goethe selber hat das Porträt als gültig anerkannt.

„Goethe hatte von allem Menschlichen eine Dosis empfangen und war darum der 'menschlichste aller Menschen'. Seine Gestalt hatte ein großartiges typisches Gepräge. Sie war ein potenziertes Abbild der Menschheit an sich. Demgemäß hatten auch alle, die ihm näher traten, den Eindruck, als ob sie noch nie einen so ganzen Menschen gesehen hätten." (A. Bielschowsky, Goethe, München 1910).

Goethe

DAS RÖMISCHE KARNEVAL

Unter diesem Titel veröffentlichte Goethe 1788/89 eine Schrift mit 20 Stichen

„Das Römische Karneval versammelt sich in dem Corso. Diese Straße beschränkt und bestimmt die öffentliche Feierlichkeit dieser Tage. An jedem andern Platz würde es ein ander Fest sein.

Der Obelisk auf der Piazza del Popolo ist im Karneval die unterste Grenze dieser Straße; der venezianische Palast die obere.

Jeder Karnevalsabend schließt sich... mit einem Wettrennen. Die Pferde, welche man zu diesem Endzweck unterhält, sind meistenteils klein und werden wegen fremder Herkunft der besten unter ihnen Barberi genannt.

Ein solches Pferdchen wird mit einer Decke von weißer Leinwand, welche am Kopf, Hals und Leib genau anschließt und auf den Nähten mit bunten Bändern besetzt ist, vor dem Obelisk an die Stelle gebracht, wo es in der Folge auslaufen soll. Man gewöhnt es, den Kopf gegen den Corso gerichtet, eine Zeitlang stillzustehen, führt es alsdann sachte die Straße hin und gibt ihm oben am venezianischen Palast ein wenig Hafer, damit es ein Interesse empfinde, seine Bahn desto geschwinder zu durchlaufen.

Da diese Übung mit den Pferden, deren oft fünfzehn bis zwanzig an der Zahl sind, wiederholt und eine solche Promenade immer von einer Anzahl lustig schreiender Knaben begleitet wird, so gibt es schon einen Vorgeschmack von einem größeren Lärm und Jubel, der bald folgen soll." (IR Bericht Januar 1788)

Masken des Römischen Karnevals. Kolorierter Kupferstich nach einer Zeichnung von G. Schütz, die männliche Figur in der Mitte stellt Goethe selbst dar!

Ehrenmitglied der Arkadia in Rom

Während seines Aufenthaltes in Rom unter einem Pseudonym wollten die Rom-Deutschen Goethe auf dem Kapitol zum Dichter krönen; Goethe hat das abgelehnt.

Die römische literarische Gesellschaft „Arkadia" verlieh ihm die Ehrenmitgliedschaft mit folgendem Diplom:

„Zufällig beglückt einer der größten Geister, die jetzt in Deutschland blühen, der berühmte und gelehrte Herr von Goethe, Geheimrat des Herzogs von Sachsen-Weimar, die Ufer des Tiber, und wenn er auch mit philosophischer Mäßigung den Ruhm seiner Geburt, seiner hohen Stellung und seiner Tüchtigkeit verheimlichte, so konnte er doch das Licht nicht verbergen, durch das er sich der ganzen literarischen Welt berühmt gemacht hat. Da nun der also ausgezeichnete Herr von Goethe uns den Gefallen getan, in einer unserer öffentlichen Sitzungen zu erscheinen, so vereinten sich, kaum daß er auftrat wie ein neuer Stern des fremden Himmels in unseren Wäldern, unsere Genossen in großer Zahl und erklärten mit aufrichtigstem Jubel, ihn, den Verfasser so vieler vortrefflicher Werke, unter dem Namen Megalio in ihre Gemeinschaft aufzunehmen und ihm außerdem den Besitz der melpomenischen Gefilde, die der tragischen Muse geweiht sind, zuzuweisen und ihn als regelmäßigen arkadischen Schäfer zu erklären. Zu gleicher Zeit übertrug die Generalversammlung dem Oberkustos, den öffentlichen und feierlichen Akt einer so beifällig begrüßten Aufnahme zu registrieren und dem berühmten neuen Mitschäfer Megalio Melpomenio die gegenwärtige Urkunde als Zeichen höchster Achtung zu überreichen, die unsere schäferlich-literarische Republik berühmten und erlauchten Geistern zu ewigem Gedächtnis gewährt. Gegeben vom Winterhause im Parrhasischen Walde zum Neumond des Poseideon im 2. Jahre der 641. Olympiade, von der Wiederaufrichtung der 'Arcadia' im 4. Jahre der 24. Olympiade. Ein freudiger Tag für die Hauptversammlung."

Nivildo Amarinzio Custode Generale

Das Siegel hat in einem	Corimbo	
Kranze, halb Lorbeer, halb	Melicronio	
Pinien, in der Mitte eine	Florimonte	Sotto-
Pansflöte, darunter Gli Arcadi	Egiréo	Custodi

(IR Bericht Januar 1788)

„Neapel ist ein Paradies; jedermann lebt in einer Art von trunkener Selbstvergessenheit. Mir geht es ebenso; ich erkenne mich kaum, ich scheine mir ein ganz anderer Mensch. Gestern dacht' ich: Entweder du warst sonst toll, oder du bist es jetzt." (IR Caserta 16.3.1787)

Von Rom nach Neapel

Am 22. Februar 1787 fuhr Goethe mit dem Maler Tischbein nach Neapel. Velletri, die Pontinischen Sümpfe, Fondi, Sant'Agata, Formia, Capua sind die Stationen der Reise, die zeitweise am Tyrrhenischen Meer entlangführt und vier Tage dauert. Zunächst bleibt er bis zum 29. März, kehrt am 15. Mai aus Sizilien wieder nach Neapel zurück und verläßt es endgültig am 3. Juni 1787. „Der Neapolitaner glaubt im Besitze des Paradieses zu sein und hat von den nördlichen Ländern einen sehr traurigen Begriff." Beim Castel Nuovo finden sie Unterkunft in einem Gasthof (der heute nicht mehr existiert)*, der weder Kamin noch Herd besaß! Goethe zog eine Fischerkutte an, gürtete sich mit einem Kofferstrick und wärmte die Hände über einem Dreifuß mit Holzkohle...

„... heut ward geschwelgt und die Zeit mit Anschauung der herrlichsten Gegenstände zugebracht. Man sage, erzähle, male, was man will, hier ist mehr als alles! Die Ufer, Buchten und Busen des Meeres, der Vesuv, die Stadt, die Vorstädte, die Kastelle, die Lustträume! Ich verzieh es allen, die in Neapel von Sinnen kommen und erinnerte mich mit Rührung meines Vaters, der einen unauslöschlichen Eindruck, besonders von den Gegenständen, die ich heute zum erstenmal sah, erhalten hatte. Und wie man sagt, daß Einer, dem ein Gespenst erschienen, nicht wieder froh wird, so konnte man umgekehrt von ihm sagen, daß er nie ganz unglücklich werden konnte, weil er sich immer wieder nach Neapel dachte. Ich bin nun nach meiner Art ganz stille und mache nur, wenns gar zu toll wird, große, große Augen." (IR 27.2.1787) Wenn man in Rom ernsthaft ist, so hier lustig und frohgemut. Keinem Napolitaner sei es zu verdenken, wenn er von seiner Stadt nicht weichen wolle und stünden noch ein paar Vesuve in der Nachbarschaft! An Rom mag er sich jetzt gar nicht zurückerinnern; gegen die hiesige freie Lage kommt ihm die Hauptstadt der Welt am Tibergrunde wie ein altes übelplaziertes Kloster vor. Und erst der Hafen mit den vielen Schiffen! Eine Atmosphäre von Weite und Welt mit immer neuen Eindrücken.

Am zweiten Fastensonntag wandert er mit Tischbein von Kirche zu Kirche, darunter die Kirche des hl. Filippo Neri, den Goethe verehrte. Auch die napolita-

* Al Largo del Castello, heute Piazza del Municipio. Die Häuser wurden später abgebrochen und der Platz erhöht.

nische Malerschule begreift man nur in Neapel selber. Er besucht die großen Kunstsammlungen in und um Neapel, die damals nur wenigen, heute im Museo Nazionale und Capodimonte der Allgemeinheit zugänglich sind, interessiert sich aber hier mehr für die herrlichen Naturschauspiele als für Kunstwerke, für das bunte Volksleben und die Gesellschaft, die er in Rom gemieden.

Auf Schloß Caserta verbrachte er drei Tage bei dem deutschen Maler Philipp Hackert, der beim König von Neapel in hohem Ansehen stand und dessen Biographie Goethe später verfaßte. Hackert forderte Goethe auf, 18 Monate bei ihm Unterricht zu nehmen; er werde dann als Maler und Zeichner gute Arbeiten leisten können. Von Caserta aus besuchte Goethe das alte Capua.

„Der Fürst von Waldeck (in seinem Auftrag schuf A. Trippel die Goethebüste) beunruhigte mich noch beim Abschied: denn er sprach von nichts weniger, als daß ich bei meiner Rückkehr mich einrichten sollte, mit ihm nach Griechenland und Dalmatien zu gehen. Wenn man sich einmal in die Welt macht und sich mit der Welt einläßt, so mag man sich ja hüten, daß man nicht entrückt oder wohl gar verrückt wird. Zu keiner Silbe weiter bin ich fähig." (IR, 28.3.1787) Christian August von Waldeck, General in österreichischen Diensten, bewohnte in Neapel einen prächtigen Palast; Goethe ging auf seinen Vorschlag nicht ein. Wer die Genesis der Italienischen Reise kennt, wie Goethe seit seiner Knabenzeit danach hungerte, Rom-Sizilien, die Antike in Italien kennenzulernen, seine Angst, die so gar nicht zu dem freien furchtlosen Manne paßte, dem Aberglaube und Mystizismus fremd waren: die Erfüllung dieses Lebenswunsches könne gefährdet werden durch die leisteste Mitwisserschaft anderer, seine Erschütterung beim Durchschreiten der Porta del Popolo, endlich in der Hauptstadt der Alten Welt zu sein: „nun bin ich beruhigt für mein ganzes Leben", wird seinen Verzicht auf die Griechenland-Fahrt verstehen. Goethe wußte, daß er sich vor jedem Überwältigtwerden zu hüten habe, um seine innere und äußere Freiheit nicht zu verlieren. Die ihm oft zugeschriebene übermenschliche Harmonie war ihm keineswegs angeboren, sondern mußte immer wieder von neuem mit großer Willenskraft erkämpft werden. Das bestimmte oft sein Verhalten. Mühsam hatte er das schweifende Natur- und Allgefühl der Sturm- und Drang-Epoche im Götz, Werther, Clavigo, die Spannungen zwischen Handeln und Überlegen, geistiger Universalität, Vorwärtsdrängen und schmerzlichem Sichbeschränken gebändigt, um sein durch Glück, Schöpferkraft und physische Fülle gewonnenes Gleichgewicht nicht zu zerstören. Athen, die Akropolis, Delphi, Mykene, die Küsten, Inseln, Vorgebirge, die Stätten Homers und Platons hätten die eben errungene Beruhigung gesprengt, die Fülle überwältigender Eindrücke seinen neuen „Lebensplan" möglicherweise zerstört und ihn „verrückt" gemacht.

In Sizilien, angesichts der homerischen „überklassischen" Landschaft, überkommt ihn die Einsicht: „Wie traurig hat man nicht unsere Jugend auf das gestaltlose Palästina und auf das gestaltverwirrende Rom beschränkt! Sizilien und Neugriechenland läßt mich nun wieder ein frisches Leben hoffen." (IR Palermo, 12.4.1787) Und mehr als zehn Jahre später: „So hat mir auch mein Aufenthalt zu

Neapel, und meine Reise durch Sizilien, eine gewisse nähere Anmutung zu dem ganzen griechischen Wesen verschafft, sowie mein Aufenthalt in Rom zu dem lateinischen. Wenigstens kommt mir vor, daß ich seit der Zeit die Alten besser einsehe." (an W.v. Humboldt 26.5.1799)

Der Umgang mit dem englischen Gesandten Hamilton ist interessant; Hamiltons schöne junge Frau wird später als Geliebte Lord Nelsons von sich reden machen. „Der Ritter Hamilton, der noch immer als englischer Gesandter hier lebt, hat nun... den Gipfel aller Natur- und Kunstfreunde in einem schönen Mädchen gefunden... Er findet in ihr alle Antiken, alle schönen Profile... ja den Belvederischen Apoll selbst." (IR 16.3.1787)

„Heute schlich ich beobachtend, meiner Weise nach, durch die Stadt und notierte mir viele Punkte zu dereinstiger Schilderung derselben, davon ich leider gegenwärtig nichts mitteilen kann. Alles deutet darauf hin, daß ein glückliches, die ersten Bedürfnisse reichlich anbietendes Land auch Menschen von glücklichem Naturell erzeugt, die ohne Kümmernis erwarten können, der morgende Tag werde bringen, was der heutige gebracht, und deshalb sorgenlos dahinleben. Augenblickliche Befriedigung, mäßiger Genuß, vorübergehender Leiden heiters Dulden!" (IR 12.3.1787)

„Hierzulande begreift man erst, wie es den Menschen einfallen konnte, das Feld zu bauen, hier, wo der Acker alles bringt, und wo man drei bis fünf Ernten des Jahres hoffen kann. In den besten Jahren will man auf demselben Acker dreimal Mais gebaut haben. Ich habe viel gesehen und noch mehr gedacht; die Welt öffnet sich mehr und mehr; auch alles, was ich schon lange weiß, wird mir erst eigen." (IR 17.3.1787)

Goethe besichtigt Pompeji und Herculaneum, bewundert die Tempel von Paestum; die Phlegräischen Felder bei Neapel, antike Ausgrabungen haben in ihm ihren Dichter gefunden. Wären ihm nicht die deutsche Sinnesart und das Verlangen eigen, mehr zu lernen und zu tun als zu genießen, wollte er noch länger verweilen. Die Lage der Stadt, die Milde des Klimas kann er nicht genug rühmen. Aber die Sirenen jenseits des Meeres locken; die Reise nach Sizilien wird nach langem Schwanken beschlossen. „Die Fregatte nach Palermo ging mit reiner, starker Tramontane gestern ab... Mit welcher Sehnsucht sah ich den vollen Segeln nach, als das Schiff zwischen Capri und Kap Minerva durchfuhr und endlich verschwand. Wenn man jemand Geliebtes so fortfahren sähe, müßte man vor Sehnsucht sterben!" (IR 2.3.1787)

Terracina (z.Zt. Goethes), das Goethe mit Tischbein am 23. Februar 1787 erreichten in einer jener Kutschen, wie die Abbildung zeigt.

Pferdekopf aus Erz, heute im Museo Nazionale Neapel, Donatello (1386–1466) zugeschrieben.

Nach anderen Bruchstück einer antiken Kolossalstatue: „Was muß das Haupt erst mit den übrigen Gliedern, zu einem Ganzen verbunden, für Wirkung getan haben! Das Pferd im ganzen war viel größer als die auf der Markuskirche, auch läßt hier das Haupt, näher und einzeln beschaut, Charakter und Kraft nur desto deutlicher erkennen und bewundern. Der prächtige Stirnknochen, die schnaubende Nase, die aufmerksamen Ohren, die starre Mähne! ein mächtig aufgeregtes Geschöpf." (IR 7.3 1787)

Bild Seite 248/249: Pompeji

„Mit Tischbein fuhr ich nach Pompeji. Und so deutet der jetzige ganz wüste Zustand einer erst durch Stein- und Aschenregen bedeckten, dann aber durch die Aufgrabenden geplünderten Stadt auf eine Kunst- und Bilderlust eines ganzen Volkes, von der jetzt der eifrigste Liebhaber weder Begriff, noch Gefühl, noch Bedürfnis hat.

Bedenkt man die Entfernung dieses Ortes vom Vesuv, so kann die bedeckende vulkanische Masse weder durch ein Schleudern, noch durch einen Windstoß hierher getrieben sein; man muß sich vielmehr vorstellen, daß diese Steine und Asche eine Zeit wolkenartig in der Luft geschwebt, bis sie endlich über diesem unglücklichen Orte niedergegangen.

Den wunderlichen, halb unangenehmen Eindruck dieser mumisierten Stadt wuschen wir wieder aus den Gemütern, als wir in der Laube, zunächst des Meeres, in einem geringen Gasthof sitzend, ein frugales Mahl verzehrten und uns an der Himmelsbläue, an des Meeres Glanz und Licht ergötzten, in Hoffnung, wenn dieses Fleckchen mit Weinlaub bedeckt sein würde, uns hier wiederzusehen, und uns zusammen zu ergötzen." (IR 11. März 1787)

„Sonntag waren wir in Pompeji. – Es ist viel Unheil in der Welt geschehen, aber wenig, das den Nachkommen so viel Freude gemacht hätte. Ich weiß nicht leicht etwas Interessanteres. Die Häuser sind klein und eng, aber alle inwendig aufs Zierlichste gemalt. Das Stadttor merkwürdig, mit den Gräbern gleich daran. Das Grab einer Priesterin, als Bank im Halbzirkel, mit steinerner Lehne, daran die Inschrift mit großen Buchstaben eingegraben. Über die Lehne hinaus sieht man das Meer und die untergehende Sonne. Ein herrlicher Platz, des schönen Gedenkens wert." (IR 13. März 1787)

Der Vulkanausbruch vom Jahre 79 begrub die im 6. Jh. v. Chr. gegründete Stadt unter den Lavamassen des Vesuvs und verbrannte oder petrifizierte die darin lebende Bevölkerung. Erst 1700 Jahre später begannen die archäologischen Ausgrabungen.

Pompeji. Die Ausgrabungen hatten erst 1755 begonnen, die Funde kamen damals in das Museum von Portici, das „A und O aller Antiquitätensammlungen". Heute sind die Kunstwerke meist im Museo Nazionale in Neapel versammelt.

Casa di Goethe mit dem tanzenden Faun, Pompeji

Die Casa di Fauno, Pompeji, deren Ausgrabung am 7.10.1830 in Gegenwart von Goethes Sohn August begonnen wurde, erhielt zunächst den Namen „Casa di Goethe". Der Architekt-Archäologe Zahn schickte anfangs 1832 an Goethe nach Weimar eine Zeichnung und den Grundriß der Casa di Goethe.

Goethe schreibt darüber am 11.3.1832, also wenige Tage vor seinem Tode, an Zelter: „Sie haben dem neusten ausgegrabenen und noch nicht ganz enthüllten Hause meinen Namen gegeben, welches mir auch recht ist. Ein Echo aus der Ferne, welches den Verlust meines Sohnes mildern soll. Es wird für eins der schönsten bisher entdeckten Häuser anerkannt, merkwürdig durch ein Mosaik (das am 24.10.1831 in der Casa di Goethe entdeckte Alexandermosaik), dergleichen uns aus dem Altertum noch nicht bekannt geworden... Mir aber senden sie eine ausführliche Zeichnung des großen bebauten und besäulten Raumes, und zugleich eine Nachbildung im Kleinen von jenem berufenen Gemälde."

An Wilhelm Zahn schrieb Goethe: „Wenn das durch Ihre Vermittlung möglich gewordene Ereignis einer besonders gewidmeten Ausgrabung auch fernerhin die Folge haben kann, daß unser Name weiter in Pompeji von Zeit zu Zeit ausgesprochen werde... angenehmer Gedanke, Schmerzen lindernd..." (24.2.1832)

Paestum, griechisch Poseidonia, antike Stadt am Golf von Salerno

Ein Leben lang hat sich Goethe mit Architektur beschäftigt. Sein Aufsatz „Von deutscher Baukunst", den er als Einundzwanzigjähriger entworfen, wendet sich gegen den chauvinistischen Anspruch französischer Schriftsteller auf die Gotik im allgemeinen und das Straßburger Münster als Ausdruck eines nationalfranzösischen Stiles. In Italien begegnet Goethe den Bauten Palladios, Vitruvs, römischer und griechischer Architektur. Er kehrt als Klassiker zurück, ohne im Klassizismus aufzugehen. Das unter Goethes beratender Leitung 1791–97 von einem Hamburger Architekten in Weimar errichtete „Römische Haus" ist ein Nachklang von Paestum. Der Entwurf für das Treppenhaus in seinem eigenen Weimarer Haus transponiert „italienischen Geschmack" (Jean Paul) und das im Süden gewonnene Raumgefühl nach Weimar. (Alfred Jerricke, Dieter Dolger: Der Klassizismus in der Baugeschichte Weimars, Weimar 1975, S. 173ff)

Mit den drei dorischen Tempeln von Paestum, dem Heiligtum Poseidons, des Erderschütterers und Meerbewegers, sah Goethe am 23. März 1787 zum erstenmal griechische Bauwerke. Paestum, Gründung griechischer Auswanderer, etwa um 600 v. Chr. entstanden, eine Stadt der „Magna Graecia" – Großgriechenland in Süditalien –, hatte, wie jede griechische Stadt, Tempel: das Bindeglied zwischen der Gottheit und den Menschen, Stätte der Feier, Opfer, geistiger Erbauung. Die griechische Wirklichkeit gründete auf Religion und Kunst, dem Himmel als Vater, der Erde als Mutter, und auf dem Glauben, von den Göttern, die auf dem Olymp thronen, abhängig zu sein im Guten und Schlechten.

Um 550 v. Chr. wurde die sogenannte Basilika (das Gerichtsgebäude) errichtet, 54,30 x 24,50 m, mit neun Säulen an den kurzen, 18 an den langen Seiten; 500 v. Chr. der sogenannte Cerestempel, nach dem Toleranzedikt von 313 in eine Kirche umgewandelt, mit sechs zu dreizehn Säulen; um 450 v. Chr. der Poseidontempel. Malaria dezimierte die Bevölkerung, zur Zeitenwende beginnt die Abwanderung der Einwohner. In den ersten christlichen Jahrhunderten überwuchert dichter Buschwald die Tempel und die antiken Reste der Stadt, die für lange in Vergessenheit gerät und erst im 20. Jh. völlig ausgegraben wird.

„Nun hat sich das Verhältnis zu Kniep auf eine recht praktische Weise ausgebildet und gefestigt. Wir waren zusammen in Paestum, woselbst er, so wie auf der Hin- und Herreise, mit Zeichnen sich auf das tätigste erwies. Die herrlichsten Umrisse sind gewonnen. ...Nun haben wir folgendes verabredet. Von heute an leben und reisen wir zusammen, ohne daß er weiter für etwas sorgt als zu zeichnen, wie diese Tage geschehen. Alle Konturen gehören mein, damit aber nach unserer Rückkehr daraus ein ferneres Wirken für ihn entspringe, so führt er eine Anzahl auszuwählender Gegenstände bis auf eine gewisse bestimmte Summe für mich aus; da sich denn indessen, bei seiner Geschicklichkeit, bei der Bedeutsamkeit der zu erobernden Aussichten und sonst wohl das Weitere ergeben wird. Diese Einrichtung macht mich ganz glücklich und jetzt erst kann ich von unserer Fahrt kurze Rechenschaft geben.

Paestum, Gesamtansicht

Paestum, Tempel des Poseidon und die sog. Basilica

... Endlich, ungewiß, ob wir durch Felsen oder Trümmer führen, konnten wir einige große länglich-viereckige Massen, die wir in der Ferne schon bemerkt hatten, als überbliebene Tempel und Denkmale einer ehemals so prächtigen Stadt unterscheiden. Kniep, welcher schon unterwegs die zwei malerischen Kalkgebirge umrissen, suchte sich schnell einen Standpunkt, von wo aus das Eigentümliche dieser völlig unmalerischen Gegend aufgefaßt und dargestellt werden könnte.

Von einem Landmann ließ ich mich indessen in den Gebäuden herumführen; der erste Eindruck konnte nur Erstaunen erregen. Ich befand mich in einer völlig fremden Welt. Denn wie die Jahrhunderte sich aus dem Ernsten in das Gefällige bilden, so bilden sie den Menschen mit, ja sie erzeugen ihn so. Nun sind unsere Augen und durch sie unser ganzes inneres Wesen an schlankere Baukunst hinangetrieben und entschieden bestimmt, so daß uns diese stumpfen, kegelförmigen, enggedrängten Säulenmassen lästig, ja furchtbar erscheinen. Doch nahm ich mich bald zusammen, erinnerte mich der Kunstgeschichte, gedachte der Zeit, deren Geist solche Bauart gemäß fand, vergegenwärtigte mir den strengen Stil der Plastik, und in weniger als einer Stunde fühlte ich mich befreundet, ja ich pries den Genius, daß er mich diese so wohl erhaltenen Reste mit Augen sehen ließ, da sich von ihnen durch Abbildung kein Begriff geben läßt. Denn im architektonischen Aufriß erscheinen sie eleganter, in perspektivischer Darstellung plumper als sie sind, nur wenn man sich um sie her, durch sie durch bewegt, teilt man ihnen das eigentliche Leben mit; man fühlt es wieder aus ihnen heraus, welches der Baumeister beabsichtigte, ja hineinschuf." (IR 23. März 1787)

Goethe besuchte Paestum vom 21. bis 23. März von Neapel aus vor seiner Reise nach Sizilien und noch einmal nach der Rückkehr von dort, am 16. Mai 1787.

Der Stolz und das Wahrzeichen der antiken Stadt aus der Epoche ihrer größten Blüte, um 450 v. Chr., ist der Poseidontempel, 559,90 x 24,50 m. Ein Kranz von sechs Säulen an den kurzen, 14 je 8,80 m hohen Säulen an den langen Seiten über dem breitgelagerten dreistufigen Sockel umgibt die dreischiffige Cella. Dieses Wunder an Harmonie des Ganzen zu den Teilen wirkte in Goethe bis an sein Lebensende nach, findet in Faust II Ausdruck mit der bahnbrechenden, bis heute gültigen Deutung durch Poesie:

Durch Wunderkraft erscheint allhier zur Schau,
Massiv genug, ein alter Tempelbau.
Dem Atlas gleich, der einst den Himmel trug,
Stehn reihenweis der Säulen hier genug;
Sie mögen wohl der Felsenlast genügen,
Da zweie schon ein groß Gebäude trügen.
(Faust II, 1. Akt)

Goethe verweilte damals im sumpfigen, malariaverseuchten Gelände einen ganzen Tag und nur, weil er dort kein Quartier fand, kehrte er nach Neapel zurück. „Nun bleibt meiner Sehnsucht kein Gegenstand mehr im Mittag, da ich auch gestern von Paestum zurückgekommen bin.

Paestum, Tempel der Athene, früher Cerestempel genannt.
Aquarell von M. v. Verschaffelt aus dem Freundeskreis Goethes in Rom (1789)

... In einem beiligenden Blatte sag ich etwas über den Weg nach Salerno und über Paestum selbst; es ist die letzte und fast möcht ich sagen herrlichste Idee, die ich nun nordwärts vollständig mitnehme." (IR 17. Mai 1787)

Maßgeblicher hat bis heute kein Paestum-Fahrer das Wunder der Stätte zu veranschaulichen gewußt als durch die Verse des „Astrologen" im Zweiten Faust:

Der Säulenschaft, auch die Triglyphe klingt;
Ich glaube gar, der ganze Tempel singt.
(Faust II, 1. Akt)

Goethes Sumpflandschaft ist verschwunden, heute ist das großgriechische (Magna Graecia) Paestum eine weite Ruinenlandschaft mit Pinien, Zypressen und Rosen. Eine romantische Szenerie, bedroht von Bauspekulationen und Verschmutzung durch Camping- und Picknickplatz und Badetourismus.

Herkules Farnese, Museo Nazionale, Neapel

„Der Herkules Farnese ist fort, ich hab' ihn noch auf seinen echten Beinen gesehen, die man ihm nach so langer Zeit wieder gab. Nun begreift man nicht, wie man die ersten, von Porta, hat so lange gut finden können. Es ist nun eins der vollkommensten Werke alter Zeit." (IR 20. Juni 1787)

„Ein großer Kunstverlust steht Rom bevor. Der König von Neapel läßt den Hercules Farnese in seine Residenz bringen. Die Künstler trauern sämtlich, indessen werden wir bei dieser Gelegenheit etwas sehen, was unseren Vorfahren verborgen blieb.

Gedachte Statue nämlich von Kopf bis ans die Knie und sodann die unteren Füße mit dem Sockel, worauf sie stehen, wurde auf Farnesischem Grund und Boden gefunden, die Beine aber vom Knie bis an die Knöchel fehlten und wurden durch Wilhelm Porta ersetzt. Auf diesen steht er nun bis auf den heutigen Tag. Indessen waren auf Borghesischem Grund und Boden die echten alten Beine gefunden worden, die man denn auch in der Borghesischen Villa aufgestellt sah. – Gegenwärtig gewinnt es Prinz Borghese über sich und verehrt diese köstlichen Reste dem König von Neapel. Die Beine des Porta werden abgenommen, die echten an die Stelle gesetzt, und man verspricht sich, ob man gleich mit jenen bisher ganz wohl zufrieden gewesen, nunmehr eine ganz neue Anschauung und mehr harmonischen Genuß." (IR: Rom 16.1.1787)

Es handelt sich um eine Marmorkopie des Glykon nach einem berühmten und oft nachgeahmten Bronzeoriginal des griechischen Künstlers Lysipp aus dem 5. Jh. v. Chr. Herkules steht ermattet, auf die Keule mit überhängendem Löwenfell gestützt, in der Rechten die Hesperidenäpfel, pathetisch, vergröbert, fast doppelt so groß wie das bronzene Original. Die Statue wurde 1540 ohne Beine in den Caracalla-Thermen gefunden und von Porta restauriert. Später fand man die echten Beine. Das Kunstwerk stand bis 1786 im Palazzo Farnese in Rom, 1787 kam es nach Neapel.

Dionysos (Farnese), Neapel, Museo Nazionale

„Dienstag den 17. Juli war ich abends bei Albacini, dem Restaurator antiker Statuen, um einen Torso zu sehen, den sie unter den Farnesischen Besitzungen, die nach Neapel gehen, gefunden haben. Es ist ein Torso eines sitzenden Apolls (Dionysos) und hat an Schönheit vielleicht nicht seinesgleichen, wenigstens kann er unter die ersten Sachen gesetzt werden, die vom Altertum übrig sind." (IR 16.7.1787)

Torso eines sitzenden Dionysos, übergroß, aus dem Besitz der Farnese, mit langen fallenden Locken, weichen üppigen Körperformen, Kopfbinde im Nacken. Der Gott der Trauben, der Ekstase, des Genusses. Griechisches Original aus dem 3. Jh. v. Chr.

Homer, Museo Nazionale, Neapel,
römische Kopie nach einem hellenistischen Original, 1. Jh. v. Chr.

„Die Odyssee hat die interessantesten Motive schon vorweggenommen. Die Rührung eines weiblichen Gemüts durch die Ankunft eines Fremden, als das schönste Motiv, ist nach der Nausikaa gar nicht mehr zu unternehmen. – In welchem Glanze dieses Gedicht vor mir erschien, als ich Gesänge desselben in Neapel und Sizilien las!... Wie viele von unsern Gedichten würden aushalten, auf dem Markte oder sonst unter freiem Himmel gelesen zu werden." (an Schiller 14.2.1798)

„Wir anderen Nachpoeten müssen unsere Altvorderen Homers, Hesiods u.a.m. Verlassenschaft als urkanonische Bücher verehren: als vom Heiligen Geist Eingegebenen beugen wir uns vor ihnen..." (an Creuzer, 1.10.1817).

„Homeride zu sein, auch nur als letzter, ist schön." (Römische Elegien II) Goethe bewunderte im Juli 1787 in Neapel das Marmorbild.

„Tret ich unbelehrt vor diese Gestalt; so sag ich: Der Mann sieht nicht, hört nicht, fragt nicht, strebt nicht, wirkt nicht. Der Mittelpunkt aller Sinne dieses Haupts ist in der obern, flach gewölbten Höhlung der Stirne, dem Sitze des Gedächtnisses. In ihr ist alles Bild geblieben, und alle ihre Muskeln ziehen sich hinauf, um die lebendigen Gestalten zur sprechenden Wange herabzuleiten. Niemals haben sich diese Augbrauen niedergedrängt, um Verhältnisse zu durchforschen, sie von ihren Gestalten abgesondert zu fassen, hier wohnt alles Leben willig mit und neben einander. Es ist Homer!

Dieß ist der Schädel, in dem die ungeheuren Götter und Helden so viel Raum haben, als im weiten Himmel und der gränzenlosen Erde ... Dieß ist der Olymp, den diese rein erhabne Nase wie ein andrer Atlas trägt, und über das ganze Gesicht solche Festigkeit, solch eine sichere Ruhe verbreitet. Diese eingesunkne Blindheit, die einwärts gekehrte Sehkraft, strengt das innere Leben immer stärker und stärker an, und vollendet den Vater der Dichter. Vom ewigen Sprechen durchgearbeitet sind diese Wangen, diese Redemuskeln, die betretnen Wege, auf denen Götter und Heroen zu den Sterblichen herabsteigen; der willige Mund, der nur die Pforten solcher Erscheinungen ist, scheint kindisch zu lallen, hat alle Naivetät der ersten Unschuld; und die Hülle der Haare und des Barts, verbirgt und verehrwürdiget den Umfang des Haupts. Zwecklos, leidenschaftlos ruht dieser Mann dahin, er ist um sein selbst willen da, und die Welt, die ihn erfüllt, ist ihm Beschäfftigung und Belohnung." (Physiognomische Fragmente I 1775)

Herkules findet seinen Sohn Telephos wieder, Antikes Wandgemälde, Museo Nazionale, Neapel

Der Architekt Wilhelm Zahn besuchte Goethe in Weimar und zeigte ihm farbige Durchzeichnungen von Pompejanischen Wandgemälden, die man unter einer 10 Meter-Aschenschicht herausgeholt hatte: Das Opfer der Iphigenia und Herkules, von einem Genius geführt, findet seinen Sohn Telephos wieder, wie ihn eine Hirschkuh säugt. Goethe versank in stille Andacht und brach dann in die Worte aus: „Ja, die Alten sind auf jedem Gebiet der heiligen Kunst unerreichbar. Sehen Sie, meine Herren, ich glaube auch etwas geleistet zu haben, aber gegen einen der großen attischen Dichter, wie Äschylos und Sophokles, bin ich doch gar nichts." (W. Zahn, 7. Sept. 1827, Goethes Gespräche von F. F. von Biedermann, Insel Verlag Leipzig, S. 423)

Alexanderschlacht, Mosaik, Museo Nazionale Neapel *(Text siehe Seite 268)*

Bild Seite 266/267:

Alexanderschlacht, Mosaik, Museo Nazionale, Neapel

Das große Mosaik, 4. bis 3. Jh. v. Chr., sechs Meter breit und über 3 m hoch, aus rund vier Millionen Steinchen zusammengesetzt, hat Goethe noch in seinen letzten Lebenstagen kennengelernt, auf das höchste bewundert und identifiziert, obwohl er es nur in einer Zeichnung zu sehen bekam.

„... Nun ist mein Wunsch erfüllt, und es möge wohl keine Frage sein, daß jenes Mosaik des Alexander als Überwinder, den Darius in dem Seinigsten überwunden und persönlich zur Flucht hingerissen vorstellt. Es ist ein höchster Gedanke, daß, indessen der Perserkönig sich vor der unmittelbaren Gefahr weniger als über den Untergang seines Getreusten entsetzt, sein Wagenlenker mit dem Peitschenstiele die nachdringenden, schon siegwähnenden tapfern treuen Perser auseinander winkt, dem flüchtigen Königswagen Platz zu machen, da denn der Wald der gegen die Griechen gesenkten Speere durch diesen einzigen Gest dem Zuschauer paralysiert erscheint. Mitwelt und Nachwelt werden nicht hinreichen, solches Wunder der Kunst würdig zu kommentieren, und wird genötigt sein, nach aufklärender Betrachtung und Untersuchung immer wieder zur einfachen reinen Bewunderung zurückzukehren. (Goethe an W. Zahn, 10. März 1832)

Zwei Könige stehen einander in ihrer größten Stunde gegenüber, Alexander (365 – 323 v. Chr.) wie der lodernde Kriegsgott selber anstürmend, einen Keil in die Feinde treibend und mit seiner überlangen, tiefgeführten Lanze einen persischen Reiter durchbohrend, der sich schützend vor den Großkönig geworfen hat. Darius auf schon zur Flucht gewendetem Gespann, doch die Gefahr mißachtend mit entsetzt und hilfsbereit ausgestreckter Hand seinem niederbrechenden Gefährten zugewendet, auf dessen Schicksal sich mehr als auf sein eigenes das ganze Bild zu konzentrieren scheint.

Opferung der Iphigenie, Wandgemälde aus Pompeji, Museo Nazionale, Neapel

„Im Mittelgrunde tragen zwei Opferdiener die ohnmächtige Jungfrau gegen eine Statue der Artemis. Links vom Zuschauer eilt der behende, in seinen Mantel sich verhüllende Agamemmnon davon. An der Rechten erscheint Kalchas mit entblößten Stahl, dem Vater mit dem Blick, der Tochter mit der Schärfe drohend. Hier stellt sich noch reiner, in einfacher Handlung, die Absicht hin, nur das Notwendigste dieses ungeheuren Ereignisses vor die Augen zu bringen, und zwar so,

daß es durch Mannigfaltigkeit der Charactere, durch symmetrische, wohlgefällige Stellung und durch Farbengebung ein angenehmes Wandbild erzwecken mag." (Aus Goethes Nachlaß, Sophienausgabe 30. Band S. 352)

Iphigenie, die Rechte und den Blick flehend zu den Göttern erhoben, wird von Odysseus und Achill (?) zur Opferung fortgeschleppt. Agamemmnon hat schicksalsergeben als Vater sein Haupt verhüllt. Der Seher Kalchas zögert. Die Säule mit einem Bild der Artemis bezeichnet das Heiligtum der Göttin, die hilfebringend in den Wolken erscheint; auf ihren Befehl bringt eine Nymphe eine Hirschkuh, die anstelle der Iphigenie geopfert werden soll. Das 1825 ausgegrabene Bild stammt aus der Zeit des Tiberius, 1. Jh.

Vesuv, Neapel (Text siehe Seite 272)

Bild Seite 270/271:

Vesuv, Neapel

„Ein Blick westwärts über die Gegend nahm, wie ein heilsames Bad, alle Schmerzen der Anstrengung und alle Müdigkeit hinweg, und wir umkreisten nunmehr den immer qualmenden, Stein und Asche auswerfenden Kegelberg. So lange der Raum gestattete in gehöriger Entfernung zu bleiben, war es ein großes, geisterhebendes Schauspiel. Erst ein gewaltsamer Donner, der aus dem tiefsten Schlunde hervortönte, sodann Steine, größere und kleinere, zu Tausenden in die Luft geschleudert, von Aschenwolken eingehüllt. Der größte Teil fiel in den Schlund zurück. Die andern nach der Seite zu getriebenen Brocken, auf die Außenseite des Kegels niederfallend, machten ein wunderbares Geräusch: erst plumpsten die schweren, und hüpften mit dumpfen Getön an die Kegelseite hinab, die geringern klapperten hinterdrein, und zuletzt rieselte die Asche nieder. Dieses alles geschah in regelmäßigen Pausen, die wir durch ein ruhiges Zählen sehr wohl abmessen konnten.

Wie aber durchaus eine gegenwärtige Gefahr etwas Reizendes hat, und den Widerspruchsgeist im Menschen auffordert, ihr zu trotzen, so bedachte ich, daß es möglich sein müsse, in der Zwischenzeit von zwei Eruptionen, den Kegelberg hinauf, an den Schlund zu gelangen, und auch in diesem Zeitraum den Rückweg zu gewinnen. Ich ratschlagte hierüber mit den Führern unter einem überhängenden Felsen der Somma, wo wir, in Sicherheit gelagert, uns an den mitgebrachten Vorräten erquickten. Der Jüngere getraute sich, das Wagestück mit mir zu bestehen: unsere Hutköpfe fütterten wir mit leinenen und seidenen Tüchern, wir stellten uns bereit, die Stäbe in der Hand, ich seinen Gürtel fassend.

Noch klapperten die kleinen Steine um uns herum, noch rieselte die Asche, als der rüstige Jüngling mich schon über das glühende Gerölle hinaufriß. Hier standen wir an dem ungeheuren Rachen, dessen Rauch eine leise Luft von uns ablenkte, aber zugleich das Innere des Schlundes verhüllte, der ringsum aus tausend Ritzen dampfte. Durch einen Zwischenraum des Qualmes erblickte man hie und da geborstene Felsenwände. Der Anblick war weder unterrichtend noch erfreulich, aber eben deswegen, weil man nichts sah, verweilte man, um etwas herauszusehen. Das ruhige Zählen war versäumt; wir standen auf einem scharfen Rande vor dem ungeheuern Abgrund. Auf einmal erscholl der Donner, die furchtbare Ladung flog an uns vorbei, wir duckten uns unwillkürlich, als wenn uns das vor den niederstürzenden Massen gerettet hätte; die kleineren Steine klapperten schon, und wir, ohne zu bedenken, daß wir abermals eine Pause vor uns hatten, froh, die Gefahr überstanden zu haben, kamen mit der noch rieselnden Asche am Fuße des Kegels an, Hüte und Schultern genugsam eingeäschert." (IR 5. März 1787) Goethe bestieg dreimal den Vesuv.

Goethe als Tourist 1787 in Neapel, von Philipp Hackert.

Ein athletischer junger Mann im Werther-look, in dem damals die halbe Männerwelt in Europa herumlief: Stulpenstiefel und -hose, gelbe Weste, blauer Mantel, Schlapphut. Ein Italienfahrer wie du und ich, der sich Möller nannte, auf seine Titel verzichtete, ein Mann zum Anfassen, dem jeder jederzeit sich nähern, ihn um Rat und Hilfe angehen konnte, die er keinem verweigerte. Einer, der heute tennisspielen, skifahren, im Porsche reisen, der sich als Astronaut bewerben und als Naturforscher und Dichter den Nobelpreis bekäme. Ein Auserwählter, wie ihn das deutsche Volk nur dieses Eine Mal besaß, das schöpferische Allround-Genie Goethe, Leitbild für Ost und West, für die 15- bis 25jährigen und alle jung und menschlich Gebliebenen.

Sizilien

(Palermo-Segesta, Girgenti-Agrigent, Caltanisetta, Catania, Aetna, Taormina, Messina)

Am 29. März 1787 schifften sich Goethe und Kniep in Neapel auf dem Paketboot der Segel-Fregatte „Tartaro" – ein. Seereisen waren damals von Wind und Wetter abhängig und nicht ungefährlich. Zuerst wurde das Schiff durch Gegenwind von seinem Kurs abgedrängt und lag am nächsten Morgen zwischen Capri und Ischia. Goethe mußte sich seekrank hinlegen, Kniep zeichnete fleißig Küsten, Inseln, Vorgebirge. Am dritten Tage kamen die Berge von Sizilien in Sicht; ein heftiger Sturm trieb das Schiff vor sich her. Am 2. April nachmittags, bei schönstem Wetter, können sie in Palermo an Land gehen, den Abend verbringen sie im Mondenschein auf der Reede.

In Palermo (vom 1.-18. April) ist Goethe glücklich. Sein Gastwirt ist von ausgesuchter Liebenswürdigkeit, die Wohnung angenehm, beinahe prunkvoll. Vor ihm hatten hier u.a. Swineburne, Byrdone, Münter und der Abate Sestini logiert.* Stadt und Umgebung werden eingehend besichtigt, Steine und Pflanzen untersucht. Von der Schönheit der Landschaft ist der Dichter begeistert. Als der Führer erzählt, „wie Hannibal hier vormals eine Schlacht geliefert... verwies ich ihm das fatale Hervorrufen solcher abgeschiedenen Gespenster. Es sei schlimm genug, meinte ich, daß von Zeit zu Zeit die Saaten, wo nicht immer von Elefanten doch von Pferden und Menschen zerstampft werden müßten. Man solle wenigstens die Einbildungskraft nicht mit solchem Nachgetümmel aus ihrem friedlichen Traume aufschrecken" (IR 4. April 1787). Der Brunnen auf Piazza Pretoria mißfällt ihm ebenso wie die Unsauberkeit der Stadt. Der Monte Pellegrino ist das schönste Vorgebirge der Welt und die Statue der Heiligen Rosalie in der Grotte „ein schönes Frauenzimmer". Er kniet nieder vor dem Bild, um ihre Schönheit besser bewundern zu können. Kein anderer, weder Italiener noch Ausländer, hat so fein und zart über diese Wallfahrtskirche geschrieben.

Besondere Aufmerksamkeit schenkt Goethe der üppigen Vegetation in den Gärten mit ihren Orangenhainen, Brunnen, Statuen, Blumenbeeten, Zierpflanzen und glaubt, auf die glückselige Insel der Phäaken versetzt zu sein. Er eilt, einen Homer zu kaufen, um inmitten dieser paradiesischen Natur die Gesänge auf sich wirken zu lassen. So lebt er leicht und glücklich: Essen und Trinken sind köstlich, das Klima gar nicht genug zu loben, die Natur blüht und treibt, Kniep bewährt sich als angenehmer und immer gut aufgelegter Gefährte, „Italien ohne Sizilien macht gar kein Bild in der Seele: hier ist der Schlüssel zu allem."

„Was den Homer betrifft, ist mir wie eine Decke von den Augen gefallen. Die

---

* Die Gedenktafel ist nicht an der Casa Gramignani in Via di Porto Dalvo angebracht, wo seinerzeit die „Locanda nobile al Cassaro morto" stand, sondern an der Casa Castagnetta-Pollacci.

Beschreibungen, die Gleichnisse etc. kommen uns poetisch vor und sind doch unsäglich natürlich, aber freilich mit einer Reinheit und Innigkeit gezeichnet, vor der man erschrickt. Selbst die sonderbarsten erlogenen Begebenheiten haben eine Natürlichkeit, die ich nie so gefühlt habe als in der Nähe der beschriebenen Gegenstände. Laß mich meinen Gedanken kurz so ausdrücken: sie stellten die Existenz dar, wir gewöhnlich den Effekt; sie schilderten das Fürchterliche, wir schildern fürchterlich; sie das Angenehme, wir angenehm usw. Daher kommt alles Übertriebene, alles Manierierte, alle falsche Grazie, aller Schwulst. Denn wenn man den Effekt und auf den Effekt arbeitet, so glaubt man ihn nicht fühlbar genug machen zu können. Wenn was ich sage nicht neu ist, so hab ich es doch bei neuem Anlaß recht lebhaft gefühlt. Nun ich alle diese Küsten und Vorgebirge, Golfe und Buchten, Inseln und Erdzungen, Felsen und Sandstreifen, buschige Hügel, sanfte Weiden, fruchtbare Felder, geschmückte Gärten, gepflegte Bäume, hängende Reben, Wolkenberge und immer heitere Ebenen, Klippen und Bänke und das alles umgebende Meer mit so vielen Abwechslungen und Mannigfaltigkeiten im Geiste gegenwärtig habe, nun ist mir erst die Odyssee ein lebendiges Wort." (IR Neapel, 17.5.1787).

Während seines Besuches beim Vizekönig, erkundigt sich ein anwesender Malteserritter bei Goethe nach dem Manne, der in Weimar „Regen und schönes Wetter machte, Verfassser des Werther"! „Nach einer kleinen Pause, als wenn ich mich bedächte, erwiderte ich: 'Die Person, nach der Ihr Euch gefällig erkundigt, bin ich selbst'!" (IR 8. April 1787).

Gegen Ende seines Aufenthaltes in Palermo tritt Goethe mit der Familie des berüchtigt-bekannten Cagliostro in Verbindung, gibt vor, ihn zu kennen und erklärt sich bereit, für ihn Briefe mitzunehmen. Goethe wollte dadurch nähere Einzelheiten über den Abenteurer erfahren; er hat später durch wiederholte Unterstützung der Familie diese kleine Täuschung gutzumachen versucht. Das Lied des Großkophta aus dem gleichnamigen Lustspiel spricht von Cagliostro.

Am 18. April ritten Goethe und Kniep von Palermo über Monreale nach Alcamo, unterwegs werden Gestein und Pflanzenwelt studiert. „Die Lage von Alcamo ist herrlich auf der Höhe in einiger Entfernung vom Meerbusen, die Großheit der Gegend zog uns an. Hohe Felsen, tiefe Täler dabei, aber Weite und Mannigfaltigkeit" (IR 19.4.1787). Über Kalkberge geht es weiter nach Castelvetrano. „Was Lust und Bewunderung erregte, waren unübersehbare Blumenmassen, die sich auf dem überbreiten Wege angesiedelt hatten..." In der Nacht wacht Goethe auf und erblickt über sich einen wunderschönen Stern, der nach einer Weile verschwindet. Bei Tagesanbruch bemerkt er eine Lücke im Dach – und faßt es als gutes Omen für die Zukunft. Der Weg nach Sciacca ist mineralogisch uninteressant; eine Tagereise weiter Agrigent, wo er vier Tage bleibt. Vor dem Ort sprudeln die heißen Quellen, die heutigen „stufe di San Calogero". Stadt und Tempel werden studiert und gezeichnet. Da es keine Gasthöfe gibt, wohnen sie bei einer italienischen Familie. Ein grüner Vorhang trennt Gastgeber und Gäste, jedoch die sizilianische Küche mundet, die Spaghetti „haben an Weiße und Zartheit nicht ihresgleichen".

Um Sizilien als Kornkammer kennenzulernen, beschließt Goethe, quer durch die Insel zu ziehen, abseits der üblichen und bequemeren Reiseroute. Der Weg nach Caltanisetta über Favara, Castro Filippo, Canicatti und Delia erfüllt seinen Wunsch bis zum Überdruß, unermeßliche fruchtbare Kornfelder; er möchte Flügel haben, um der Einförmigkeit zu entfliehen. In Caltanisetta finden sie nach langem Suchen ein Zimmer, das erst gereinigt und eingerichtet werden muß: es fehlen Betten, Stühle, Tische.

Im Regen erreichen Goethe und Kniep Enna oder Castrogiovanni. „Das alte Enna empfing uns sehr unfreundlich: ein Estrichzimmer mit Läden ohne Fenster, so daß wir entweder im Dunklen sitzen oder den Sprühregen, dem wir soeben entgangen waren, wieder erdulden mußten. Einige Überreste unseres Reisevorrats wurden verzehrt, die Nacht kläglich zugebracht. Wir taten ein feierliches Gelübde, nie wieder nach einem mythologischen Namen unser Wegeziel zu richten" (IR 29.4.1787).

Anfang Mai kommen sie nach Catania; auf welchem Wege, ist bis heute nicht mit Sicherheit festzustellen. Der von Goethe angegebene Ort Molimenti an einem Fluß San Paolo ist auch auf alten Karten nicht zu finden. Wahrscheinlich zog Goethe über Leonforte (bei Goethe San Filippo d'Argiro), Regalbuto (Molimenti), Centuripe (Centorbi), Motta (Hybla Major), Misterbianco nach Catania. Die Kunstsammlungen, die er im Palazzo Biscari sah, sind heute in alle Winde zerstreut; ein Teil befindet sich im Museo Comunale. Einmal in der Nähe, will Goethe den Ätna besteigen, begnügt sich aber auf Zureden mit dem kleineren Monte Rosso, auf dem ein solcher Sturm tobt, daß er beinahe in den Krater gefegt worden wäre!

Der Entwurf zu einer Tragödie „Nausikaa" beschäftigt ihn während der ganzen Reise, so „daß ich darüber meinen Aufenthalt zu Palermo, ja den größten Teil meiner übrigen sizilianischen Reise verträumte. Weshalb ich denn auch von allen Unbequemlichkeiten wenig empfand, da ich mich auf dem überklassischen Boden in einer poetischen Stimmung fühlte, in der ich das, was ich erfuhr, was ich sah, was ich bemerkte, was mir entgegen kam, alles auffassen und in einem erfreulichen Gefäß bewahren konnte. (IR 8.5.1787). Am 10. Mai erreichten die Reisenden Messina, das einen furchtbaren Anblick bot; es waren erst vier Jahre nach dem letzten großen Erdbeben vergangen, das Goethe – wie Eckermann berichtet – in der Nacht vom 5. auf den 6. Februar 1783 in Weimar verspürt hatte! Nur wenige Tage vor ihrer Ankunft hatte ein neuer Erdstoß die Bevölkerung erschreckt. Nach drei Tagen verließ Goethe leichten Herzens auf einem Segler die „unselige Stadt". (Abreise am 12. Mai – Ankunft Neapel 14. Mai).

Wieder wird er seekrank. „In dieser Lage wollte mir unsere ganze sizilianische Reise in keinem angenehmen Lichte erscheinen. Wir hatten doch eigentlich nichts gesehen als durchaus eitle Bemühungen des Menschengeschlechts sich gegen die Gewaltsamkeit der Natur, gegen die hämische Tücke der Zeit und gegen den Groll ihrer eigenen feindseligen Spaltungen zu erhalten. Die Karthager, Griechen und Römer und so viele nachfolgende Völkerschaften haben gebaut und zerstört.

Selinunt liegt methodisch umgeworfen, die Tempel von Girgenti niederzulegen waren zwei Jahrtausende nicht hinreichend, Catania und Messina zu verderben wenige Stunden, wo nicht gar Augenblicke. Diese wahrhaft seekranken Betrachtungen eines auf der Woge des Lebens hin und wider Geschaukelten ließ ich nicht Herrschaft gewinnen" (IR 14.5.1787).

Nach einer langsamen und gegen Ende gefahrvollen Fahrt, das Schiff wäre beinahe in der Brandung der Insel Capri gestrandet, landen sie wieder in Neapel. Goethe ist glücklich, den großen unvergleichlichen Gedanken Sizilien klar und lauter in der Seele zu haben. Das Meer und die Insel haben Genuß und Leiden gegeben; er kehrt befriedigt zurück.

Noch einmal erlebt der Dichter die heitere Schönheit Neapels. Er beschäftigt sich mit dem Volk und kommt entgegen dem allgemein verbreiteten Vorurteil von der Faulheit des Napolitaners zu der Ansicht, daß es fleißig und arbeitsam sei. Anfang Juni kehrt Goethe nach Rom zurück. „Und so fuhr ich denn durch das unendliche Leben dieser unvergleichlichen Stadt, die ich wahrscheinlich nicht wieder sehen sollte, halb betäubt hinaus; vergnügt jedoch, daß weder Reue noch Schmerz hinter mir blieb. Ich dachte an den guten Kniep und gelobte ihm auch in der Ferne meine beste Vorsorge" (IR 3.6.1787).

Hafen von Palermo mit dem Monte Pellegrino, „dem schönsten Vorgebirge der Welt" (IR 3.4.1787) mit dem Heiligtum der Rosalia, Patronin von Palermo.

Kloster San Martino bei Palermo, Stich aus Goethes Zeit

„Das Kloster San Martin, auf der Höhe liegend, ist eine respektable Anlage. Ein Hagestolz allein, wie man am Prinzen Pallagonia sieht, hat selten etwas Vernünftiges hervorgebracht, mehrere zusammen hingegen die allergrößten Werke, wie Kirchen und Klöster zeigen. Doch wirkten die geistlichen Gesellschaften wohl nur deswegen so viel, weil sie noch mehr als irgend ein Familienvater einer unbegrenzten Nachkommenschaft gewißt waren." (IR 10. April 1787).

Gregor der Große gründete die Benediktinerabtei, die jetzt eine landwirtschaftliche Anstalt ist.

Die Mönche der Abtei luden Goethe und Kniep zum Mittagessen und ließen sie bereitwillig ihre Sammlungen sehen.

Bronze-Widder, Palermo, Museo Nazionale

„Nachdem wir nun zwei Hauptpunkte außerhalb der Stadt betrachtet, begaben wir uns in den Palast, wo der geschäftige Laufer die Zimmer und ihren Inhalt vorzeigt. Zu unserm großen Schrecken war der Saal, worin die Antiken sonst aufgestellt sind, eben in der größten Unordnung, weil man eine neue architektonische Dekoration im Werke hatte. Die Statuen waren von ihren Stellen weggenommen, mit Tüchern verhängt, mit Gerüsten verstellt, so daß wir, trotz allem guten Willens unseres Führers und einiger Bemühung der Handwerksleute, doch nur einen sehr unvollständigen Begriff davon erwerben konnten. Am meisten war mir um die zwei Widder von Erz zu tun, welche, auch nur unter diesen Umständen gesehen, den Kunstsinn höchlich erbauten. Sie sind liegend vorgestellt, die eine Pfote vorwärts, als Gegenbilder die Köpfe nach verschiedenen Seiten gekehrt; mächtige Gestalten aus der mythologischen Familie, Phrixus und Helle zu tragen würdig. Die Wolle nicht kurz und kraus, sondern lang und wellenartig herabfallend, mit großer Wahrheit und Eleganz gebildet, aus der besten griechischen Zeit. Sie sollen in dem Hafen von Syrakus gestanden haben." (IR 11. April 1787).

Einer der beiden Widder wurde während der Revolution von 1848 eingeschmolzen; der andere gelangte in das Museum von Palermo. Die hellenistischen Originale schmückten viele Jahrhunderte das vom Stauferkaiser Friedrich II. erbaute Kastell Maniace in Syrakus.

Bild Seite 284/285 und 286/287:

Tempel, Segesta

Um den etwa 425 v. Chr. entstandenen Bau mit den unkannelierten Säulen ist viel gerätselt worden. Die Segestaner, Nicht-Griechen – Elymer, deren Herkunft ungeklärt ist –, errichteten im dorischen Stil diesen nie fertig gewordenen Rohbau ohne Cella, d.h. ohne Heiligtum für eine Gottheit, vielleicht um ihren eigenen Göttern in einem Peristyl unter freiem Himmel zu opfern. Beispiellos der Zusammenklang von Landschaft und Bauwerk inmitten karger Felder und ginsterbewachsener Flächen vor der grauen Bergwand im Hintergrund. Goethe hat die Welt des Schweigens und der Verlassenheit, in der dieses Monument griechischer Kunst steht, bildhaft deutlich gemacht.

„Die Lage des Tempels ist sonderbar: am höchsten Ende eines weiten langen Tales, auf einem isolierten Hügel, aber doch noch von Klippen umgeben, sieht er über viel Land in eine weite Ferne, aber nur ein Eckchen Meer. Die Gegend ruht in trauriger Fruchtbarkeit, alles bebaut und fast nirgends eine Wohnung. Auf blühenden Disteln schwärmten unzählige Schmetterlinge. Wilder Fenchel stand, acht bis neun Fuß hoch, verdorret vom vorigen Jahr her so reichlich und in scheinbarer Ordnung, daß man es für die Anlage einer Baumschule hätte halten können. Der Wind sauste in den Säulen wie in einem Walde, und Raubvögel schwebten schreiend über dem Gebälke." (IR 20. April 1787).

Goethe bereiste Italien vorzüglich der Kunst wegen. Seinem Kennerauge ist hier nichts entgangen. So wurde z.B. die Frage aufgeworfen, wie die Alten bei ihren Riesengebäuden die ungeheuern Steinmassen in solche Höhen hinauf gebracht hätten. Hier sagte Goethe, daß er in Sizilien einen unvollendeten Tempel gesehen hätte, wo an den Quadersteinen noch auf beiden Seiten die Henkel sichtbar gewesen wären, um welche man die Seile geschlungen und die man alsdann beim Aneinanderpassen abgeschlagen habe. Übrigens habe man lauter solche schneckenförmig auflaufende Gerüste gehabt, wie sie in Merians Bilderbibel noch um den babylonischen Turm herum zu sehen wären. (K.A. Böttiger 8.10.1791).

Tempel von Segesta

Segesta, Tempel von Südosten

Bild Seite 290/291: Die Tempel von Agrigent, früher Girgenti, griechisch Akragas

Akragas, 582 v. Chr. von den Griechen gegründet, bald mächtig wie Syrakus, nach Pindas die „schönste Stadt der Sterblichen", soll in seiner Blütezeit über 200.000 Einwohner gezählt haben, d.h. sechsmal soviel wie heute; seit Goethe hat es viel von seinem Reiz verloren.

Fünf Tage, vom 23. bis 27. April 1787, nahm sich Goethe Zeit, um Stadt, Tempelruinen, Ausgrabungen zu studieren; wer tut oder kann das heute noch? Vielleicht – weil es damals weder Eisenbahnen, noch Autos, Busse, Flugzeuge gab?

„So ein herrlicher Frühlingsblick wie der heutige, bei aufgehender Sonne, ward uns freilich nie durchs ganze Leben. Auf dem hohen uralten Burgraume liegt das neue Girgenti, in einem Umfang, groß genug um Einwohner zu fassen. Aus unsern Fenstern erblicken wir den weiten und breiten sanften Abhang der ehemaligen Stadt, ganz von Gärten und Weinbergen bedeckt, unter deren Grün man kaum eine Spur ehemaliger großer bevölkerter Stadtquartiere vermuten dürfte. Nur gegen das mittägige Ende dieser grünenden und blühenden Fläche sieht man den Tempel der Concordia hervorragen, im Osten die wenigen Trümmer des Junotempels; die übrigen, mit den genannten in gerader Linie gelegenen Trümmer anderer heiliger Gebäude bemerkt das Auge nicht von oben, sondern eilt weiter südwärts nach der Strandfläche, die sich noch eine halbe Stunde bis gegen das Meer erstreckt.« (IR 24. April 1787).

Durch den Handel mit Nordafrika gelangten die Bewohner zu legendärem Reichtum und errichteten den Göttern zum Dank elf Tempel nebeneinander, darunter der sog. Tempel der Juno Lacinia, ein dorischer Bau aus der Mitte des 5. Jh., heute Ruine; der sog. Tempel der Dioskuren, um 470 v. Chr., dorisch, Ruine; der sog. Tempel des Herkules, dorisch, Ende des 6. Jh. v.Chr., Ruine; der sog. Jupiter-Zeustempel und der sog. Concordia-Tempel.

Jupitertempel (Zeustempel) Agrigent

„Die nächste Station ward sodann bei den Ruinen des Jupitertempels gehalten. Dieser liegt weit gestreckt, wie die Knochenmasse eines Riesengerippes, inner- und unterhalb mehrerer kleiner Besitzungen, von Zäunen durchschnitten, von höhern und niedern Pflanzen durchwachsen. Alles Gebildete ist aus diesem Schutthaufen verschwunden, außer einem ungeheueren Triglyph und einem Stück einer demselben proportionierten Halbsäule. Jenen maß ich mit ausgespannten Armen und konnte ihn nicht erklaftern, von der Kannelierung der Säule hingegen kann dies einen Begriff geben, daß ich, darin stehend, dieselbe als eine kleine Nische ausfüllte, mit beiden Schultern anstoßend. Zweiundzwanzig Männer, im Kreise nebeneinander gestellt, würden ungefähr die Peripherie einer solchen Säule bilden. Wir schieden mit dem unangenehmen Gefühle, daß hier für den Zeichner gar nichts zu tun sei." (IR 25. April 1787).

Concordia Tempel, Agrigent

1802 wurden die Trümmer, die Goethe sah, aufgeräumt. Die Größenverhältnisse veranschaulicht jetzt der am Boden liegende Gigant. Der Tempel des olympischen Zeus, um 510 v. Chr. begonnen, 113 x 56 m, stand bis 1401 als gigantische Ruine und ist heute bis auf wenige Fragmente verschwunden. Von den fünf 7,65 m hohen steinernen Telamonen (Giganten), die zwischen den Säulen der Fassade als Gebälkträger dienten, wurde einer aus den Trümmern zusammengefügt und im archäologischen Museum aufgestellt. Eine Kopie liegt unter den riesigen Resten des niemals vollendeten Zeustempels.

Der *Concordiatempel – Tempio della Concordia* – aus dem 5. Jh. v. Chr. ist – bis auf das Dach – der einzig vollständig erhaltene Tempel von Agrigent. Im Jahr 597 wurde er in eine christlich-byzantinische Basilika umgewandelt, aber noch vor Goethes Zeit von allen christlichen Bauelementen befreit und in die ursprüngliche heidnische Tempelform wiederhergestellt.

Das dorische Heiligtum zwischen den Tempeln des Herkules und der Juno Lacinia mißt 19,68 x 42,12 m mit der Ringhalle von sechs zu dreizehn Säulen um das Innere; ein steinerner lebendiger Organismus im Rhythmus der Säulenstellungen und Triglyphen. Heute bewundern wir das leuchtende Ockergelb des antiken Bauwerkes aus porösem Muschelkalk. Zur Griechenzeit tönte der Tempel in mehrfarbiger Harmonie: die Säulen mit weißem Stuck verkleidet, Architrav und Giebel dunkelblau, schwarz, rot, gelb bemalt, das Dach bedeckt von farbigen Marmorziegeln. Die Antike war weniger erhaben als rational und ihre strenge Klarheit

Agrigent, Stadt und Tempelfeld mit dem berühmten „Giganten"

kommt in der einfarbigen Nacktheit der Tempel heute beseser zur Geltung als in der ursprünglichen Polychromie.

Die Stadtmauern „erstreckten sich gerade ostwärts auf einem Kalklager hin, welches, senkrecht über dem flachen Strande, den das Meer, früher und später, nachdem es diese Felsen gebildet und ihren Fuß bespült, verlassen hatte. Teils aus den Felsen gehauen, teils aus denselben erbaut, waren die Mauern hinter welchen die Reihe der Tempel hervorragte. Kein Wunder also, daß der untere, der aufsteigende und der höchste Teil von Girgenti zusammen von dem Meere her einen bedeutenden Anblick gewährte.

Der Tempel der Concordia hat so vielen Jahrunderten widerstanden; seine schlanke Baukunst nähert ihn schon unserm Maßstabe des Schönen und Gefälligen, er verhält sich zu denen von Paestum wie Göttergestalt zum Riesenbilde. Ich will mich nicht beklagen, daß der neuere löbliche Vorsatz, diese Monumente zu erhalten, geschmacklos ausgeführt worden, indem man die Lücken mit blendend weißem Gips ausbesserte; dadurch steht dieses Monument auch auf gewisse Weise zertrümmert vor dem Auge; wie leicht wäre es gewesen, dem Gips die Farbe des verwitterten Steins zu geben. Sieht man freilich den so leicht sich bröckelnden Muschelkalk der Säulen und Mauern, so wundert man sich, daß er so lange gehalten. Aber die Erbauer, hoffend auf eine ähnliche Nachkommenschaft, hatten deshalb Vorkehrung getroffen: man findet noch Überreste eines feinen Tünchs an den Säulen, der zugleich dem Auge schmeicheln und die Dauer verbürgen sollte." (IR 25. April 1787).

„Der Tempel des Herkules hingegen ließ noch Spuren vormaliger Symmetrie entdecken. Die zwei Säulenreihen, die den Tempel hüben und drüben begleiteten, lagen in gleicher Richtung wie auf einmal zusammen hingelegt, von Norden nach Süden; jene einen Hügel hinaufwärts, diese hinabwärts. Der Hügel mochte aus der zerfallenen Zelle entstanden sein. Die Säulen, wahrscheinlich durch das Gebälk zusammengehalten, stürzten auf einmal, vielleicht durch Sturmwut niedergestreckt und sie liegen noch regelmäßig, in die Stücke, aus denen sie zusammengesetzt waren, zerfallen. Dieses merkwürdige Vorkommen genau zu zeichnen spitzte Kniep schon in Gedanken seine Stifte.

Der Tempel des Äskulap, von dem schönsten Johannisbrotbaum beschattet und in ein kleines feldwirtschaftliches Haus beinahe eingemauert, bietet ein freundliches Bild.

Nun stiegen wir zum Grabmal Therons hinab und erfreuten uns der Gegenwart dieses so oft nachgebildet gesehenen Monuments, besonders da es uns zum Vordergrunde diente einer wundersamen Ansicht: denn man schaute von Westen nach Osten an dem Felslager hin, auf welchem die lückenhaften Stadtmauern, so wie durch sie und über ihnen die Reste der Tempel zu sehen waren." (IR 25. April 1787).

Goethe zeichnete die Trümmer des Herkulestempels und das Grabmal des Theron aus der Römerzeit; für den Phädrasarkophag, heute im Dommuseum, fand er begeisterte Worte (24. April 1787).

Hippolyt-Sarkophag, Kathedrale, 2. Jh., Agrigent

Der reliefgeschmückte Sarkophag mit der Sage von Hippolytos und der liebeskranken Phädra, Tochter des Minos, ist ein Werk der attischen Bildhauerschule der römischen Kaiserzeit und diente zeitweilig als Taufbecken. Goethe besuchte die Kathedrale am 24. April 1787: „Diese enthält einen wohlerhaltenen Sarkophag, zum Altar gerettet: Hippolyt mit seinen Jagdgesellen und Pferden wird von der Amme Phädras aufgehalten, die ihm ein Täfelchen zustellen will. Hier war die Hauptabsicht, schöne Jünglinge darzustellen, deswegen auch die Alte, ganz klein und zwergenhaft, als ein Nebenwerk, das nicht stören soll, dazwischen gebildet ist. Mich dünkt, von halberhobener Arbeit nichts Herrlicheres gesehen zu haben, zugleich vollkommen erhalten. Es soll mir einstweilen als ein Beispiel der anmutigsten Zeit griechischer Kunst gelten„ (IR 24. April 1787).

Theseus, König von Athen, heiratet Phädra, die Schwester der Ariadne, mit deren Hilfe er das Ungeheuer Minotaurus getötet hatte. Von der schönen Amazone Antiope hat Theseus einen Sohn, Hippolytos, der zum herrlichen Jüngling herangewachsen, der jungfräulichen Göttin Artemis sein Leben geweiht und gelobte, keusch wie seine Göttin zu leben. Das erregte den Zorn der Göttin der Liebe Aphrodite und zur Strafe entfachte sie in Phädra eine rasende Leidenschaft zu ihrem Stiefsohn, der jedoch alle ihre Anträge abwies. Phädra gibt sich selbst den Tod und aus Rache bezichtigt sie in einem Brief, daß Hippolytos sie durch seine Nachstellungen in den Tod getrieben habe. Im Zorn bittet Theseus seinen Vater Poseidon, daß er seinen verbrecherischen Sohn verderbe, der bei einem Rennen an der Küste von den Pferden seines Gespanns zu Tode geschleift wird. Vor dem verstümmelten Leichnam seines Sohnes erfährt Theseus die Wahrheit von der Göttin Artemis.

Enna

„Nun sahen wir den einzeln stehenden Bergrücken vor uns, worauf Castro Giovanni liegt, und welcher der Gegend einen ersten, sonderbaren Charakter erteilt. Als wir den langen, an der Seite sich hinanziehenden Weg ritten, fanden wir den Berg aus Muschelkalk bestehend; große, nur kalcinierte Schalen wurden aufgepackt. Man sieht Castro Giovanni nicht eher, als bis man ganz oben auf den Bergrücken gelangt; denn es liegt am Felsabhang gegen Norden.

Das alte Enna empfing uns sehr unfreundlich: ein Estrichzimmer mit Läden ohne Fenster, so daß wir entweder im Dunkeln sitzen oder den Sprühregen, dem wir soeben entgangen waren, wieder erdulden mußten. Einige Überreste unseres Reisevorrats wurden verzehrt, die Nacht kläglich zugebracht. Wir taten ein feierliches

Gelübde, nie wieder nach einem mythologischen Namen unser Wegeziel zu richten." (IR 29. April 1787).

Castro Giovanni ist der alte Name für Enna. Nach der Sage hat Pluto, Gott der Unterwelt, Demeter, Tochter der Prosperina, beim Ballspiel in Enna geraubt. Ovid beschreibt die 997 m hoch gelegene Stadt als Sitz des ewigen Frühlings. Goethe war wahrscheinlich der einzige Reisende im 18. Jh., der den Weg mitten durch das Innere der Insel nahm und deshalb auf Syrakus verzichtete. Wegen Räuberbanden reiste damals niemand ohne militärischen Schutz durch Sizilien. Goethe hatte nur den Maler Kniep und einen Reitknecht bei sich.

Taormina, Blick vom griechischen Theater

„Am Fuß des stufenartigen Halbzirkels erbaute man die ganze Szene quer vor, verband dadurch die beiden Felsen und vollendete das ungeheuerste Natur- und Kunstwerk. Setzt man sich nun dahin, wo ehemals die obersten Zuschauer saßen, so muß man gestehen, daß wohl nie ein Publikum im Theater solche Gegenstände vor sich gehabt... Nun sieht man dem ganzen langen Gebirgsrücken des Aetna hin, links das Meerufer bis nach Catania, ja Syrakus; dann schließt der ungeheure,

dampfende Feuerberg das weite breite Bild, aber nicht schrecklich, denn die mildernde Atmosphäre zeigt ihn entfernter und sanfter als er ist" (IR 7. Mai 1787). – Das alte Taromenium, 120 m steil über dem Meer gelegen, mit seinem berühmten griechischen Theater, unter römischer Herrschaft restauriert. Goethes Maler-Begleiter Kniep hat „den ganzen Tag oben gezeichnet". Knieps Vedute von Taormina ließ Goethe zu einem Bild für sein Heim in Weimar ausarbeiten.

Meerenge von Messina (Text siehe Seite 300)

Bild Seite 298/299:

Meerenge von Messina

„Im Schiff selbst sah es nun anders aus als auf der neapolitanischen Korvette, doch beschäftigte uns, bei allmählicher Entfernung vom Ufer, die herrliche Ansicht des Palastzirkels, der Zitadelle, der hinter der Stadt aufsteigenden Berge. Kalabrien an der anderen Seite. Nun der freie Blick in die Meerenge nord- und südwärts, bei einer ausgedehnten, an beiden Seiten schön beuferten Breite" (IR 13. Mai 1787).

Als Goethe Messina besuchte, waren erst vier Jahre nach dem letzten Erdbeben vom März 1783, das fast die ganze Stadt zerstört hatte, vergangen. Goethe spricht auch von dem Strudel an der Hafensichel von Messina, früher Charybdis und Scilla, dem antiken Scylläum auf der kalabrischen Felsenhöhe, genannt, an denen angeblich Odysseus vorbeigesegelt.

Werkstatt Italien:

„Umformung" – Beginn – Vollendung

In den ersten zehn Jahren in Weimar, 1776 – 1786, bleiben die großen Entwürfe liegen: Faust, Iphigenie, Tasso, Egmont, Wilhelm Meister. Goethe ist Staatsmann; Ämter, Ehren, Gesellschaft nehmen seine Zeit und seine Interessen in Anspruch. Über allem der beherrschende Einfluß der Frau von Stein auf den Dreißigjährigen, der nach dem Umgang mit der reifen Frau verlangt und glaubt, ohne sie nicht mehr sein zu können. Goethe entfremdet sich seiner Natur; Faust ist in Vergessenheit geraten, die – streng genommen – wesensfremde Welt Herders und der Frau von Stein soll Inhalt seines zukünftigen Schaffens werden, die Ideen seiner Jugend scheinen aufgegeben. Da entschwindet er plötzlich nach Italien. Goethe wußte, warum er dieses Vorhaben bis zuletzt geheimhielt. Die Freunde und Charlotte von Stein hätten Argumente gefunden, ihn zum Bleiben zu überreden.

Im Besitze der Unabhängigkeit wird mit einem Schlage alles anders. Die Träume der Jugend wehen ihn an, wie erlöst von einem fremden Bann gewinnen seine großen Gestalten wieder Leben; Geist und Phantasie fühlen sich befreit und sogleich heimisch. Faust ersteht von neuem, verjüngt in südlichem Lebensdrang. Bewußtsein und Wirklichkeit beginnen langsam wieder übereinzustimmen; das lähmende Gefühl der Entwurzelung und Vereinsamung, das ihn zu dieser rettenden Flucht in das Abenteuer der Selbstverwirklichung und -besinnung trieb, weicht wachsender Gelassenheit. Mensch und Umwelt sieht er wieder mit deren eigenen Augen; Erde, Natur und das Seiende sind ihm heilig aus einer „hingebenden Liebe an alles Gewordene und Bestehende, welche das Recht und die Bedeutung jeglichen Dinges ehrt und den Zusammenhang und die Tiefe der Welt empfindet" (Gottfried Keller, Der Grüne Heinrich).

„Umformung": Iphigenie, Egmont, Tasso

Die antike Sage der Iphigenie ist seit dem Altertum häufig gestaltet worden: Das Griechenheer kann vor der Abfahrt nach Troja wegen einer von der erzürnten Göttin Artemis verursachten Windstille nicht auslaufen. Nur wenn der Oberbefehlshaber Agamemmnon – so der offizielle Seher Kalchas – seine Tochter Iphigenie in Aulis der Artemis opfere, gäbe es günstige Winde. Vor der Opferung entführt die Göttin – in einer Art himmlischer Geiselnahme – Iphigenie und setzt sie in Tauris bei den Skythen als ihre Priesterin ein. Orest, Iphigenies Bruder, erschlägt aus Blutrache, die absolute Pflicht war, seine Mutter Klytaimnestra und deren Liebhaber Ägisthos, weil sie seinen Vater Agamemmnon nach der Rückkehr aus

Troja hinterrücks gemeuchelt hatten. Ruhelos irrt der ob seiner Tat in Wahnsinn gefallene Muttermörder umher; Apoll verheißt ihm Rettung, wenn er das geraubte Bildnis der Artemis von den Taurern nach Attika zurückhole. Bei der Landung wird Orest von den Skythen gefangen und nach Landesbrauch der Priesterin Iphigenie zur Opferung übergeben. Die Geschwister erkennen einander und fliehen mit dem Götterbild in die Heimat.

Euripides' Drama zeigt Iphigenie als mitleidlose Priesterin, die jeden Fremden opfert. Als sie Orest erkennt und mit ihm und dem geraubten Götterbild Tauris verlassen will, treiben widrige Winde sie an Land zurück. Der Skythenkönig Thoas, dessen Werbung Iphigenie abgewiesen hatte, will sie und Orest töten lassen; da erscheint als deus ex machina Athene und befiehlt dem König, die Flüchtlinge ziehen zu lassen. Orest wird von der Göttin entsühnt.

Goethes erste Prosafassung der Sage war 1779 abgeschlossen; während seiner Amtsgeschäfte hatte Minister Goethe zur Inspiration im Nebenraum ein Quartett spielen lassen. Kaum in Italien, beginnt er den Entwurf von 1780 in freien Rhytmen in fünffüßige Jamben umzudichten. Das Stück gewann dadurch an Wohllaut und künstlerischer Schönheit – gemäß Winckelmanns romantischem Kanon der Antike: „edle Einfalt und stille Größe", den Goethe später aufgab. In Goethes Bearbeitung hat das Drama im Vergleich zum alten Sagenstoff wenig äußere Handlung. Iphigenie gibt sich dem König Thoas als Angehörige der Tantaliden zu erkennen, auf denen der Fluch der Götter lastet, aber sie ist die einzige des Geschlechts, die als Unschuldige noch nicht gezeichnet ist von diesem Fluch. Sie hofft auf Rückkehr in die Heimat mit Hilfe der Göttin, die ihr schon einmal beigestanden. Im Monolog der ersten Szene beklagt sie, schon viele Jahre fern den Ihren, deren Geschick sie noch nicht kennt, ihr Los in der Fremde:

„Doch immer bin ich, wie im ersten, fremd.
Denn ach mich trennt das Meer von den Geliebten
Und an dem Ufer steh ich lange Tage,
Das Land der Griechen mit der Seele suchend."

Unter ihrem segenbringenden Einfluß hat das Barbarenvolk die Menschenopfer im Tempel der Artemis aufgegeben. Der König wirbt um sie und verspricht:

„Es fordert dies kein ungerechter Mann.
Die Göttin übergab dich meinen Händen,
Wie du ihr heilig warst, so warst du's mir,
Auch sei ihr Wink noch künftig mein Gesetz;
Wenn du nach Hause Rückkehr hoffen kannst,
So sprech ich dich von aller Fordrung los."

Als Iphigenie sich erneut weigert, seine Frau zu werden, befiehlt Thoas die Wiedereinführung der Menschenopfer, diesmal die Opferung des bei der Landung gefangenen Orest und seines Gefährten Pylades. Nach dem Wiedererkennen beschließen die Geschwister die Flucht, nachdem sich Orest am Ende des dritten

Aktes – wie erwacht aus einem wüsten Traum – durch Einsicht und Reuebekundung mit Hilfe der Gottheit von der Schuld erlöst glaubt. Eine oft kritisierte dramatische Schwäche der Dichtung – Orests Heilung ist nicht mehr an die von Apoll geforderte Rückführung des Kultbildes oder der Schwester gebunden: Sühne und Heilung im Innern des Menschen, der sich von Zwangsvorstellungen und Aberglauben eines zürnenden oder gar rächenden Gottes freimacht. Iphigenie überwindet die Angst vor der schrankenlosen Willkür der Götter: „Lied der Parzen":

Es fürchte die Götter
Das Menschengeschlecht!
Sie halten die Herrschaft
In ewigen Händen
Und können sie brauchen
Wie's ihnen gefällt.

Die Götter, wenn auch bisweilen schwatzhaft, rauflustig und wollüstig, unterhalten besondere Beziehungen zu den Menschen; sie sind nicht nur neidische und verderbliche Mächte, wie sie die Parze schildert, sie helfen, warnen, segnen. Auch die Menschen haben Anteil an der Freiheit, deren sie sich zu ihrem Nutzen wie zu ihrem Schaden bedienen, manchmal sogar gegen den Willen der Götter. So war Ägisthos, der den Thron von Argos durch Ehebruch und Mord ergatterte, von den Göttern vor dem Verbrechen gewarnt worden und hatte also Schuld und Züchtigung, die er hätte vermeiden können, auf sich herabbeschworen. Denn, so Zeus aus diesem Anlaß, „es beschwören die Menschen durch ihre Torheit Übel herauf, die nicht zu ihrem Schicksal gehörten". Der Mensch wirkt mit an seinem eigenen Schicksal, ist nicht nur dessen Spielball.

Goethes Iphigenie ist nicht geschickt zu Verstellung und Lüge, sie offenbart dem König den Fluchtplan und mahnt ihn an das einst gegebene Versprechen, sie „nach Hause rückkehren" zu lassen. Überwunden von ihrer Wahrhaftigkeit und dem Appell an seine Menschlichkeit (und in Erfüllung seines Versprechens) läßt Thoas die drei Griechen ziehen. Wenn Menschen sich so verhalten, helfen die Götter, und das Orakel führt zu einem versöhnlichen Ende. Auch wenn das Drama mehr mythisch als wirklichkeitsnah erscheint, wirkt seine Vision von dem, was sein könnte, sollte, müßte, bis in unsere Gegenwart.

Das „Schmerzenskind" Iphigenie wird unter dem Einfluß des mittägigen Klimas in Italien um und umgearbeitet. Kaum hat er den Brenner überschritten, holt Goethe sie hervor, und mit dem Vorrücken auf Rom rückt auch die Dichtung ihrer Vollendung entgegen.

Am Gardasee, als der Mittagswind die Wellen an das Ufer treibt und der Dichter so allein ist wie die Iphigenie am Gestade von Tauris, zieht er die ersten Linien der Bearbeitung, die er in Verona, Vicenza, Padua, am fleißigsten in Venedig und Bologna verdichtet. In Bologna sieht er eine herrliche Agathe von Raffael (sie ist heute unauffindbar); nichts soll seine Iphigenie sagen, was nicht auch diese Agathe gesagt haben könnte. Mitte Oktober 1786 gerät die Arbeit vorübergehend ins

Stocken, weil eine neue Erfindung, „Iphigenie auf Delphi" auftaucht. Aus Rücksicht auf den alten Enwurf unterläßt er es, diese Idee sofort auszuführen. In Rom geht die Arbeit weiter. Vor dem Schlafengehen legt er sich das Pensum des nächsten Tages zurecht, das sogleich beim Erwachen in Angriff genommen wird. Ruhig schreibt er das Stück auf diese Weise Strophe für Strophe ab und weiß nach der Fertigstellung, daß er dabei mehr gelernt als getan hat. Endlich kann er es Angelika und den Freunden vorlesen.

„Hier folgt denn also das Schmerzenskind, denn dieses Beiwort verdient Iphigenia, aus mehr als Einem Sinne. Bei Gelegenheit, daß ich sie unsern Künstlern vorlas, strich ich verschiedene Zeilen an, von denen ich einige nach meiner Überzeugung verbesserte, die andern aber stehen lasse, ob vielleicht Herder ein paar Federzüge hineintun will. Ich habe mich daran ganz stumpf gearbeitet... Und so hat mich denn diese Arbeit, über die ich bald hinauszukommen dachte, ein volles Vierteljahr unterhalten und aufgehalten, mich beschäftigt und gequält. Es ist nicht das erstemal, daß ich das Wichtigste nebenher tue, und wir wollen darüber nicht weiter grillisieren und rechten." (IR 10. Jan. 1787)

Die neue Fassung, 1787 von Rom aus nach Weimar geschickt, wird von den Freunden, auch von Herder, abgelehnt; sie hatten ein Sturm-und-Drang-Stück wie den Götz erwartet. Goethe mußte nach seiner Rückkehr erkennen, daß er nicht mehr „aktuell" war. Er steckte die Grenzen ab gegen eine Umwelt, die sich in geistigem und politischem Philistertum von ihm entfernt hatte, betrachtete sie aus der zunehmenden Distanz des schaffenden Sehers: „Ein Jahrhundert kann man nicht verändern, aber man kann sich dagegen stellen und glückliche Wirkungen vorbereiten." (an Schiller, 21. Juli 1798)

Goethe widersteht jedem religiösen, ideologischen, politischen Konfessionalismus als Ausdruck der Unfreiheit, duldet nirgends das Extreme, weder das Radikale noch das Verstiegene.

Im antiken Gewand der Iphigenie das ungeheuerliche Geschehen zeitgenössischer Realitäten: Krieg, Geiselnahme, Exil, Heimweh, Flucht, Menschenopfer, Aberglauben, Ideologie. Die Atriden, mit dem Fluch Belasteten, in deren Innern es brodelt zu stets neuem Unheil, die Psychogramme komplizierter Zweier- und Dreier-Beziehungen aus der Welt der Politik, der Religion, der Privatsphäre bis zur heute popularen Generalanwendung psychoanalytischer Theorien. Sigmund Freud, der wie so mancher seiner Zunftgenossen und Nachahmer die Unerfülltheit des eigenen Daseins zu kompensieren suchte mit Hin- oder Abwendung zu Goethe, dem Bewältiger des Zwiespaltes zwischen Innen-und Außenwelt, deutet treffend die Begegnung von Iphigenie und Orest im dritten Akt als „ein ergreifendes Beispiel einer Entsühnung, einer Befreiung der leidenden Seele vom Druck der Schuld, und Goethe läßt diese Katharsis sich vollziehen durch einen leidenschaftlichen Gefühlsausbruch unter dem wohltätigen Einfluß einer liebevollen Teilnahme".

Ein Drama der menschlichen Autonomie, die verweigert, an einen Gott zu glauben, der Menschenopfer fordert. „Verteufelt human" nannte Goethe seine

Iphigenie, die gegen ihr Schicksal rebelliert und der Göttin – da gezwungen – nur widerwillig dient, sich gegen den König wendet, weil er die Unabhängigkeit und Entscheidungsfreiheit der Frau – die es weder in der Antike noch zu Goethes Zeit in unserem Sinne gab – verletzte, ihr die Ehe aufdrängen wollte. Um dieser ihrer inneren Freiheit willen gesteht sie den beabsichtigten Raub des Artemisbildes; das Bekenntnis der Wahrheit ist der ihr einzig gemäße Weg der Auseinandersetzung mit Thoas.

Goethes Iphigenie, Egmont, Tasso sind uns in Anlage, Sprache, Sinn nahe, „im Kommen": Der Verzicht auf Rache, Strafe, Machtgebrauch ist Goethes Wille und Vorstellung von einer humanen Gesellschaft und politischem Denken, das Erkenntnis, Gesetz, Ausgleich sucht in Natur und Welt, ohne sie beherrschen zu wollen, weil auch wohlgemeinte Handlungen den Keim der Gewaltsamkeit in sich tragen, wenn sie das Lebensrecht anderer schmälern.

Dichtung als autochthone Macht und Kunst, die der menschlichen und göttlichen Wirklichkeit näher steht als das politische Tun und nicht nur metaphysische, auch soziale Bedeutung für Gesellschaft und Staat erlangt. Konkreter: Wichtiger als zeitweise zu regieren war für Weimar und die Menschen damals – wie für uns heute – Iphigenie, Egmont, Tasso, Faust zu schaffen: Goethe als Leuchtturm in dem Wehrlos-dem-Leben-ausgeliefert-Sein des modernen Menschen mit seiner in Atome zerrissenen Seele. Der Goethesche Blick, dem sich das Wesen der Dinge öffnet, freigeworden von Widerwillen und Haß, auch oder weil ihm alle Schrekken bekannt waren, der aber die Fähigkeit besaß, „ein tolles, von Zweifelsucht, Uneinigkeit und Verzweiflung erfülltes Universum in ein weises Universum des Glaubens, des Wohlklanges und der Ehrfurcht zu verwandeln". (Thomas Carlyle)

(vgl. Wolfdietrich Rasch, Goethes Iphigenie auf Tauris als Drama der Autonomie, München 1979.– Wolfgang Wittkowski, Goethes Iphigenie in: Goethe-Jahrbuch Weimar 1984, S. 250 ff. – Fritz Hackert, Iphigenie auf Tauris, Stuttgart 1980.– Karl Pestalozzi, Goethes Iphigenie, als Antwort an Lavater betrachtet, Goethe-Jahrhundert 1981, S. 113 ff.– Dieter Borchmeyer, Die Weimarer Klassik, Königstein 1980, Bd. 1.– Peter Pfaff, Die Stimme des Gewissens in: Euphorion 1978)

Egmont

Im Sommer 1775 entstand in Frankfurt die erste Niederschrift des Egmont. In Weimar besserte Goethe an dem Entwurf, in Rom stellt er das Drama fertig: Die blühenden Provinzen der Niederlande gehören im 16. Jahrhundert zu Spanien, werden von König Philipp II. Halbschwester Margarethe von Parma regiert. Wegen Unterdrückung der Protestanten durch die Inquisition, Vermehrung der spanischen Besatzung, der katholischen Bistümer und der Steuern bricht 1566 ein Aufstand aus; Philipp entsendet Herzog Alba nach Brüssel, der ein Schreckensregiment aufrichtet. Die Anführer der niederländischen Adelspartei, der Geusen, Graf Egmont und Graf Hoorn werden 1568 verhaftet und hingerichtet; der Prinz von Oranien hatte sich rechtzeitig nach Deutschland in Sicherheit gebracht.

Der tapfere, leichtlebige Egmont, verheiratet, blieb seiner Familie und seiner Besitzungen wegen in Brüssel. Goethes Egmont ist jünger, unverheiratet, sein Verhältnis zu Klärchen und zu Albas Sohn Ferdinand erfunden: „An einem reiferen Familienvater wäre das leichtsinnige Handeln sehr absurd erschienen. Ich mußte also einen anderen Egmont haben, wie er besser mit seinen Handlungen und meinen dichterischen Absichten in Einklang stände, und dies ist, wie Klärchen sagt, mein Egmont."

Die historischen Tatsachen mit dem Motiv der Freiheit bilden das Fundament für das psychologische Charakterdrama: Egmont wird durch dämonische Verblendung ins Verderben gezogen. Er geht nicht als Freiheitskämpfer gegen die Tyrannei zugrunde, sondern durch schicksalhafte Sorglosigkeit, die ihn jäh aus seinem Scheinglück stürzt. Trotz eindringlicher Warnungen bleibt er in Brüssel, hängt auch noch im Gefängnis Illusionen nach, hofft auf Befreiung durch das Volk und seinen Freund Ferdinand. Vergeblich ruft das Naturkind Klärchen die Bürger zur Rettung des Geliebten auf, verzweifelt nimmt sie Gift.

Dämonisch nennt Goethe die Mächte, die den Menschen zu großen Taten oder ins Verderben führen; vom bedrohlichen Einfluß dieser dämonischen Schicksalsmächte befreit sich Goethe durch ihre Darstellung in Gestalten wie Egmont, Oranien, Klärchen. Ein Traumgesicht im Kerker stärkt Egmont: Die Göttin der Freiheit mit den Zügen Klärchens schenkt Ausblick auf den erfolgreichen Freiheitskampf und verleiht ihm den Siegeskranz. Mannhaft besteigt Egmont das Schafott.

An der Auseinandersetzung Oraniens und Egmonts zeigt der Wirklichkeitskenner Goethe den unpolitischen Deutschen die Folgen von Illusionen und Wunschdenken, zu denen sie sich immer wieder haben leiten und verleiten lassen. Erst spätere Generationen, das erkannte Goethe in und nach seinem Selbstfindungsprozeß in Rom, werden ihn verstehen, nach schmerzhaften Erfahrungen und Niederbrüchen.

Der geborene Politiker Oranien verwirft jedes hochtrabende Scheinheldentum, versucht vergeblich, Egmont vor einem sinnlosen Märtyrertod zu bewahren, entzieht sich dem Zugriff der Schergen Albas durch Flucht, um seine politischen Ziele weiterhin verfolgen zu können: „Wer sich selber kennt, kann vorwärts und rückwärts gehen", wird zum Befreier des unterdrückten Volkes.

„Egmont" bildet den Übergang von „Goetz" zur „Iphigenie", zum Charakterdrama. Aus dem Gegensatz der Charaktere von Egmont, Oranien, Alba gewinnen die scharf gezeichneten Gestalten Leben, wird unter den Spiegelungen der Oberfläche ihr Wesen sichtbar.

Wie der sehr deutsche Götz scheitert der sehr deutsche Egmont an äußeren Mächten, scheitern seine Illusionen und Wunschbilder an den Realitäten: Er kann nicht mißtrauen und nüchtern abwägen; für so offen und vertrauensvoll, wie er selber ist, hält er auch die anderen. Schiller bespricht damals, 1788, den „Egmont" (im Fünften Band der Goethischen Schriften bei Göschen erschienen): „Die Einheit dieses Stückes liegt also weder in den Situationen noch in irgendeiner Leidenschaft, sondern sie liegt im Menschen."

Im Sommer 1787 notiert Goethe in Rom über den Fortgang der Arbeit am Egmont: „Egmont ist in der Arbeit, und ich hoffe er wird geraten. Wenigstens habe ich immer unter dem Machen Symptome gehabt, die mich nicht betrogen haben. Es ist recht sonderbar, daß ich so oft bin abgehalten worden das Stück zu endigen, und daß es nun in Rom fertig werden soll. Der erste Akt ist ins Reine und zur Reife, es sind ganze Szenen im Stück, an die ich nicht zu rühren brauche.

Ich habe über allerlei Kunst so viel Gelegenheit zu denken, daß mein Willhelm Meister recht anschwillt. Nun sollen aber die alten Sachen voraus weg." (IR. 5. Juli 1787)

16. Juli 1787: „Egmont ist schon bis in den vierten Akt gediehen, ich hoffe er soll Euch Freude machen. In drei Wochen denke ich fertig zu sein, und ich schicke ihn gleich an Herdern ab."

Montag den 30. (Juli 1787) „blieb ich den ganzen Tag zu Hause und war fleißig. Egmont rückt zum Ende, der vierte Akt ist so gut wie fertig."

1. August 1787: „Der vierte Akt von Egmont ist fertig, im nächsten Brief hoffe ich Dir den Schluß des Stückes anzukündigen."

11. August 1787: „Egmont ist fertig und wird zu Ende dieses Monats abgehen können. Alsdann erwarte ich mit Schmerzen Euer Urteil."

1. September 1787: „Heute, kann ich sagen, ist Egmont fertig geworden; ich habe diese Zeit her immer noch hier und da daran gearbeitet. Ich schicke ihn über Zürich, denn ich wünsche daß Kayser Zwischenakte dazu und was sonst von Musik nötig ist, komponieren möge. Dann wünsch ich Euch Freude daran."

5. September 1787: „Ich muß an einem Morgen schreiben, der ein festlicher Morgen für mich wird. Denn heute ist Egmont eigentlich recht völlig fertig geworden. Der Titel und die Personen sind geschrieben, und einige Lücken, die ich gelassen hatte, ausgefüllt worden; nun freu ich mich schon zum voraus auf die Stunde, in welcher Ihr ihn erhalten und lesen werdet. Es sollen auch einige Zeichnungen beigelegt werden."

Am 3. November 1787 in Rom zieht Goethe Bilanz: „Es war eine unsäglich schwere Aufgabe, die ich ohne eine angemessene Freiheit des Lebens und des Gemüts nie zu Stande gebracht hätte. Man denke, was das sagen will: ein Werk vornehmen, was zwölf Jahre früher geschrieben ist, es vollenden ohne es umzuschreiben. Die besonderen Umstände der Zeit haben mir die Arbeit erschwert und erleichtert. Nun liegen noch so zwei Steine vor mir: Faust und Tasso. Da die barmherzigen Götter mir die Strafe des Sisyphus auf die Zukunft erlassen zu haben scheinen, hoffe ich auch, diese Klumpen den Berg hinauf zu bringen. Bin ich einmal damit oben, dann soll es aufs neue angehn..."

Auch an eine passende Musik hat Goethe gedacht und erwartet deshalb den Musiker und Komponisten Philipp Christoph Kayser in Rom: Klärchens Lieder und die Schlußapotheose waren für eine Vertonung geschrieben. Beethoven schuf viel später die Musik zu Egmont – Ouvertüre, Siegessinfonie, zwei Lieder Klärchens und einige kurze Stücke.

1827 in „Kunst und Altertum", VI. Band, heißt es abschließend: „Egmont scheint mir der Gipfel der theatralischen Laufbahn unseres Dichters; es ist nicht mehr das historische Drama wie Götz, es ist die wahrhaftig neuere Tragödie, ein Gemälde der Lebenszenen, das mit der Wahrheit des ersteren das Einfach Grandiose der zweiten verbindet. In diesem Werke, geschrieben in der Kraft der Jahre und der Fülle des Talents, hat er vielleicht mehr als irgendwo das Ideal des menschlichen Lebens dargestellt, wie ihm solches aufzufassen gefallen hat. Egmont, glücklich, heiter, verliebt ohne entschiedene Leidenschaft, der Süßigkeit des Daseins edel genießend, mit Lebenslust dem Tode entgegengehend: dies ist Egmont der Held des Dichters."

Mit dem „Egmont" ändert sich Goethes Einschätzung von Shakespeare, den er als junger Dichter hoch verehrte. Je besser er sich selbst auf der IR kennenlernte, umso klarer wird ihm die Verschiedenheit von seiner und Shakespeares Welt, deren Einfluß nach Italien kaum noch zu spüren ist. Im Rückblick auf seine eigene Entwicklung bekräftigt Goethe Jahrzehnte später seine Abwendung von Shakespeare: „Ich tat wohl, daß ich durch meinen Götz von Berlichingen und Egmont ihn mir vom Halse schaffte". (Zu Eckermann, 25.12.1825).

Wilhelm Meister: „Gedenke zu leben"

Wilhelm Meister erfuhr in Italien eine ungeheure Ausweitung, inhaltlich die Umwandlung aus einem Theater- in einen Lebens-Bildungsroman, in eine gültige Darstellung der Formung des Menschen durch das Schicksal, durch die Gemeinschaft mit Gleichgesinnten und durch sich selbst. Eine Komposition, die in der Weltliteratur nicht ihresgleichen hat; das Problem der menschlichen Freiheit gegenüber der naturgesetzlichen Notwendigkeit und der moralischen Ordnung der Gesellschaft wird realistisch aufgezeigt: Wie kann das Individuum in der Welt und im Widerspruch und Wirbel der eigenen Leidenschaften seine Persönlichkeit entfalten, sein Menschsein erfüllen. Um diese Existenzfrage mit immer neuer Antwort kreist das gesamte Werk – Lyrik, Drama, Briefe, Gespräche, Forschung – Goethes, vom Werther bis zum Faust-Mephisto.

In Neapel erinnert ihn ein Freund, den Goethe nicht näher bezeichnet, an den „Wilhelm Meister" und verlangt dessen Fortsetzung. Der Dichter zweifelt: „... unter diesem Himmel möchte sie wohl nicht möglich sein, vielleicht läßt sich von dieser Himmelsluft den letzten Büchern etwas mitteilen." (IR 22. März 1787) Im Oktober 1787 kommt er in Rom noch einmal auf den „Wilhelm Meister" zurück: „Ich hab Gelegenheit gehabt, über mich selbst und andere, über Welt und Geschichte viel nachzudenken, wovon ich manches Gute, wenngleich nicht Neues, auf meine Art mitteilen werden. Zuletzt wird alles im Wilhelm gefaßt und geschlossen."

Wilhelm Meister, 1777–1829, sein „geliebtes Ebenbild", ist die Darstellung selbsterlebter Wirklichkeit. Theater und Künstlertum erschienen Goethe als Ziel seines Lebens, wie im „Urmeister" ausgeführt, der erst 1910 gefundenen Fassung: „Wilhelm Meisters theatralische Sendung."

Wenn auch die italienischen Papiere zum Wilhelm Meister nur einige Skizzen enthalten, ist doch vieles, beispielsweise Mignons erste Beschreibung (das Lied entstand vor der italienischen Zeit) später nach italienischen Eindrücken umgeändert worden. Rom hatte zu einem neuen Lebensgefühl verholfen, das Wilhelm Meister brauchte, um zu erkennen, daß Theater und Kunst nicht alleinige Bildungsgrundlagen sind – das Leben will in seiner ganzen Breite erfahren sein.

Das Deutsche und Mediterrane in zwanglos-überzeugender Synthese, das Nordisch-Dämonische und das Urban-Klarsichtige in einer leuchtenden Verbindung zum Europäischen vervollkommnet. Den Römern erschien er wie ein neuer, bisher unbekannter Sproß, als er durch die Arkadier in ihre Mitte aufgenommen war: „comparve come un nuovo astro di cielo straniero tra le nostre selve." In seinem Wesen ruhten die germanische und die romanische Welt in der größeren Einheit des europäischen Geistes, der über Neid und Völkerhaß steht. Im Süden lernt Goethe die Vergangenheit und sich selber „geschichtlich" zu begreifen. Das beginnt mit der distanzierten Selbstschilderung in den umgearbeiteten Lehrjahren Wilhelm Meisters:

„Das Gewebe dieser Welt", so sagt der Unbekannte zu Wilhelm Meister, als er ihm das erste Mal begegnet, „ist aus Notwendigkeit und Zufall gebildet; die Vernunft des Menschen stellt sich zwischen beide, und sie weiß sie zu beherrschen; sie behandelt das Notwendige als den Grund ihres Daseins; das Zufällige weiß sie zu lenken, zu leiten und zu nutzen, und nur indem sie fest und unerschütterlich steht, verdient der Mensch ein Gott der Erde genannt zu werden... Ich kann mich nur über den Menschen freuen, der weiß, was ihm und andern nütze ist und seine Willkür zu beschränken arbeitet. Jeder hat sein eigen Glück unter den Händen, wie der Künstler eine rohe Materie, die er zu einer Gestalt umbilden will. Aber es ist mit dieser Kunst wie mit allen: nur die Fähigkeit dazu wird uns angeboren, sie will gelernt und sorgfältig ausgeübt sein."

Ahnlich die Worte des Oheims im 6. Buch der „Lehrjahre": „Des Menschen größtes Verdienst bleibt wohl, wenn er die Umstände so viel als möglich bestimmt und sich so wenig als möglich von ihnen bestimmen läßt. Das ganze Weltwesen liegt vor uns, wie ein großer Steinbruch vor dem Baumeister, der nur dann den Namen verdient, wenn er aus diesen zufälligen Naturmassen ein in seinem Geiste entsprungenes Urbild mit der größten Ökonomie, Zweckmäßigkeit und Festigkeit zusammenstellt. Alles außer uns ist nur Element, ja ich darf wohl sagen, auch alles an uns; aber tief in uns liegt diese schöpferische Kraft, die das zu erschaffen vermag, was sein soll, und die uns, auf eine oder die andere Weise, dargestellt hat."

Erst nach der Rückkehr aus Italien wird das Werk 1794–96 fortgeführt; nicht mehr Theaterleiter zu werden ist Wilhelms Ziel, sondern freies kräftiges Tun in der Welt. Dadurch wurde Goethe zum Vorbild für Albert Schweitzer, der Sorge um andere nicht auf sich beruhen, sondern durch Hilfeleistung fruchtbar werden ließ und schließlich nach Lambarene ging. (Goethe. Vier Reden von Albert Schweitzer, München 1950)

Von den zahlreichen Gestalten des Romans sind Mignon und der Harfner durch ihre Lieder allgemein bekannt geworden.

„Kennst Du das Land, wo die Zitronen blühn,
Im dunklen Laub die Gold-Orangen glühn,
Ein sanfter Wind vom blauen Himmel weht,
Die Myrte still und hoch der Lorbeer steht?
Kennst du es wohl?
Dahin! Dahin
Möcht ich mit dir, o mein Geliebter, ziehn.

Kennst du das Haus? Auf Säulen ruht sein Dach,
Es glänzt der Saal, es schimmert das Gemach,
Und Marmorbilder stehn und sehn mich an:
Was hat man dir, du armes Kind, getan?
Kennst du es wohl?
Dahin! Dahin
Möcht ich mit dir, o mein Beschützer, ziehn.

Kennst du den Berg und seinen Wolkensteg?
Das Maultier sucht im Nebel seinen Weg;
In Höhlen wohnt der Drachen alte Brut;
Es stürzt der Fels und über ihn die Flut.
Kennst du ihn wohl?
Dahin! Dahin
Geht unser Weg! O Vater, laß uns ziehn."

Schubert, mit 80 Liederkompositionen der produktivste unter den musikalischen Goetheinterpreten, verfaßte mit 19 Jahren „Wer nie sein Brot mit Tränen aß" und wenig später „An Mignon". Schumann komponierte Lieder und Gesänge aus Goethes Wilhelm Meister, „Requiem für Mignon" (Opus 98 a und b). Vergeistigter als die seiner Vorläufer sind Hugo Wolfs zehn Lieder aus Wilhelm Meister um Mignon und den Harfner: das Mädchen einsam und rührend, der Alte düster, geheimnisvoll, neurotisch. Diese wort- und sinngetreuen Vertonungen haben Goethes Gedichte wieder in das Bewußtsein der Öffentlichkeit gerufen.

„Ich war lang willens Verona oder Vincenz dem (!) Mignon zum Vaterland zu geben" (IR 23.9.1786), in „Wilhelm Meisters Lehrjahre" wird die Gegend von Mailand (VIII,3), im 9. Kapitel jedoch die Gegend um Arona am Lago Maggiore beschrieben. „Mignon hatte wohl recht, sich dahin zu sehnen," schreibt Goethe 1787 in Neapel.

Faust in Rom

Dem Studenten Goethe in Straßburg kam die alte Sage aus Volksbuch und Puppenspiel in den Sinn. Nach dem Bruch mit Friederike malte sich Goethe das Sesenheimer Erlebnis bis zu einem tragischen Ende aus mit dem damals beliebten Thema der Kindesmörderin. 1773 schrieb Goethe seinen „Urfaust" nieder, der im Jahr 1887 gefunden wurde, der wichtigste Fund der Goethe-Philologie: das erste Selbstgespräch Fausts, die Erscheinung des Erdgeistes, das Gespräch mit Wagner, die Gretchentragödie.

An den Herzog schrieb Goethe aus Rom: „An Faust gehe ich ganz zuletzt, wenn ich alles andre hinter mir habe. Um das Stück zu vollenden, werd ich mich sonderbar zusammennehmen müssen. Ich muß einen magischen Kreis um mich ziehen, wozu mir das günstige Glück eine eigene Stätte bereiten möge." ...(Tagebuch der IR 8.12.1787).

Im Februar 1788 nahm sich Goethe in Rom erstmals seit der Niederschrift den „Urfaust" wieder vor. Die „eigene Stätte" war vielleicht sein Lieblingsplatz in der Villa Borghese, wo Teile der Parkszene, die Entwürfe zur „Hexenküche" und das Selbstgespräch in Jamben „Wald und Höhle" entstanden: Der Eingangsmonolog ist Sturmlied und Rastgesang zugleich:

Und wenn der Sturm im Walde braust und knarrt,
Die Riesenfichte, stürzend, Nachbaräste
Und Nachbarstämme quetschend niederstreift
Und ihrem Fall dumpf-hohl der Hügel donnert,
Dann führst du mich zur sichern Höhle, zeigst
Mich dann mir selbst, und meiner eignen Brust
Geheime, tiefe Wunder öffnen sich.
Und steigt vor meinem Blick der reine Mond
Besänftigend herüber, schweben mir
Von Felsenwänden, aus dem feuchten Busch
Der Vorwelt silberne Gestalten auf
Und lindern der Betrachtung strenge Lust.

Die Gestalten des Mephisto, „der Spottgeburt aus Dreck und Feuer," und der Helena als Verkörperung antiker Schönheit und Lebensweise sowie ein sog. Schema, ein Plan zum zweiten Teil Faust, sind Früchte des Südens.

Klassizismus, erkannte Goethe in Rom – ist nicht fruchtbare Begegnung mit der Antike, sondern eher eine künstliche Verhaltensweise, wie sie in Deutschland vorherrschte. Goethe wußte sich fähig, den nordischen Mythos mit der antiken Klarheit und Schönheit zu verbinden und dadurch ein Neues zu schaffen: Mit einer solchen deutschen Altertumskunde wollte Goethe seine nationale Geschichtsauffassung begründen.

Kurz vor seinem Abschied von Rom notiert Goethe: „Es war eine reichhaltige Woche, die mir in der Erinnerung wie ein Monat vorkommt. Zuerst war der Plan zu Faust gemacht, und ich hoffe, diese Operation soll mir geglückt sein. Natürlich ist es ein ander Ding, das Stück jetzt oder vor fünfzehn Jahren ausschreiben, ich denke, es soll nichts dabei verlieren, besonders da ich jetzt glaube, den Faden gefunden zu haben. Auch was den Ton des Ganzen betrifft, bin ich getröstet; ich habe schon eine neue Szene ausgeführt, und wenn ich das Papier räuchre, so dächt ich, sollte sie mir niemand aus den alten herausfinden." (IR, 1. März 1788)

Seine Stimmung damals in Rom, sein Glücksgefühl aus Freiheit und neuerwachter Schaffenskraft hat Goethe Jahrzehnte später im Faust II 3 V. 95550–61 noch einmal beschworen:

Hier ist das Wohlbehagen erblich,
Die Wange heiter wie der Mund,
Ein jeder ist an seinem Platz unsterblich:
Sie sind zufrieden und gesund...
So war Apoll den Hirten zugestaltet
Daß ihm der schönsten einer glich;
Denn wo Natur im reinen Kreise waltet,
Ergreifen alle Welten sich.

1790 erschien Faust als Bruchstück. Schiller gelang es, Goethe 1797 zur Wiederaufnahme der Arbeit zu bewegen, 1808 kam der vollständige erste Teil heraus, erst 1831 wurde der zweite Teil vollendet. Goethe versiegelt das Manuskript und bestimmte, daß es erst nach seinem Tode gedruckt werde.

„Ein weißer Glanz ruht über Land und Meer
Und duftend schwebt der Äther ohne Wolken."

Nausikaa

Ein persönliches Erleben: Die Begegnung des Wandernden mit der Bleibenden: Goethe und die junge Mailänderin – Odysseus und Nausikaa, die Tochter des Phäakenkönigs. Die Tragödie des schönen Augenblickes, den man nicht festhalten, bei dem man nicht verweilen darf. Das Erlebnis war Goethe nicht neu, sein erster tiefer Liebeskonflikt ging daraus hervor: Friederike.

Wenn Goethe ehemals schied, weil er sich nicht binden wollte, so konnte er jetzt sich der Empfindung nicht überlassen. Eine Neigung wie die zu der Mailänderin – das uns bekannte, schwerlich das einzige Beispiel einer Wander-Liebschaft Goethes – barg den Keim einer Tragödie ohne Schuldige, wo Leiden entsteht aus der Begegnung zweier edler Herzen, die verschiedenen Weltgegenden angehören und in unvereinbaren Bestimmungen gebunden sind.

In Sizilien, die homerische Landschaft vor Augen, Bewegungsfreude und Trennungsweh im Herzen, den Odysseus lesend, was seiner Stimmung entsprach, faßte Goethe den Plan zu einer Tragödie des reinen Verzichtes. Es blieb bei einem Fragment. Am 3. April 1787 berichtet er aus Palermo „von einem Denkmal seiner glücklichen Stunden", das er allen, die ihn lieben, bereiten will. „Was es wird, sage ich nicht, wann ihr es erhaltet, kann ich auch nicht sagen."

Etwa 150 Verse des Nausikaa-Entwurfs sind überliefert, in denen die homerische Landschaft bildhaft veranschaulicht wird:

In meines Vaters Garten soll die Erde
Dich umgetriebnen vielgeplagten Mann
zum freundlichsten empfangen...

Das schönste Feld hat er sein ganzes Leben
bepflanzt, gepflügt und erntet nun im Alter
Des Fleißes Lohn ein tägliches Vergnügen
Dort dringen neben Früchten wieder Blüten
Und Frucht auf Früchte wechseln durch das Jahr
Die Pommeranze die Citrone steht
Im dunklen Laube und die Feige folgt
Der Feige. Rings beschützt ist rings umher
Mit Aloe und Stachel Feigen
Daß die verwegne Ziege nicht genaschig...

Dort wirst du in den schönsten Lauben wandlen
An weiten Teppichen von Blumen dich erfreun
Es rieselt neben dir der Bach geleitet
Von Stamm zu Stamm der Gärtner tränket sie
Nach seinem Willen...

Von aller Fruchtbarkeit mit der ein Gott
Die Insel überschüttet hat er klug
Das beste ausgewählt...

Und nur die höchsten Nymphen des Gebürgs
Erfreuen sich des leichtgefallnen Schnees
Auf kurze Zeit.

(nach der Originalhandschrift)

Mehrer der Musik

In Goethes Elternhaus wurde regelmäßig musiziert; Goethe spielte Klavier, konnte Partituren lesen, plante – neben der Farbenlehre, vielleicht zu ihrer Ergänzung – eine Tonlehre, die leider nur Fragment blieb. 23 Jahre hat er sich um eine solche Ton-Klanglehre bemüht, suchte er sich über die Wirkung des Klanges und was damit zusammenhängt, sowie über das Verhältnis des Menschen zur Musik im produktiven und rezeptiven Sinne klar zu werden. Ohne die Musik wäre Goethes Weltbild Stückwerk geblieben; sie war ihm ein unergründliches Wirken des Weltgeistes mit der Fähigkeit, „dem Gefühle alles anzunähern, was dem Begriff und selbst der Einbildungskraft fremd bleibt," deren Erlebnis nicht im passiven Genießen versanden dürfe, sondern zum „genießenden Denken" führen müsse. Die Kunst als Abbild Gottes, universalia ante rem.

Goethe verkehrte mit vielen Musikern, kannte und hörte berühmte spielen: Mozart, Beethoven, Hummel, Szymanowska, Paganini, Mendelssohn, Klara Wieck-Schumann. Johann Friedrich Reichhardt komponierte Claudine von Villa Bella, Erwin und Elmire, und dachte an eine mehrbändige Musikausgabe zu Goethes Werken. Philipp Christoph Kayser hat Jery und Bätely, Scherz, List und Rache und Egmont vertont. Karl Friedrich Zelter, Duzfreund Goethes, setzte ebenfalls einige Arbeiten Goethes in Musik, die heute vergessen sind.

Goethes Einfluß auf die bedeutenden deutschen und ausländischen Komponisten des 19. und 20. Jahrhunderts und die von seinen Werken inspirierten Kompositionen hat der Schweizer Musikhistoriker Willi Schuh im zweiten Band der Goethe-Artemis-Ausgabe mustergültig dargestellt. Goethe verfaßte Libretti wie außer ihm nur Hugo v. Hofmannsthal. Während seiner Amtszeit als Theaterleiter (1791–1817) hat er Mozarts Opern 280mal aufführen lassen; er hinterließ Bühnenbearbeitungen von Don Giovanni und Glucks Iphigénie auf Tauris. Manche seiner Dichtungen waren von Anfang an für Vertonung vorgesehen: Egmont, Des Epimenides Erwachen, die Gedichte in Wilhelm Meister. Einige, wie die im west-östlichen Divan, wurden mehr als 100mal in Musik gesetzt; Brahms sprach vom mitreißenden musikalischen Rhythmus von Goethes Lyrik. 1853 komponierte Schumann eine musikalische Faust-Fassung, sowie Lieder und Gesänge aus Wilhelm Meister. Die bedeutendsten vertonten Lieder nach Schubert stammen von Hugo Wolf; unvergleichlich jene zehn aus dem Wilhelm Meister und die des west-östlichen Divan. Auch Robert Franz vertonte Goethes Gedichte, Massenet den Werther. Weltbekannt sind Schuberts Goethe-Lieder: Das Heidenröslein, Gretchen am Spinnrad, Der König in Thule, Wanderers Nachtlied, Der Erlkönig, Prometheus, Grenzen der Menschheit, Ganymed, Wer nie sein Brot mit Tränen aß...

Zu einem der attraktivsten musikalischen Themen des 19. Jahrhunderts wurde der Faust, an dem sich Spohr, Busoni, Berlioz, Schumann, Boito, Gounod, Wagner versuchten. Mit keinem der großen Komponisten seiner Epoche gelangte Goethe zur Zusammenarbeit. Haydn soll eine Musik zum Götz geschrieben haben, Mozart komponierte nur Das Veilchen, Beethoven wurde erst im Alter auf Goethe aufmerksam – sonst wäre dies die ideale Zusammenarbeit auf höchster Ebene geworden –, vertonte, außer Egmont, nur einige Gedichte (Mailied). Abgesehen von Kayser, Reichhardt, Zelter unterhielt Goethe nur mit Felix Mendelssohn-Bartholdy persönliche Beziehungen; von ihm bekannte er: „Von der Bachischen Epoche heran hat er mir wieder Haydn, Mozart und Gluck zum Leben gebracht, von den großen neueren Technikern hinreichende Begriffe gegeben..." (an Zelter, 3. Juni 1830). Mendelssohn komponierte nach Goethes Tod Die Walpurgisnacht, Brahms 1869 Die Harzreise im Winter, Hugo Wolf zahllose Lieder, ebenso Richard Strauß. Im Leben und Schaffen von Franz Liszt und Richard Wagner spielte Goethe eine besondere Rolle, weit über das Musikalische hinaus. Für Wagner war er eine Leitfigur seines Denkens und Schaffens. Richard Wagner legte seiner bahnbrechenden Deutung und Interpretation Beethovens den Faust zugrunde, versuchte sich selber mit Liedern und Instrumentalkompositionen zum Faust.

Goethes produktive Tätigkeit für die Weiterentwicklung der Musik blieb lange Zeit weniger gewürdigt als die Anregungen seiner Gedichte und Dramen auf das Schaffen der Komponisten. 1775 wurde Goethes Singspiel „Erwin und Elmire" zum erstenmal aufgeführt. Die Wegbereiter einer deutschen Operette waren im Textlichen Christian Felix Weisse, der Jugendfreund Lessings, im Musikalischen Johann Adam Hiller. 1770 wird in Weimar das erfolgreichste Hiller-Weissesche Singspiel „Die Jagd" gegeben, das der Herzogin Anna Amalia gewidmet ist; durch ihre Förderung wurde in Weimar eine Tradition des Singspiels begonnen, an die Goethe später anknüpfen konnte. Er hatte während seiner Leipziger Studentenzeit Hiller und Weisse kennengelernt und im Hause Breitkopf von den neuen musikalischen Bestrebungen gehört. Aus einem Brief an seine Schwester Cornelia vom Jahre 1766 wissen wir, daß Goethe sich damals mit dem Plan zu einer eigenen „opéra comique – La Sposa rapita" beschäftigte, von der nichts erhalten ist. 1773 lernte Goethe durch seinen Musikerfreund Kayser den Offenbacher Seidenfabrikanten und Komponisten Johann André kennen, der für die erste Aufführung von „Erwin und Elmire" vom 13. September 1775 die Musik schrieb. Das Stück wurde an zahlreichen Orten erfolgreich aufgeführt: in Berlin, Wien, München, in Berlin im Jahre 1782 zweiundzwanzigmal; in Weimar 1776 und 1777 – mit einer neuen Musik von der Herzoginmutter Anna Amalia!

Nach diesem Erfolg hat Goethe weitere Schauspiele mit Gesang bzw. Singspieltexte geschrieben und sie auf die Reise nach Italien zur Umarbeitung mitgenommen. Im 19. Buch von Dichtung und Wahrheit berichtet er: „Die Oper – Erwin und Elmire – war aus Goldsmiths liebenswürdiger im 'Landprediger von Wakefield' eingefügter Romanze entstanden..." Oliver Goldsmiths Romanze aus dem „Vicar of Wakefield" erzählt von der reichen und stolzen Angelina, die den werbenden Edwin abweist, bereut und in gewählter Einsamkeit in einem Eremiten den Geliebten wiederfindet. Goethe veränderte den Namen Edwin in Erwin – aus Verehrung für den „göttlichen Erwin" von Steinbach, den Erbauer des Straßburger Münsters.

Erwin und Elmire wurde später neuerlich vertont von Johann Friedrich Reichhardt, Albert Schweitzer, Othmar Schoeck. 1796 versuchte sich Goethe noch einmal an einem Libretto, es sollte eine Fortsetzung der „Zauberflöte" werden; Das „Vorspiel auf dem Theater" zu Faust I gehörte ursprünglich zu „Der Zauberflöte Zweitem Teil". Hofmannsthal, erfolgreicher als Libretto-Dichter, würdigt Goethes Bemühen um Singspiele: „Werfen wir einen glücklichen, nicht seelenlosen Blick auf diese 'Nebenwerke', so sind es, obwohl höchst zweckvoll künstliche Gebilde, doch auch wahrhafte Naturtaten... und der Geist der Poesie weht auch hier unmittelbar uns an." (Goethe: Singspiele. Hg. von H.A. Koch, Stuttgart 1974)

Viel Mühe verwendete Goethe auf die Umarbeitung, Neufassung und Dichtung von Singspielen und kleinen Opern. Der Komponist Kayser aus Frankfurt, der für Scherz, List und Rache und für Egmont eine Musik entworfen hatte, kam im November 1787 nach Rom. „Sogleich wird Hand an eine neue Oper gelegt und Claudine und Erwin in seiner Gegenwart, mit seinem Beirat verbessert." (IR, 27. Oktober 1787) Eine ganze Reihe von Lust- und Schauspielen mit Musik zeugen von Goethes Begeisterung, ein deutsches Singspiel zu schaffen; außer Claudine von Villa Bella, Erwin und Elmire werden Lila, Jery und Bätely neu bearbeitet sowie das 1774 entstandene kleine Drama Des Künstlers Apotheose.

Voll Freude berichtet er am 24. November aus Rom: „Meine Opern sind nahe, fertig zu sein." Wenig später die resignierte Feststellung: „All unser Bemühen... ging verloren, als Mozart auftrat. Die Entführung aus dem Serail schlug alles nieder, und es ist auf dem Theater von unserm so sorgsam gearbeiteten Stück niemals die Rede gewesen." (IR Bericht November 1787)

Goethes Singspiele sind nicht vergessen; 1984 führte die Schauspielschule v. Zerboni, München, Claudine von Villa Bella mit Erfolg auf.

Rom bildet auch Goethes Musikalität. Er studiert die Opera buffa; Orgel und Chöre in der Sixtinischen Kapelle bringen ihm neue Erkenntnisse. Staunenswert, so ein Fachmann, mit dem Goethe über Musik diskutierte, ist seine Kenntnis der alten Meister. Von seinem Freund und musikalischen Mentor Kayser läßt er sich theoretisch in die römische Kirchenmusik einführen, erlebt das „Große und Simple" der Werke Palestrinas, Jahrzehnte vor der künstlerischen und wissenschaftlichen Palestrina-Renaissance. Neben Palestrina hörte Goethe die Werke von Morales, Allegri, Baj, Scarlatti, Marcello, Jomelli.

In seinem Weimarer „Hausgesangsverein" bleibt die Kirchenmusik sein „Hauptgottesdienst". Erstaunlich und für uns von besonderer Bedeutung, daß Goethe das „Wesentliche der Tonkunst" von der musica scara erwartete: „Die Musik ist heilig oder profan. Das Heilige ist ihrer Würde ganz gemäß, und hier hat sie die größte Wirkung aufs Leben, welche sich durch alle Zeiten und Epochen gleichbleibt."

Im April 1820 übersetzt Goethe die Hymne „Veni Creator Spiritus". „Der herrliche Kirchengesang: Veni Creator Spiritus ist ganz eigentlich ein Appell ans

Genie; deswegen er auch geist- und kraftreiche Menschen gewaltig anspricht." (Maximen 182)

(Paul Winter, Goethe erlebt Kirchenmusik in Italien, Hamburg 1949. H.J. Moser, Goethe und die Musik, Düsseldorf 1949. Fr. Blume, Goethe und die Musik, Kassel 1949)

In der Werkstatt der Natur

Dem Menschen schenkt der Süden die Lösung persönlicher Probleme, dem Dichter neue Impulse, Inspiration und Vollendung begonnener Werke, dem Künstler Zugang zum „reinen, vorurteilsfreien Kunstgenuß", dem Forscher die Bestätigung bereits gewonnener und neue Einsichten, der Natur „abzumerken, wie sie gesetzlich zu Werke gehe" und zu lernen, wie „aus dem Zusammentreffen von Notwendigkeit und Willkür" ein Drittes entstehe, das Natur und Kunst zugleich sei (Bericht über die Entstehung des Aufsatzes: Die Metamorphose der Pflanzen, 1817).

Mit Bedacht scheint Goethe den September und Oktober als Reisemonat gewählt zu haben, um den ganzen Tag unter freiem Himmel die Natur beobachten zu können. Naht er den Bergen, fühlt er sich vom Gestein angezogen: „Steine sind stumme Lehrer". Nicht nur die Naturwissenschaft als solche, auch das Interesse am Material der Bildhauer führt ihn über das Studium der verschiedenen Marmorsorten tiefer in Mineralogie und Geologie; und er getraut sich nicht, eine Landschaft zu verstehen, ohne die Lagerung ihrer Gesteinsschichten, den Lauf ihrer Gewässer, die Struktur ihres Bodens genetisch ergründet zu haben.

Am Brenner behandelt er in einem Aufsatz die Gestaltung und Bewegung der Wolken und vertieft unterwegs eine halbdichterische Deutung der Luftbewegung zu seiner Meteorologie, an die er sogleich nach seinem Prinzip der Entwicklung aus einer Urform eine Formenlehre des Luftreiches anschließt. So schrieb er der Erde – der Gedanke war ihm bei der Fahrt über den Paß gekommen – ein- und ausatmende Tätigkeit zu, leitete daraus meteorologische Erscheinungen ab.

In Neapel besteigt er dreimal den Vesuv, studiert alte und neue Lavaflüsse; seine Begierde, die Natur in ihrer eigenen Werkstatt zu betrachten, ist so brennend, daß er mit einem jungen Einheimischen bis an den Rand des speienden Kraters vordringt und im Aschen- und Steinregen ausharrt, um eine unmittelbare Vorstellung von der tätigen Naturkraft zu gewinnen. In Sizilien trägt er sich lange mit dem Gedanken, den Ätna zu besteigen, läßt sich jedoch zu dem kleineren Monte Rosso bei Catania raten, wo ihn ein Sturmwind beinahe in den Krater hineingetrieben hätte. Die Abreise von Neapel nach Rom bereitete einige Pein, nicht der herrlichen Gegend wegen, die er verlassen mußte, sondern wegen eines neuen Lavaflusses, den er gerne in der Nähe betrachtet und in seine Erfahrungen aufgenommen hätte.

Die Lehre von der Bildung und Umbildung, von der allmählichen Wandlung organischer Naturen, der Pflanzen- und Tierformen in weiten Zeiträumen, die ihn auf die Entdeckung des Zwischenkieferknochens und auf die Metamorphose der Pflanzen brachte, erfährt in Italien Ausweitung und Bestätigung.

„Wende ich mich nun zu dem gegenständlichen Denken, das man mir zugesteht, so find ich, daß ich eben dasselbe Verfahren auch bei naturhistorischen Gegenständen zu beobachten genötigt war. Welche Reihe von Anschauung und Nachdenken verfolgt' ich nicht, bis die Idee der Pflanzenmetamorphose in mir aufging, wie solches meine italienische Reise den Freunden vertraute.

Ebenso war es mit dem Begriff, daß der Schädel aus Wirbelknochen bestehe. Die drei hintersten erkannt' ich bald, aber erst im Jahr 1790, als ich aus dem Sande des dünenhaften Judenkirchhofs von Venedig einen zerschlagenen Schöpsenkopf aufhob, gewahrte ich augenblicklich, daß die Gesichtsknochen gleichfalls aus Wirbeln abzuleiten seien, indem ich den Übergang vom ersten Flügelbeine zum Siebbeine und den Muscheln ganz deutlich vor Augen sah; da hatt' ich denn das Ganze im allgemeinsten beisammen. So viel möge diesmal das früher Geleistete aufzuklären hinreichen." (1823)

„Deswegen ich denn auch nur kürzlich meine vieljährige gehegte Überzeugung wiederholte: daß das Oberhaupt des Säugetiers aus sechs Wirbelknochen abzuleiten sei. Drei gelten für das Hinterhaupt, als den Schatz des Gehirns einschließend und die zarten Lebensenden, fein verzweigt, in und über das Ganze und zugleich nach außen hin versendend; drei hinwieder bilden das Vorderhaupt, gegen die Außenwelt sich aufschließend, sie aufnehmend, ergreifend, erfassend."

1784, 100 Jahre vor Darwin entdeckte Goethe, der ein Leben lang über die Entwicklung von Pflanze, Tier und Mensch nachdachte, das „fehlende Glied", den Zwischenkieferknochen: „Es ist mir ein köstliches Vergnügen geworden, ich habe eine anatomische Endeckung gemacht, die wichtig und schön ist. Du sollst auch dein Teil dran haben... Ich habe eine solche Freude, daß sich mir alle Eingeweide bewegen." Goethe an Frau von Stein (27. März 1784) und am gleichen Tage an Herder: „... muß ich dich auf das eiligste mit einem Glücke bekannt machen, das mir zugestoßen ist. Ich habe gefunden – weder Gold noch Silber, aber was mir eine unsägliche Freude macht – das os intermaxillare am Menschen! Ich verglich... Menschen- und Tierschädel, kam auf die Spur und siehe da ist es... Es soll dich auch recht herzlich freuen, denn es ist wie der Schlußstein zum Menschen, fehlt nicht, ist auch da! Aber wie! Ich habe mirs auch in Verbindung mit deinem Ganzen gedacht, wie schön es da wird."

„Goethe hat uns seine Abhandlung vom Zwischenknochen vorgelesen, die sehr einfach und schön ist; der Mensch geht auf dem wahren Naturwege, und das Glück geht ihm entgegen." (Herder an Knebel, 6. Nov. 1784)

Goethe verfaßt die Abhandlung „Über den Zwischenkieferknochen des Menschen und der Tiere" und stellt die gleiche Oberkieferbildung beim Menschen wie beim Menschenaffen fest. Die damaligen Autoritäten auf diesem Gebiet lehnen seine Erkenntnisse ab. Erst 35 Jahre später stimmt ihm der Göttinger Naturwissenschaftler Lorenz Ockenfuß (1779–1851), der sich später Oken nennt, zu und entwickelt als erster das biogenetische Grundgesetz: Der Mensch durchläuft vor seiner Geburt im Mutterleib alle Stadien der Entwicklung, atmet durch Kiemen wie der Fisch und entfaltet sich erst nach einigen Monaten zum Menschen.

Die Natur selbst hat Moses' Schöpfungslegende außer Kraft gesetzt! Oken wird 1832 erster Rektor der neugegründeten Universität Zürich. Nach dem 1. Buch Moses hat der Mensch die Aufgabe, Welt, Pflanzen, Tiere sich untertan zu machen, sie zu beherrschen. Er steht der Natur gegenüber, ist ihr nicht eingeordnet. In der geistigen Haltung Asiens, Indiens, Chinas, Japans ist der Mensch ein Teil der Natur; eine Linie des Werdens verbindet Pflanze, Tier und Mensch. In den Schulbüchern Chinas wird den Kindern seit tausend Jahren die Entwicklung vom Affen zum Menschen gelehrt. Der Asiat ist daher von einer solchen Herkunft nicht betroffen, noch findet er sie seiner unwürdig.

Goethes Naturwissenschaft strebt nicht nach Macht über die Natur, sie erbringt keinen Nutzen und trägt nicht bei zur Entdeckung von Kausalmechanismen innerhalb der organischen Welt. Aber sie ist den Formgesetzen auf der Spur, nach denen die Natur ihre Geschöpfe bildet und umbildet. Goethe und die in seinem Geiste Forschenden sind die Bewahrer der ursprünglichen, der Wissenschaft vorgegebenen Lebens- und Erscheinungswelt, bewahrende Erforscher, die nicht wie die im Geiste von Galilei und Newton Forschenden an der Umwandlung der Natur zum Material technischer Veränderungen der Welt teilnehmen. Goethe und die Seinen sind die notwendige andere naturwissenschaftliche Instanz, sie retten die vernachlässsigte, der theoretischen und praktischen Verwilderung überlassene phänomenale Welt vor der Verkennung und dem Verderben. Um Einblicke in die im Universum waltende Gesetzlichkeit zu gewinnen, um dann den Weltzusammenhang zu denken, fordert Goethe vom Naturwissenschaftler das Wissen seiner Verantwortung für die befragte Natur in innerer und äußerer Unabhängigkeit, fähig „mit allen liebenden, verehrenden, frommen Kräften in die Natur und das heilige Leben derselben einzudringen" (Sprüche in Prosa). Goetheanismus in der Naturwissenschaft: Überwindung des Kausalitätsaberglaubens der materialistischen Naturwissenschaft seit Galilei und Newton, die der Natur gebietet, zu schweigen, bis sie von ihr befragt wird und dabei vergißt, daß die Natur „war", ehe der Forscher sich entschloß, sie zu ergründen. Damit emanzipiert sich der forschende Mensch aus dem Weltzusammenhang, erklärt sich selbst zum autonomen Subjekt der Wissenschaft und die Natur zum bloßen Objekt, über das er theoretisch und praktisch heute durch die nukleare Unterwelt souverän verfügt! Dagegen wollte Goethe die Natur wissenschaftlich ergründen, ohne eine richterliche, verfügende Position außerhalb zu beanspruchen. Der Forscher Goethe und die in seinem Sinne Forschenden wissen sich fragend – denkend inmitten der Natur und teilen uns das Ergebnis dieses Gedankenaustausches mit.

Gottfried Benn schreibt in seinem Essay „Goethe und die Naturwissenschaft" 1932: „Am 27. März 1784 findet Goethe das Knöchlein – und ein neues wissenschaftliches Zeitalter ist geboren."

Goethe äußert sich dazu („Geschichte meiner botanischen Studien," 1817): „Merkwürdig ist, daß hier abermals beinahe vierzig Jahre nötig waren, um ein einfaches, zwar unscheinbares, aber folgereiches Enunziat rein und freudig anerkannt zu sehen. Ich konnte mich jedoch keineswegs irremachen lassen, denn ich fühlte wohl, daß ich mich auf irgendeiner prägnanten Stelle befand, von wo aus gar manches zu erwarten, auch wohl zu tun sein möchte, und der Erfolg hat mich nicht getäuscht... Die Versatilität der Natur im Pflanzenreiche verfolgte ich unablässig, und es glückte mir 1788 in Sizilien die Metamorphose der Pflanzen, so im Anschauen wie im Begriff, zu gewinnen. Die Metamorphose des Tierreichs lag nahe dran, und im Jahre 1790 offenbarte sich mir in Venedig der Ursprung des Schädels aus Wirbelknochen; ich verfolgte nun eifriger die Konstruktion des Typus und hatte bald die Freude, von deutschen Naturforschern mich in diesem Fache abgelöst zu sehen...

Freudig war vor vielen Jahren
Eifrig so der Geist bestrebt,
Zu erforschen, zu erfahren,
Wie Natur im Schaffen lebt.
Und es ist das ewig Eine,
Das sich vielfach offenbart:

Klein das Große, groß das Kleine,
Alles nach der eignen Art;
Immer wechselnd, fest sich haltend,
Nah und fern und fern und nah,
So gestaltend, umgestaltend –
Zum Erstaunen bin ich da."

Die Metamorphose der Welterscheinungen:

Überwindung der Zivilisationskrise durch die Trennung von Geistes = und Naturwissenschaft

Goethes Erforschung der Natur stand in und nach Italien unter der leitenden Frage: Was sind die „bleibenden Verhältnisse", die sich in allem Wandel durchhalten? Am 23. August 1787 schrieb er in der Italienischen Reise: „So entfernt bin ich jetzt von der Welt und allen Dingen; es kommt mir recht wunderbar vor, wenn ich eine Zeitung lese. Die Gestalt dieser Welt vergeht; ich möchte mich nur mit dem beschäftigen, was bleibende Verhältnisse sind..." Die lebensgeschichtliche Situation Goethes: Suche nach Grundmustern und Grundgesetzlichkeiten.

Die Pflanzenmetamorphose ging ihm in Italien nach stufenweiser Erleuchtung in voller Gewißheit auf. Es ist ergreifend, an Hand der Tagebücher und Briefe das Fortschreiten seiner Erkenntnisse zu verfolgen. In Padua zog „Eine Fächerpalme... meine ganze Aufmerksamkeit auf sich; glücklicherweise standen die einfachen, lanzförmigen ersten Blätter noch am Boden, die successive Trennung derselben nahm zu, bis endlich das Fächerartige in vollkommener Ausbildung zu sehen war." („Geschichte meines botanischen Studiums", 1817) In Neapel fördert die südliche Vegetation seine Einsichten; Goethe ist gewiß, noch manches zu finden, das die menschlichen Kenntnisse vermehren würde, könnte er den Rest des Lebens auf Beobachtung verwenden.

Aus Rom schrieb er am 8. Juni 1787 an Charlotte von Stein: „Sage Herdern, daß ich dem Geheimnis der Pflanzenzeugung und Organisation ganz nah bin und daß es das einfachste ist, was nur gedacht werden kann. Unter diesem Himmel kann man die schönsten Beobachtungen machen. Sage ihm, daß ich den Hauptpunkt, wo der Keim steckt, ganz klar und zweifellos endeckt habe, daß ich alles übrige auch schon im ganzen übersehe und nur noch einige Punkte bestimmter werden müssen. Die Urpflanze wird das wunderlichste Geschöpf von der Welt, über welches mich die Natur selbst beneiden soll. Mit diesem Modell und dem Schlüssel dazu kann man alsdann noch Pflanzen ins Unendliche erfinden, die konsequent sein müssen, das heißt: die, wenn sie auch nicht existieren, doch existieren könnten und nicht etwa malerische oder dichterische Schatten und Scheine sind, sondern eine innerliche Wahrheit und Notwendigkeit haben. Dasselbe Gesetz wird sich auf alles übrige Lebendige anwenden lassen."

Was er jetzt, angeregt von Beobachtungen im Botanischen Garten zu Padua, gefunden, wird ihm im April des folgenden Jahres in Palermo zur Gewißheit: Alle Pflanzen entwickeln sich aus einer allen gemeinsam zugrundeliegenden Bauform, der „Urpflanze". In wenigen Jahren wird er erkennen, daß das Gesetz dieser Urform ebenso auf Mensch und Tier anwendbar ist: „Alle Glieder bilden sich aus nach ewgen Gesetzen, und die seltenste Form bewahrt im geheimen das Urbild."

Er läßt Herder im März 1787 melden, daß seine botanischen Aufzeichnungen weitergehen, es gehöre aber ein Leben dazu, den Grundgedanken der „sinnlichen Form einer übersinnlichen Urpflanze" durchzuführen. Wenige Wochen später seufzt er in Palermo: „Es ist ein wahres Unglück, wenn man von vielerlei Geistern verfolgt und versucht wird! Heute früh ging ich mit festen, ruhigen Vorsatz, meine dichterischen Träume fortzusetzen, nach dem öffentlichen Garten; allein eh ich michs versah, erhaschte mich ein anderes Gespenst, das mir schon diese Tage nachgeschlichen. Die vielen Pflanzen, die ich sonst nur in Kübeln und Töpfen, ja die größte Zeit des Jahres nur hinter Glasfenstern zu sehen gewohnt war, stehen hier froh und frisch unter freiem Himmel, und indem sie ihre Bestimmung vollkommen erfüllen, werden sie uns deutlicher. Im Angesicht so vielerlei neuen und erneuten Gebildes fiel mir die alte Grille wieder ein, ob ich nicht unter dieser Schar die Urpflanze entdecken könnte? Eine solche muß es denn doch geben: woran würde ich sonst erkennen, daß dieses oder jenes Gebilde eine Pflanze sei, wenn sie nicht alle nach einem Muster gebildet wären?

Ich bemühte mich, zu untersuchen, worin denn die vielen abweichenden Gestalten voneinander unterschieden seien... und wollte ich meine botanische Terminologie anbringen, so ging das wohl, aber es fruchtete nicht, es machte mich unruhig, ohne daß es mir weiter half. Gestört war mein guter poetischer Vorsatz; der Garten des Alcinous war verschwunden, ein Weltgarten hatte sich aufgetan. Warum sind wir Neueren doch so zerstreut! Warum gereizt zu Forderungen, die wir nicht erreichen noch erfüllen können!" (IR 14. Juli 1787)

Den Gestaltwandel der einjährigen Blütenpflanze vom Blatt bis zur Frucht nannte Goethe Metamorphose; er scheint den Begriff von Ovid übernommen zu haben, (dessen Elegien zum Abschied von Rom er im April 1788 auf sich bezog): Geschichten der Verwandlung von Göttern oder Menschen und Tiere und Pflanzen. 1790 veröffentlichte Goethe seine erste naturwissenschaftliche Schrift: Versuch, die Metamorphose der Pflanzen zu erklären. Er verfolgte die Pflanzenmetamorphose konsequent, bestimmte Organe und Übergänge und fragte nach deren Ursachen. 1817 erinnert er sich: „In Sizilien leuchtete mir die ursprüngliche Identität aller Pflanzenteile vollkommen ein und ich suchte diese nunmehr überall zu verfolgen und wieder gewahr zu werden." („Der Verfasser teilt die Geschichte seiner botanischen Studien mit.")

Goethes schöpferische Fähigkeit zur Zusammenschau erkennt die Metamorphose als Gestaltungs- und Umwandlungsprozeß; Goetheische Anschauung oder denkerisches Schauen erfaßt das Gleiche im Verschiedenen, legt es der gesamten Pflanzenwelt zugrunde; er nennt es die Urpflanze, die Universalie der Blattbildung. Aus dieser produktiven Zusammenschau der vielfältigen Erscheinungsformen der Pflanzenwelt gewann Goethe den lebendigen Begriff pflanzlicher Gestaltbildung in leidenschaftlicher Neigung „zur erhabenen Ruhe, die jene einsame stumme Nähe der großen, leise sprechenden Natur gewährt, und wer davon eine Ahnung hat, der folge mir".

Im Sommer 1798 suchte Goethe die Metamorphosenlehre Christiane mit einem bildhaften Gedicht zu veranschaulichen:

Dich verwirret, Geliebte, die tausendfältige Mischung
Dieses Blumengewühls über dem Garten umher;
Viele Namen hörest du an, und immer verdränget
Mit barbarischem Klang einer den andern im Ohr.
Alle Gestalten sind ähnlich, und keine gleichet der andern;
Und so deutet der Chor auf ein geheimes Gesetz,
Auf ein heiliges Rätsel.

Das „geheime Gesetz" für zahllose Mischungen nicht nur in der Pflanzen-, sondern in der gesamten organischen Welt: ein Bildungs- und Umgestaltungsprozeß, in dem sich Identisches bewahrt, der zugleich Steigerung bedeutet. Die Metamorphose-Elegie ist eine Huldigung an Christiane, die ihn zu einer allgemeinverständlichen Darlegung anregte:

Jede Pflanze verkündet dir nun die ew'gen Gesetze,
Jede Blume, sie spricht lauter und lauter mit dir.
Aber entzifferst du hier der Göttin heilige Lettern,
Überall siehst du sie dann, auch in verändertem Zug.
Kriechend zaudre die Raupe, der Schmetterling eile geschäftig,
Bildsam ändre der Mensch selbst die bestimmte Gestalt.

Das Studium der menschlichen Gestalt führte ihn wieder zur Anatomie, worin er zu Rom Unterricht nahm. „Ich bin nun recht im Studio der Menschengestalt, welche das non plus ultra alles menschlichen Wissens und Tuns ist. Meine fleißige Vorbereitung im Studio der ganzen Natur, besonders der Osteologie, hilft mir starke Schritte machen."

Die Beschäftigung mit der Malerei bringt ihn zu Optik und Farbenlehre. Der Glanz der italienischen Natur, besonders in Neapel und Sizilien, erweckt das Verlangen nach Klarheit auch auf diesem Gebiet. Während der Überfahrt von Neapel nach Palermo schreibt ihm sein Begleiter, der Maler Kniep, das „Mechanische der Wasserfarbenmalerei" auf, d.h. den Gebrauch gewisser Farben, um bestimmte Töne hervorzubringen. Einiges davon hatte er bereits im Umgang mit den Malern in Rom erfahren. Im Anschauen einer unvergleichlichen Natur sagte er: „Mit keinen Worten ist die dunstige Klarheit auszudrücken, die um die Küsten schwebte, als wir am schönsten Nachmittage gegen Palermo anfuhren. Die Reinheit der Konturen, die Weichheit des Ganzen, das Auseinanderweichen der Töne, die Harmonie vom Himmel, Meer und Erde – wer es gesehen hat, der hat es auf sein ganzes Leben. Nun verstehe ich erst die Claude Lorrains..." (IR, 3. April 1787)

„Daß ich Sizilien gesehen habe, ist mir ein unzerstörlicher Schatz auf mein ganzes Leben", lautet das Fazit eines Briefes an den Herzog Carl August, den Goethe am 27./29. Mai 1787 in Neapel schreibt. „Ich bin neugierig, wie mir sein wird, wenn ich kein Meer künftig sehe, das ich nun drei Monate anhaltend und aus so vielen Gesichtspunkten im Auge gehabt habe."

Untrennbar vom Meer ist das Licht, das er jetzt erstmals ganz als das Licht Homers empfindet: „Die Klarheit des Himmels, der Hauch des Meeres, die Düfte, wodurch die Gebirge mit Himmel und Meer gleichsam aufgelöst wurden..."

Wenige Wochen vor seinem endgültigen Scheiden aus Rom berichtet Goethe zusammenfassend: „Ferner habe ich allerlei Spekulationen über Farben gemacht, welche mir sehr anliegen, weil das der Teil ist, von dem ich bisher am wenigsten begriff. Ich sehe, daß ich mit einiger Übung und anhaltendem Nachdenken auch diesen schönen Genuß der Weltoberfläche mir werde zueignen können." (IR, 1. März 1788)

Die folgenden Jahrzehnte dienen der Nachprüfung, Vertiefung, Darlegung und Anwendung der italienischen Beobachtungen und Ideen in Naturwissenschaft, Kunst und Weltanschauung. 1790 schreibt Goethe die „Metamorphose der Pflanzen", 1791 und 92 die optischen Beiträge und erste Versuche in der Farbenlehre – Zeitschriften werden herausgegeben, Künstler und Gelehrte aus Rom berufen; der Strom des Lebens aus Italien wird nicht mehr abreißen.

Tasso: Dichter als Staatsmann, Staatsmann als Dichter

Das Stück spielt 1575 am Hofe des Fürsten Alfons von Este zu Ferrara. Die äußeren Bezüge: der Hof von Ferrara als Abbild des Hofes von Weimar; Fürst Alfons mit den Zügen des Herzogs Karl August, seine Schwester, die Prinzessin, mit denen der Charlotte v. Stein, Eleonore Sanvitale als Beschützerin der Dichter wie die Herzogin Anna Amalia von Weimar, Goethe – wie Tasso und Antonio.

Die beiden ersten Akte, 1780/81 in Weimar entstanden, schildern den Hof und das Verhältnis des leicht erregbaren Dichters zu seiner Umgebung. Tasso, ein höfischer Werther, wehleidig, schrankenlos in Selbstüberschätzung und Sichgehenlassen, träumt mit großen Worten von großen Taten. Aus den Worten anderer und hier aus denen der Prinzessin hört er nur das, was er zu hören wünscht; in ihrer Sympathie für seine Kunst sieht er ein Geständnis ihrer Liebe.

Über die Dichterkrönung gerät er in Verzückung; sein Gegenspieler in der Gunst des Fürsten und der Prinzessin, der Staatssekretär Antonio, beherrscht und überlegen, hält den Lorbeer für unverdienten Lohn eines Müßiggängers und weist Tassos stürmische Forderung nach Freundschaft kühl zurück:

„Der übereilte Knabe will des Manns
Vertraun und Freundschaft mit Gewalt ertrotzen?...
Du bist noch jung genug, daß gute Zucht
Dich eines bessern Wegs belehren kann."

Tasso, gereizt, bezichtigt ihn des Neides und zieht den Degen. Der Herzog geht dazwischen; den von ihm wegen des verletzten Burgfriedens verhängten Stubenarrest übertreibt Tasso zur Kerkerhaft eines Verbrechers, lehnt störrisch jede Versöhnung ab und beschließt nach Rom zu gehen. Beim Abschiednehmen versucht er die begehrte Prinzessin an sich zu reißen, wird zurückgewiesen und ergeht sich in Lästern und Beschuldigungen. Wieder Herr seiner Sinne, erkennt Tasso seine Verblendung. Antonio beschwört ihn, auf des Fürsten Wunsch als Freund:

„Du bist so elend nicht, als wie du glaubst.
Ermanne dich! Du gibst zuviel dir nach."

Goethe läßt den Ausgang des Geschehens offen.

Die Darstellung fünf verschiedener Charaktere und ihrer Ambitionen macht das Drama, das noch weniger action hat als die Iphigenie, streckenweise zu einem lyrischen Gedicht. Goethe hat als Dichter und als Minister zu bändigen gewußt, was Tasso und Antonio bewegte: die Flucht aus dem höfischen Weimar nach Italien, den Bruch mit Frau v. Stein, die Widersprüche von Außen- und Innenwelt, die Doppelnatur des Genies: dichterisches Schaffen als Geschenk der Götter, aber auch als Rausch und Maßlosigkeit.

Jedoch, wer Werther, Götz, Egmont und Oranien, Tasso und Antonio im Werk vor sich und uns hingestellt hat, wird kaum ein Werther-Egmont-Tassoschicksal erleiden. Goethe macht deutlich: Der romantische Rückzug in eine vergangene bessere Zeit ist nicht seine „wirkliche Welt", führt zu Vereinsamung und Menschenverachtung – Polaritäten müssen überwunden und fruchtbar gemacht werden. In Goethes Leben wurden alle Widersprüche zur Einheit geformt. Sein Reichtum bedeutet, daß er der in Gegensätze gespannte Mensch war. Daher seine Forderung: der Mann „muß sich kontrollieren; der bloße nackte Instinkt geziemt nicht dem Menschen". Auf dem Vulkan der Leidenschaften bändigt er sich zum Maß, vor dem Hintergrund zerreißender Möglichkeiten rettet er sich durch Selbstzucht. Was immer ihm begegnet, sucht er in Menschlichkeit zu übersetzen.

So ging es beim Tasso um mehr als Umformung und Vollenden wie bei der Iphigenie und bei Egmont, sondern auch dichterisch um die endgültige Lösung von Weimar und Charlotte v. Stein.

Im Gespräch mit Eckermann am 3.5.1827 erklärte Goethe, daß er im Tasso drückende Probleme, die sein Dasein verdüsterten, zu bewältigen suchte: „... daß ich in den ersten zehn Jahren meines weimarischen Dienst- und Hoflebens so gut wie gar nichts gemacht, daß die Verzweiflung mich nach Italien getrieben, und daß ich dort, mit neuer Lust zum Schaffen, die Geschichte des Tasso ergriffen, um mich in der Behandlung dieses angemessenen Stoffes von demjenigen frei zu machen, was mir noch immer aus meinen weimarischen Eindrücken und Erinnerungen Schmerzliches und Lästiges anklebte."

Vor der Abfahrt nach Neapel und weiter nach Sizilien beschließt Goethe, von den poetischen Arbeiten nur Tasso allein mitzunehmen, „zu ihm habe ich die beste Hoffnung". (IR 21. Febr. 1787) Mit Bezug auf die „ähnliche Arbeit" an der Iphigenie schreibt er am 16. März 1787: „So eine Arbeit wird eigentlich nie fertig, man muß sie für fertig erklären, wenn man nach Zeit und Umständen das Möglichste getan hat. Doch das soll mich nicht abschrecken, mit Tasso eine ähnliche Operation vorzunehmen. Lieber würf ich ihn ins Feuer, aber ich will bei meinem Entschluß beharren, und da es einmal nicht anders ist, so wollen wir ein wunderlich Werk daraus machen."

Der Bericht von der Schiffsreise von Neapel bis Palermo (IR 29. März bis 5. April 1787) gibt eine anschauliche Schilderung von Goethes Um- und Ausarbeitung des Tasso, trotz heftiger Seekrankheit: ‚Ich begab mich in meine Kammer, wählte die horizontale Lage, enthielt mich, außer weißem Brot und rotem Wein, aller Speisen und Getränke und fühlte mich ganz behaglich. Abgeschlossen von der äußeren Welt ließ ich die innere walten und da eine langsame Fahrt vorauszusehen war, gab ich mir gleich zu bedeutender Unterhaltung ein starkes Pensum auf. Die zwei ersten Akte des Tasso, in poetischer Prosa geschrieben, hatte ich von allen Papieren allein mit über See genommen. Diese beiden Akte, in Absicht auf Plan und Gang ungefähr den gegenwärtigen gleich, aber schon vor zehn Jahren geschrieben, hatten etwas Weichliches, Nebelhaftes, welches sich bald verlor, als ich nach neueren Ansichten die Form vorwalten und den Rhythmus eintreten ließ...

Ich blieb in meiner gewohnten Lage, das ganze Stück ward um und um, durch und durch gedacht... Um drei Uhr Morgens heftiger Sturm. Im Schlaf und Halbtraum setzte ich meine dramatische Pläne fort, indessen auf dem Verdeck große Bewegung war. Die Segel mußten eingenommen werden, daß Schiff schwebte auf den hohen Fluten.

Montag, den 2. April, früh acht Uhr fanden wir uns Palermo gegenüber. Dieser Morgen erschien für mich höchst erfreulich. Der Plan meines Dramas war diese Tage daher, im Walfischbauch, ziemlich gediehen,...

Wir fuhren Donnerstag den 29. März mit Sonnenuntergang von Neapel und landeten erst nach vier Tagen um drei Uhr im Hafen von Palermo. Ein kleines Diarium das ich beilege erzählt überhaupt unsere Schicksale. Ich habe nie eine Reise so ruhig angetreten als diese, habe nie eine ruhigere Zeit gehabt als auf der durch beständigen Gegenwind sehr verlängerten Fahrt, selbst auf dem Bette im engsten Kämmerchen wo ich mich die ersten Tage halten mußte, weil mich die Seekrankheit stark angriff. Nun denke ich ruhig zu euch hinüber, denn wenn irgendetwas für mich entscheidend war, so ist es diese Reise."

Der Abschied von Rom klingt im Tasso nach:

„Ich bin verstoßen, bin verbannt...
Und wenn der Mensch in seiner Qual verstummt,
gab mir ein Gott zu sagen, was ich leide.

In der ersten Fassung der Italienischen Reise berichtet Goethe von der Arbeit am Tasso, auf dem Rückweg nach Weimar: „Ich ermannte mich zu einer freieren poetischen Tätigkeit; der Gedanke an Tasso ward angeknüpft und ich bearbeitete die Stellen mit vorzüglicher Neigung, die mir in diesem Augenblick zunächst lagen. Den größten Teil meines Aufenthalts in Florenz verbrachte ich in den dortigen Lust- und Prachtgärten. Dort schrieb ich die Stellen, die mir noch jetzt jene Zeit, jene Gefühle unmittelbar zurückrufen. Dem Zustand dieser Lage ist allerdings jene Ausführlichkeit zuzuschreiben, womit das Stück teilweise behandelt ist und wodurch seine Erscheinung auf dem Theater beinah unmöglich ward. Wie mit Ovid dem Lokal nach, so konnte ich mich mit Tasso dem Schicksale nach vergleichen. Der schmerzliche Zug einer leidenschaftlichen Seele, die unwiderstehlich zu einer unwiderruflichen Verbannung hingezogen wird, geht durch das ganze Stück. Diese Verfassung verließ mich nicht auf der Reise trotz aller Zerstreuung und Ablenkung". (Schluß der IR, älteste Fassung, 31. März 1817)

Als die ersten Teile des Werkes gedruckt sind, schickt Goethe sie der Herzogin Anna Amalia, die gerade in Italien weilt, und schreibt dazu: „Es kommt hauptsächlich darauf an, wie sie sich in Rom lesen lassen." (17. April 1789)

Das am 31. Juli 1789 fertiggestellte Werk fand wenig Zustimmung. Die Premiere fand erst 18 Jahre später statt; auf der Bühne verliert es an poetischer Wirkung. Die Musikalität der Verse, die gedankenreichen Sentenzen, die subtilen seelischen Stimmungen, die demonstrierte Vornehmheit der Gesinnung machen Tasso mehr noch als Iphigenie zu einem Lesedrama. August Wilhelm Schlegel lobte das Werk,

Grillparzer schrieb 1810: „Ich glaube es zu sein, der als Tasso sprach, handelte, liebte, nur Worte, so schien es mir, hat Goethe meinen Gefühlen gegeben..." Liszt inspirierte es zu seiner symphonischen Dichtung.

Gibt es ein Tasso-Goethe-Problem unserer Epoche: daß die Dichter, die schöpferischen Genies weniger Einfluß auf das Leben der Gesellschaft ausüben als Industrielle, Parteileute, Militärs? So motiviert die sehr aktive Kulturpolitik der DDR ihr Goethe-Verständnis. Goethe – als Tasso und Antonio, als Egmont und Oranien, als Wilhelm und Faust und dämonisch-hintergründiger Mephisto – Umformer der Gesellschaft der Zukunft?! Ein Künstler- und Staatsdrama, in dem wir die bereitgestellten Rollen übernehmen mit Verrenkungen und Verkrampfungen unter dem Zwang von Erfolg, Macht, Prestige, Ruhm.

Goethe der „Erotiker"

Die Erotica Romana, wie die Römischen Elegien zunächst hießen, entstanden nach der Rückkehr aus Italien, zwischen Herbst 1788 und Frühjahr 1790. Ein neuer Goethe wagt in einer neuen Lyrik auszusprechen, was er bisher verschwieg oder unterdrückte. Vier der Elegien sind erst aus dem Nachlaß bekannt geworden, weil sie Goethe für die muffige Mitwelt zu frei dünkten; sie verschwanden wie die Szene aus der Walpurgis-Nacht in den Paralipomena-Nebensächlichkeiten.

Herder und der Herzog rieten 1791 von einer Veröffentlichung der Elegien ab. 1847 begann der Goethe-Biograph Karl Rosenkranz eine Vorlesung an der Universität Königsberg: „Und nun meine Herren, da ich in der Lage bin, über die Römischen Elegien nicht vor einem Damenpublikum zu sprechen..." In den bekannten Goethe-Ausgaben erschienen von den 24 Gedichten nur 20; die maßgebliche Weimarer Ausgabe von 1914 brachte alle Römischen Elegien aus „reiner Wissenschaftlichkeit", wie sich der Herausgeber entschuldigte.

Schiller veröffentlichte die Elegien im Juniheft 1795 seiner Zeitschrift „Horen", ohne die 12. und 16., weil „anstößig", die beginnen: „Mehr als ich ahndete schön, das Glück, es ist mir geworden" und „Zwei gefährliche Schlangen..." Das Gedicht preist die Liebe im Altertum, als es noch keine Geschlechtskrankheiten gab; der Dichter bittet um die Huld des Hermes, ihn davor zu beschützen:

> Schützet immer mein kleines, mein artiges Gärtchen, entfernet
> Jegliches Übel von mir; reichet mir Amor die Hand,
> Oh! so gebet mir stets, sobald ich dem Schelmen vertraue,
> Ohne Sorgen und Furcht, ohne Gefahr den Genuß.

So harmlos die von Goethe selbst zensurierten Römischen Elegien tatsächlich waren, die männlichen und weiblichen Tanten, allen voran Frau v. Stein, ergehen sich in „sittlicher" Entrüstung. Der Direktor des Weimarer Gymnasiums, K.A. Böttger, schrieb am 27. Juli 1795 an den Dichter Friedrich Schulz nach Mitau über die Elegien: „Aber alle ehrbaren Frauen sind empört über die bordellmäßige Nacktheit. Herder sagte sehr schön: er habe der Frechheit ein kaiserliches Insiegel aufgedrückt. Die 'Horen' müßten nun mit dem u gedruckt werden. Die meisten Elegien sind bei seiner Rückkunft im ersten Rausche mit der Dame Vulpius geschrieben. Ergo..."

Viele verurteilten Wilhelm Meister und die Elegien: die Schöne Seele hätte Goethe nicht in sein Meister-Bordell, die Huren nicht in die Horen einführen sollen. Friedrich Jacobi, einer der ältesten Bekannten Goethes, der den „unsauberen Geist" im Wilhelm Meister beklagte, rügt Schiller, der die Elegien in die Horen aufgenommen. Frau v. Stein empört sich unter dem 27. Juli 1795 in einem Brief an Schillers Frau Charlotte, ihre Verbündete in der Verleumdungskampagne gegen Goethe und Christiane: „Wo edle Gefühle vorkommen – die hat er alle mit ein bißchen Kot beklebt, um ja in der menschlichen Natur nichts Himmlisches zu lassen!" Die 55jährige hatte damit die Contenance abgelegt, mit der sie bisher ihre

Mittelmäßigkeit geschickt zu dekorieren wußte, und beschimpfte ungeniert den größten Dichter und Menschen. „Auch wenn Deutschland bis nach Rom läuft, wird es von der Platitüde begleitet", schreibt Goethe damals an seinen Freund Meyer nach Rom.

In den „Xenien" wendet sich Goethe gegen Spießer, Duckmäuser und Moralapostel, die ihn darauf „Bock, Widder, Hammel" heißen. Goethes siebenjähriges Söhnchen August und dessen Mutter werden ebenfalls angepöbelt:

„Wolfgang umarmte voll Brunst die Mägde der Musen. Da gingen
Mißgeburten hervor, ehe neun Monde entflohn."

Schiller würdigt in Antworten auf Beschwerden Goethes die Römischen Elegien als außerordentliche Dichtungen; Wilhelm v. Humboldt schreibt am 4. August 1795 an Schiller: „Hier findet... niemand Anstoß an den Elegien", und berichtet diesem am 12. Oktober von Goethes Kuraufenthalt in Karlsbad vom 4. Juli bis 8. August, also im Monat nach dem Erscheinen der Elegien. Den Damen, die ihn dort umschwärmen, liest er die Elegien vor und hat sich nicht gescheut, „ihnen die einzelnen Gelegenheiten zu erzählen, die ihn zu den Elegien veranlaßt, namentlich zu dem Vers: 'Und der Barbare beherrscht römischen Busen und Leib..." Viele Jahre später bekräftigt der Mann und Mensch Goethe:

„Und ringsrum ist alles vom Feuer umronnen;
so herrsche denn Eros, der alles begonnen!"

Eros in Weimar

Die Römischen Elegien – Erotica Romana – sind rein römisch-italienisch und den Liedern der Alten nachgesungen; der Dichter verlegt sein weimarisches Glück mit Christiane nach Rom. Ein kraftvoller Mann schildert die Liebe zweier Menschen, die einander besitzen und die Welt ringsum vergessen oder ihr trotzen: eine glückliche Liebe auf klassischem Boden. Was sich zu allen Zeiten bei allen Völkern wiederholt, hat durch unvergleichliche Kunst den Zauber der Verklärung gewonnen und strahlt wie ein Raffaelisches Bild. Ein schöpferisches Werk aus dem Glauben und Willen zu den sichtbaren Dingen und zu den Sinnen als ihrem reinen Spiegel. Nicht Wallen und Dämmern, nicht Weltschmerz oder sehnsuchtsvolle Leidenschaft, nicht mehr tragisches Scheitern wie bei Werther, Clavigo, Eduardo, Egmont, Tasso, Weislingen – Glück als Zustand des Erlebten; Vernunft, Moral, Sinnlichkeit nur Formen der einen und selben Natur.

In den römischen Elegien hat Goethes Klassik – wie in der Iphigenie und im Tasso – ihre reine Ausformung gefunden. Ohne Sentimentalität wird darin das Natürlichste der Welt, die Liebe zweier Menschen, als die große Erfahrung des Lebens besungen, die Vorfreude auf den Liebesakt, ohne schlüpfrige Zweideutigkeit, Eros, nicht Sex:

„Nicht zu liebeln leis' mit Augen,
sondern fest uns anzusaugen
an geliebte Lippen!"
„In der heroischen Zeit, da Götter und Göttinnen liebten,
Folgte Begierde dem Blick, folgte Genuß der Begier..."
(Römische Elegien III)

„Herbstlich leuchtet die Flamme vom ländlich geselligen Herde,
Knistert und glänzet, wie rasch! sausend vom Reisig empor.
Diesen Abend erfreut mich mehr; denn eh' noch zur Kohle
Sich das Bündel verzehrt, unter die Asche sich neigt,
Kommt mein liebliches Mädchen. Dann flammen Reisig und Scheite
Und die erwärmete Nacht wird uns ein glänzendes Fest.
Morgen frühe geschäftig verläßt sie das Lager der Liebe,
Weckt aus der Asche behend Flammen auf neue hervor.
Denn vor andern verlieh der Schmeichlerin Amor die Gabe,
Freude zu wecken, die kaum still wie zu Asche versank.
(Römische Elegien IX)

Eine in sich ruhende harmonische Welt, antik wie modern, griechisch wie römisch wie goethisch-deutsch. Erst nach Rom beginnt Goethe richtig zu leben, innerlich gelöst, befreit von heuchlerischer Wohlanständigkeit, die verdrängte Sinnlichkeit als Moral ausgibt. Liebe ist Aufstieg, der nicht unbedingt im Himmel geplant, und Ehen müssen nicht mehr dort geschlossen werden.

Dankbar bekennt er:

O, wie fühl ich in Rom mich so froh! gedenk der Zeiten,
Da mich ein graulicher Tag hinten im Norden umfing,
Trübe der Himmel und schwer auf meine Scheitel sich senkte,
Farb- und gestaltlos die Welt um den Ermatteten lag
Und ich über mein Ich, des unbefriedigten Geistes
Düstre Wege zu spähn, still in Betrachtung versank.
Nun umleuchtet der Glanz des helleren Äthers die Stirne;
Phöbus rufet, der Gott, Formen und Farben hervor.
Sternhell glänzet die Nacht, sie klingt von weichen Gesängen,
Und mir leuchtet der Mond heller als nordischer Tag.
Welche Seligkeit ward mir Sterblichen! Träum ich? Empfänget
Dein ambrosisches Haus, Jupiter Vater, den Gast?
Ach! hier lieg ich und strecke nach deinen Knieen die Hände
Flehend aus. O, vernimm, Jupiter Xenius, mich!
Wie ich hereingekommen! Ich kanns nicht sagen; es faßte
Hebe den Wandrer und zog mich in die Hallen heran.
Hast du ihr einen Heroen herauf zu führen geboten?
Irrte die Schöne? Vergib! Laß mir des Irrtums Gewinn!
Deine Tochter Fortuna, sie auch! Die herrlichsten Gaben
Teilt als ein Mädchen sie aus, wie es die Laune gebeut.
Bist du der wirtliche Gott? O dann, so verstoße den Gastfreund
Nicht von deinem Olymp wieder zur Erde hinab!"
(Römische Elegien VII)

„Felsen soll nicht Felsen und Wüsten nicht Wüsten bleiben. Drum
stieg Amor herab, sieh, und es lebte die Welt!"

Dichtung, Kunst, Natur, Forschung, die Werke der Alten und freie Sinnlichkeit gehören zusammen; in der Schönheit des nackten menschlichen Körpers wird die Ordnung der Natur und der Kunst anschaulich:

„Und belehr ich mich nicht, indem ich des lieblichen Busens
Formen spähe, die Hand leite die Hüften hinab?
Dann versteh ich den Marmor erst recht...
Oftmals hab ich auch schon in ihren Armen gedichtet
Und des Hexameters Maß leis mit fingernder Hand
Ihr auf den Rücken gezählt..."
(Römische Elegien V)

Ich „sehe mit fühlendem Aug', fühle mit sehender Hand" – in diesem Vers ist der ganze Goethe gegenwärtig, der seit Rom seine Bewunderung für das Klassische im antiken Versmaß mitteilt. „Der ursprünglichste und älteste Vers der Griechen, der Hexameter, ist zugleich der Inbegriff und der Grundton aller Harmonien des Menschen und der Schöpfung." (W. v. Humboldt, Latium und Hellas)

Christiane Vulpius – Goethe

Weimar, 12. Juli 1788. Vierzehn Tage nach seiner Rückkehr aus Rom, wo er sich unter südlichem Himmel frei regen und bewegen konnte, in das unter einem verregneten naßkalten Sommer verhangene 6000-Einwohner-Städtchen, das jeden seiner Schritte neugierig beobachtete, überreicht eine Dreiundzwanzigjährige Goethe während eines Spazierganges im Park einen Bittbrief für ihren stellungslosen Bruder, den Schriftsteller August Vulpius. Öfter schon ist der Herr Geheimrat aus ähnlichem Anlaß angesprochen worden und war verärgert, diesmal ist es anders: Der Anblick des unschuldig-schönen Geschöpfes mit dunklen, lachenden Augen unter einem Lockenkopf, schwellenden Lippen und Formen, natürlich und ohne die gezierten Prätentionen der Damen des Hofes – ein mädchenhafter Dionysos – muß Goethe wie ein Blitz getroffen haben: Amor in Weimar, Rom – noch einmal Rom – an der Ilm. Er lädt sie in sein Gartenhaus, in dem er seit der Heimkehr aus Rom zurückgezogen lebt, sie bleibt bis zum Morgen, kommt von nun an öfter, erhält einen Schlüssel, räumt auf... Einmal findet Goethe sie schlafend, zeichnet sie: ein junges lockenumrahmtes feingeschnittenes Profil von holdem Reiz und Schönheit, eine Römerin, morgendlich frisch, nach Erfüllung verlangend, feurig, unschuldig-naiv, die erste blühende Erscheinung für den nach Norden Zurückgekehrten. Im Jahr darauf bringt sie einen Sohn zur Welt, den der Herzog, nobel und souverän damit die moralische Heuchelei der Gesellschaft verurteilend, aus der Taufe hebt. Was Goethe nach Rom erwartete, Gesundheit, Frische, Hingabe gepaart mit praktischem Verstand: Charlotte von Stein, die kränkelnde, äußerlich unscheinbare verheiratete Frau mit sieben Wochenbetten war es nie gewesen – er fand es in Christiane, die er leidenschaftlich liebte und die ihm ebenso leidenschaftlich angehörte, eine aufmerksame Zuhörerin und nüchterne Vertraute, Mutter seines Sohnes, die Frau, die sein Haus verschönte und versorgte. Die Jahre nach Italien mit Christiane werden die produktivsten seines Lebens; 1790 schrieb er die Metamorphose der Pflanzen, 1791/92 die optischen Beiträge, die ersten Versuche in der Farbenlehre, Hermann und Dorothea. Die sonst so vornehm auftretende Charlotte von Stein, verlassen, reagiert mit Schmähungen, öffentlichen Beschimpfungen, der Herr Geheimrat gebe sich mit einem „ungebildeten Fabrikmädchen" ab, das als Hure, Säuferin, Verschwenderin verleumdet wird. Doch so sehr auch in Christianes Vergangenheit gewühlt wird, ihr Ruf ist ohne Tadel, sie hatte keine Vergangenheit. Eine echte Frau, die 28 Jahre lang selbstlos nur für den großen Mann lebt, dem sie am 14. Oktober 1806 das Leben rettet, als plündernde Franzosen mit blankem Säbel in sein Haus eindringen. Sie wirft sich zwischen ihn und die Marodeure, gibt ihnen geistesgegenwärtig das Silber. Fünf Tage später findet die kirchliche Trauung Goethes mit Christiane statt. Die Verleumdungs- und Hetzkampagne der Charlotte von Stein und ihrer Freundinnen geht unvermindert weiter. Zehn Jahre nach der Hochzeit, am 6. Juni 1816, 51jährig, stirbt Christiane. „Der ganze Gewinn meines Lebens ist, ihren Verlust zu beweinen", klagt Goethe. Vielleicht ahnen wir erst heute, was alles wir Goethe-Deutschen dem „Mädchen aus dem Volke" zu verdanken haben.

Ehrenvolles Gedenken gebührt in diesem Zusammenhang einer Aristokratenfamilie, die von Anfang an dem „Bürgerlichen" Goethe gegen den um seine Privilegien bangenden adligen Hofklüngel beigestanden und die zusammen mit Johanna Schopenhauer, der Mutter des Philosophen, sich offen zu Christiane Vulpius als Lebensgefährtin und später als Gemahlin Goethes bekannten: Graf von Egloffstein, Hofmarschall in Weimar und seine Frau, Hauptmann von Egloffstein, Berater des Herzogs in Militaria, Henriette von Egloffstein, Hofdame und deren Töchter Karoline und Julie, „das schöne Kind", der Goethe höchstpersönlich Zeichen- und Malunterricht erteilte und die ihn mehrmals porträtiert und gezeichnet hat. Über ein halbes Jahrhundert gehörten die Egloffsteins zum engeren Freundeskreis von Goethe.

General Bonaparte vereitelt Goethes zweite Italienreise

Nach der Rückkehr von Venedig 1790 beginnt Goethe die „Vorbereitung zur zweiten Reise nach Italien", wie der Titel eines Heftes von 100 Druckseiten im Goethe-Archiv in Weimar lautet. Das Sachverzeichnis der zu behandelnden Themen und Kapitel vermittelt eine Vorstellung von dem großen Vorhaben: Architektur, Botanik, Geschichte, Kunst, Handwerk, Landwirtschaft, Medizin, Mineralogie, Sprache, Staatswesen, Volkskunde, Schrifttum, Farbenlehre, Witterung, Feuchtigkeit, Mythologie... Eingehend studiert Goethe die alten Werke über Baukunst – Vitruv, Palladio, Serlio, Scamozzi –, „denn nirgends ist das erste Bedürfnis und der Höchste Zweck so nah verbunden, des Menschen Wohnung ist sein halbes Leben, der Ort, wo er sich niederläßt, die Luft, die er einatmet, bestimmen seine Existenz..."

Goethes Hausgenosse und Berater J.H. Meyer fährt im Oktober 1795 voraus nach Rom, um für das geplante Werk Materialien zu sammeln und die Kunstschätze zu inventarisieren. Zwei Jahre lang geht der Briefwechsel zwischen Meyer in Italien und Goethe in Weimar hin und her und hofft Goethe, noch einmal nach Rom aufbrechen zu können, um an Ort und Stelle – gemeinsam mit seinem Kunstberater – eine italienische Kulturgeschichte zu verfassen. Am 5.8.1796 schreibt er an Meyer: „Jetzt, da die Zeit herannahet, in der ich abreisen sollte, fühle ich erst recht lebhaft, wie nötig mir die Kultur war, die mir eine so große und schöne Reise gegeben hätte, alles, was ich mir statt derselben vornehmen kann, ist ein kümmerliches Wesen und bringt mich nicht vom Flecke... ich habe keinen anderen Wunsch, als Sie mit dem ersten Frühjahr in Florenz zu finden... und erst wieder ein Mensch zu werden, ehe ich etwas anderes beginne..."

Napoleon war inzwischen mit seinen Truppen in Italien eingefallen; Goethe muß seine geplante Reiseroute deshalb ändern: „denn kaum war der schöne Plan, über Wien zu gehen, ausgedacht, als die Folgen der Einnahme von Mantua auch diese Tour mit neuen Hindernissen bedrohten..." (an Meyer 18.3.1797) Am 30.7.1797 tritt Goethe – über Frankfurt, Tübingen – seine dritte Reise in die Schweiz an, trifft Meyer im September am Zürcher See und unternimmt mit ihm eine elftägige „Fuß- und Wasserreise" von Stafä aus durch die Kantone Schwyz, Uri, Unterwalden und Zug. Wegen der französischen Besetzung Oberitaliens – General Bonaparte hatte im Juni 1797 den Staat Republik Venedig liquidiert – gibt Goethe die zweite Italienreise endgültig auf und kehrt mit Meyer nach Weimar zurück.

Dreißig Jahre danach bekennt Goethe: „Ja, ich kann sagen, daß ich nur in Rom empfunden habe, was eigentlich ein Mensch sei. Zu dieser Höhe, zu diesem Glück der Empfindung bin ich später nie wieder gekommen; ich bin, mit meinem Zustand in Rom verglichen, eigentlich nachher nie wieder froh geworden." (zu Eckermann, 9.10.1828)

Goethes Freundeskreis in Rom

Der Maler Wilhelm Tischbein, geb. 1751 in Haina/Hessen, aus einer bekannten Künstlerfamilie, wurde nach Lehr- und Wanderjahren in Deutschland, Holland, Italien 1781/82 in Zürich mit Goethe bekannt. 1782 malte er „Götz mit dem gefangenen Weislingen. Von 1783–87 lebte Tischbein in Rom; er begleitete Goethe 1787 nach Neapel, wo er von 1789–99 als Direktor die dortige Kunstakademie leitete. 1808 berief ihn Herzog Peter von Oldenburg auf Empfehlung Goethes nach Eutin, wo er bis zu seinem Tode i.J. 1829 als Hofmaler lebte. 1821 erschienen „Tischbeins Idyllen" mit Versen und Bildbeschreibungen von Goethe. Von Tischbein stammt eines der berühmtesten Porträts der Kunstgeschichte: „Goethe in der Campagna", sowie die Zeichnungen von Goethe am Fenster seiner Wohnung und in seinem Arbeitszimmer in Rom am Corso.

Am 29. Oktober 1786 kam Goethe nach Rom, quartierte sich in dem heute noch bestehenden Albergo dell'Orso in der Via dell' Orso ein und schickte nach Tischbein. 35 Jahre später erinnert sich der Maler in einem Brief an Goethe: „Aber nie habe ich größere Freude empfunden als damals, wo ich Sie zum erstenmal sah, in der Locanda auf dem Weg nach Sankt Peter. Sie saßen in einem grünen Wams am Kamin, gingen mir entgegen und sagten: 'Ich bin Goethe'." Tischbein konnte den Wunsch nach einer kleinen ruhigen Wohnung sogleich erfüllen; am Tag darauf zog Goethe in die Etage am Corso, wo Tischbein mit zwei jungen Malern einen Künstlerhaushalt führte, betreut von einem älteren italienischen Ehepaar, das für sie wie für eigene Kinder sorgte. Neben Tischbein und Goethe gehörte zu dieser Gemeinschaft der 24jährige Friedrich Bury, den Goethe wie einen jüngeren Bruder behandelte und mit dem er bis zu Burys Tod 1823 in freundschaftlicher Verbindung blieb. 1790 traf er sich mit Goethe in Venedig, Weihnachten 1799 und Februar 1800 war Bury Goethes Gast in Weimar und schuf Porträts von Goethe und Christiane. In seiner Winckelmann-Schrift hat Goethe „die außerordentliche Kraft des Kolorits" von Burys Aquarellen gerühmt. Im Sommer 1808 traf er Bury, der sich inzwischen in Berlin niedergelassen hatte, in Karlsbad; das damals entstandene Kreideportät Goethes in römischer Tracht befindet sich heute im Goethe-Nationalmuseum. Zum letzten Mal sahen sich Goethe und Bury im September 1816 in Weimar.

Dritter Hausgenosse war der Frankfurter Landschaftsmaler Johann Georg Schütz, geb. 1755, gest. 1815, der von 1784 bis 1790 in Rom lebte. Von ihm stammen die Entwürfe zu den zwanzig illuminierten Stichen für Goethes Schrift „Das Karneval in Rom". Im September 1787 „begleitete mich Schütz auf meinen Wanderungen (in Frascati) und ward mir vielfach nützlich..." (IR Sept. 1787)

Im Bevölkerungsregister von Rom scheint Goethe als Filippo Miller auf, Tischbein als Tisben, Georg Schütz als Giorgio Zicci, Friedrich Bury als Federico Birr.

Am 17. November 1786 lernte Goethe im Caffè Greco Karl Philipp Moritz kennen, ihm als Verfasser des „Anton Reiser", einer Selbstbiographie, und durch seine

„Wanderungen in England" bekannt, geb. 1757 in Hameln, gest. 1793 in Berlin, wo er von 1779–86 Gymnasialprofessor war. Seit 1786 in Rom, beschreibt er seinen Aufenthalt in Italien in „Reisen eines Deutschen in Italien 1786–1788", die 1792/93 in Berlin erschienen. Zehn Tage nach der ersten Begegnung unternahm er mit Goethe, Tischbein, Schütz und Bury einen Ausflug zu den Tibermündungen; beim Heimritt brach sich Moritz, dessen Pferd ausglitt, den Arm und mußte vierzehn Tage in seiner Wohnung Via Babuino 89 im Bett bleiben. Goethe besuchte ihn täglich, organisierte einen Schichtdienst unter den deutschen Künstlern, die Moritz abwechselnd betreuen und ihm vorlesen mußten. Tischbein hat in einer Federzeichnung eine Szene festgehalten, wie Goethe dem behandelnden Chirurgen hilft, den Arm zu bandagieren. Damals begann Goethe unter Anleitung des Prosodikers Moritz die Umdichtung der „Iphigenie" in fünffüßige Jamben.

Während des zweiten Romaufenthaltes entstand als Ergebnis gemeinsamen Denkens und Erkennens Moritz' Schrift „Über die bildende Nachahmung des Schönen", die Goethe als erste theoretische Darlegung einer klassischen Schönheitslehre für so wichtig erachtete, daß er einen Auszug davon in seine „Italienische Reise" aufnahm. Goethe seinerseits hatte Moritz mit dem Begriff der Urpflanze vertraut gemacht und ihm seine Metamorphosenlehre erklärt. Die von Moritz verfaßte „Götterlehre" ist eine weitere Frucht gemeinsamer Überlegungen und Diskussionen im Künstlerkreis um Goethe in Rom. „Unter dem Einfluß dieses 1790 erschienenen Buches hat später Schinkel die Fresken des alten Museums in Berlin geschaffen", schreibt Johannes Nohl in seiner wichtigen Schrift „Goethe als Maler Möller in Rom", Weimar 1955, S. 70. Goethe kümmerte sich auch später um Moritz; von Dezember 1788 bis zum 1. Februar 1789 war er Goethes Gast in seinem Haus in Weimar und erhielt auf Fürsprache des Herzogs Karl August bereits einen Monat darauf eine Professur in Berlin.

Gleichzeitig mit Moritz lernte Goethe den Archäologen und Kunsthistoriker Aloys Ludwig Hirt, geb. 1759 in Behla bei Schaffhausen, gest. 1837 in Berlin, kennen. Hirt lebte von 1782 bis 1796 in Rom, war neben Reiffenstein der gesuchteste Fremdenführer der deutschen Kolonie in Rom, auch Goethe vertraute sich seiner sachkundigen Leitung an. Hirts Thesen von der Herkunft der griechischen Steinbaukunst aus der Holzarchitektur und daß nicht – wie Winckelmann, Mengs und Lessing gelehrt hatten – das Schöne, sondern das Charakteristische und Individuelle als höchster Zweck der Kunst angesehen werden müsse, fanden Goethes Zustimmung während der leidenschaftlichen Diskussionen unter den Künstlern. Hirt, später Professor in Berlin, hat Goethe 1797 und 1817 in Weimar besucht.

Zusammen mit Friedrich Bury war Johann Heinrich Lips (geb. 1758 in Kloten bei Zürich, gest. dort 1817) als Neunzehnjähriger nach Rom gekommen. Der siebzehnjährige Lips hatte in Zürich den sechsundzwanzigjährigen Goethe gezeichnet. Goethe berief den Maler und Kupferstecher Lips 1789 als Professor an die Zeichenschule nach Weimar, von wo er 1794 in seine Heimat zurückkehrte. Von Lips stammt die gültige Darstellung Goethes nach Rom – 1791.

Keinem fühlte sich Goethe mehr verpflichtet als dem Schweizer Maler und

Kunstkenner Heinrich Meyer, geb. 1760 in Zürich, gest. 1832 in Weimar, seit 1784 in Rom. Nur wenige Tage nach seiner Ankunft lernt Goethe den bescheidenen „fleißigen gegen sich selbst strengen Künstler" Meyer kennen und blieb fortan bis an sein Lebensende mit ihm aufs engste verbunden. Meyer starb zwei Monate nach Goethe in Weimar, wohin er 1791 übersiedelte. 1792 wird er Professor, später Direktor der Zeichenakademie in Weimar, „zugleich Hausgenosse, Künstler, Kunstfreund und Mitarbeiter", wie Goethe in der „Campagne in Frankreich" 1792 berichtet. Meyer wird Lehrer von Goethes Sohn August, verwaltet das Haus während des Dichters Abwesenheit, verheiratet sich 1802 in Weimar. Zu Goethes Schrift „Winckelmann und sein Jahrhundert" hat er den „Entwurf einer Kunstgeschichte des 18. Jahrhunderts" geliefert, an Goethes Biographie über Hackert mitgearbeitet, zur Farbenlehre wertvolle Hinweise über die Farben der antiken Malerei beigesteuert, sich wesentlich an der Herausgabe der IR beteiligt. 1797 hat er Goethe porträtiert, 1792 „Christiane und August", heute im Goethe-National-Museum, und im Schloß zu Weimar den Fries „Das menschliche Leben" geschaffen.

Tischbein machte Goethe bald nach seiner Ankunft mit dem Bildhauer Alexander Trippel (geb. 1744 in Schaffhausen, gest. 1793 in Rom) bekannt, der seit 1778 in Rom lebte. Trippel leitete eine Privatakademie für Bildhauerei bei Trinità de' Monti. Tischbein, Lips, Meyer, Gottfried Schadow, Begründer der Berliner Bildhauerschule, waren seine Schüler. 1787 schuf Trippel für den Fürsten von Waldeck die sogenannte Apollo-Büste Goethes, 66,5 cm hoch, die heute im Schloß Arolsen steht. „Meine Büste ist sehr gut geraten; jedermann ist damit zufrieden. Gewiß ist sie in einem schönen und edlen Stil gearbeitet, und ich habe nichts dagegen, daß die Idee, als hätte ich so ausgesehen, in der Welt bleibt" (IR 14. Sept. 1787). Herzogin Anna Amalia gab 1790 in Rom ein zweites Exemplar für ihren Sohn Carl August in Auftrag, das heute in der Landesbibliothek in Weimar steht.

Durch Reiffenstein lernte Goethe Angelika Kauffmann kennen, geb. 1741 in Chur, gest. 1807 in Rom, Schülerin von Raphael Mengs, verheiratet mit dem geschäftstüchtigen venezianischen Zeichner Antonio Zucchi. Ihre mit Kunstwerken geschmückte Wohnung in der Via Sistina 72 hatte früher Mengs gehört. Angelika hatte Winckelmann gekannt und 1764 porträtiert. Goethe trug ihr seine „Iphigenie" vor, die sie zu verschiedenen Zeichnungen anregte. Jeden Sonntag und einmal in der Woche war Goethe fortan ihr Gast; gemeinsam besuchten sie Paläste und Museen. „Sie ist eine treffliche, zarte, kluge Frau, meine beste Bekanntschaft hier in Rom" schrieb Goethe am 19. Februar 1787 an Frau von Stein.

Angelika zeichnete eine Muse als Titelblatt für den 1. Band der Göschenschen Ausgabe von Goethes Werken. In vielen Briefen an Goethe macht sie aus ihrer Zuneigung kein Hehl: „Ihr Abschied von uns durchdrang mir Herz und Seele, der Tag Ihrer Abreise war einer der traurigen Tage meines Lebens... Ihre Gegenwart machte mich konfus, da sitze ich mit der Feder in der Hand, hätte vieles zu sagen, möchte gern Ihnen vieles sagen, alle Empfindungen meines Herzens klagen, aber was hilft das, alles was ich sagen kann, bringt Sie nicht zurück. Es ist besser, ich schweige. Ihr empfindliches Herz kann das übrige denken... mich träumte verwichene Nacht, Sie wären wieder gekommen, ich sah Sie von ferne – und eilte Ihnen entgegen bis zur Haustüre, fasse Ihre beiden Hände, die ich so fest an mein Herz gedrückt, daß ich davon erwachte" (10. Mai, 17. Mai, 5. August 1788).

Johann Friedrich Reiffenstein aus Ostpreußen (1719–93), russischer und gothaischer Hofrat, Schüler und Freund Winckelmanns und des Malers und Kunstschriftstellers Raphael Mengs (1728–79), hätte nach Winckelmanns Tod dessen amtliche Stellung in Rom erhalten sollen, lehnte jedoch wegen der damit verbundenen Verpflichtung der Konversion zum Katholizismus ab. Er lebte seit 1762 in Rom, galt als Mittelpunkt der deutschen Kolonie und bester Kenner der Kunstschätze Roms. Reiffenstein vermittelte den Ankauf von Kunstwerken für verschiedene Fürstenhöfe, besonders für den russischen Hof, malte und modellierte selbst und machte Goethe mit Kunstwerken und Künstlern bekannt. Goethe weilte gern in seinem Haus in Frascati, wo Reiffenstein abendlichen Zusammenkünften und Diskussionen präsidierte. Unter seiner Anleitung lernte Goethe die sogenannte Enkaustik, eine antike Technik der Wachsmalerei, und die Anfertigung von Tonabgüssen und Glaspasten.

Während seines zweiten Romaufenthaltes trat Goethe in nähere Berührung mit dem Maler und Architekten Maximilian von Verschaffelt (in Rom von 1782–93) und nahm an einem von vielen Künstlern besuchten Abendkursus teil, den Verschaffelt eingerichtet hatte. Gemeinsam mit Meyer ließ Goethe sich vier Tage in der Woche in die Perspektive einführen. Verschaffelt wurde 1793 Oberbauinspektor des Kurfürsten Karl Theodor in München; die Anlage des Englischen Gartens geht auf ihn zurück. Er starb 1818 als Oberbaudirektor in Wien.

Jacob Philipp Hackert, Landschaftsmaler, geb. 1737 in Prenzlau/Brandenburg, gest. 1803 bei Florenz, lebte von 1768–86 meist in Rom, von 1786–99 in Neapel als Kammermaler des Königs Ferdinand IV. von Neapel und seiner Gemahlin Maria Karolina, einer Tochter Maria Theresias. Goethe lernte ihn in Rom kennen und verbrachte im Juni 1787 vierzehn Tage mit ihm in Tivoli. Zwei Tage nach seiner Ankunft in Neapel trifft Goethe den Maler: „Heute besuchten wir Philipp Hackert den berühmten Landschaftsmaler, der eines besonderen Vertrauens, einer vorzüglichen Gnade des Königs und der Königin genießt. Man hat ihm einen Flügel des Palastes Francavilla eingeräumt, den er mit Künstlergeschmack möblieren ließ und mit Zufriedenheit bewohnt." (IR 28. Febr. 1787) Zwei Wochen darauf besucht Goethe Hackert in Caserta: „Bei Hackert in seiner höchst behaglichen Wohnung, die ihm in dem alten Schlosse gegönnt ist. Das neue freilich ein ungeheurer Palast, escorialartig, ins Viereck gebaut, mit mehreren Höfen, königlich genug. Die Lage außerordentlich schön, auf der fruchtbarsten Ebene von der Welt; und doch erstrecken sich die Gartenanlagen bis ans Gebirge. Da führt ein Aquädukt einen ganzen Strom heran, um Schloß und Gegend zu tränken, und die ganze Wassermasse kann, auf künstlich angelegte Felsen geworfen, zur herrlichen Kaskade gebildet werden. Die Gartenanlagen sind schön und gehören recht in eine Gegend, welche ganz Garten ist." (IR 14. März 1787) Das neue Schloß Caserta bei der nach ihm benannten Stadt Caserta nuova, 1752 begonnen, dem Escorial bei Madrid nachgebaut, ist eine der großartigsten Palastanlagen Italiens. Hackert zeichnete damals Goethe in Reisekleidung – ein unschätzbares Dokument Goethes als Wanderer, Reiter, Bergsteiger, 1811 erscheint die von Goethe verfaßte Biographie Philipp Hackerts.

Obgleich bereits tot, blieb doch Winckelmann im Freundeskreis Goethes in Rom durch seine bahnbrechende Darstellung der Kunst der Alten und durch seine erfolgreiche Tätigkeit als Hüter, Pfleger und Ordner der antiken Kunstwerke gegenwärtig und wurde immer wieder als Autorität zitiert. 1782 wurde im Pantheon eine Marmorbüste Winckelmanns als Wiederentdecker der klassischen Kunst aufgestellt. Johann Joachim Winckelmann, 1717 in Stendal geb., 1768 in Triest ermordet, kam 1755 nach Rom, wo er Scrittore der Vatikanischen Bibliothek und Prefetto delle Antichità di Roma wurde. Mit seinem 1763 erschienenen Hauptwerk „Die Geschichte der Kunst des Altertums" wurde er einer der Begründer der Kunstgeschichte Deutschlands. Goethe hatte seine Schriften bereits in Leipzig als Student kennengelernt. 1805 gab Goethe zusammen mit Heinrich Meyer u.a. das Werk „Winckelmann und sein Jahrhundert" mit einer biographischen Skizze heraus und hat darin seine Verehrung für Winckelmann auch als Menschen dankbar bekundet. Die Verabsolutierung von Winckelmanns romantischer Griechenland-Schwärmerei der „edlen Einfalt und stillen Größe" hat Goethe, jedem Dogmatismus abhold, nicht übernommen. „Eine antike Natur war in ihm wieder erschienen, auch im Ertragen des Unglücks", kennzeichnet Goethe den Gelehrten in seiner Winckelmann-Schrift.

Im Oktober ließ Goethe seinen Landsmann und Jugendfreund Philipp Christoph Kayser, Pianist und Komponist, der für ihn die Singspiele „Jery und Bätely" und „Scherz, List und Rache" in Musik gesetzt hatte, nach Rom kommen. Kayser begleitete Goethe auf seiner Rückreise nach Weimar 1788 und die Herzogin Mutter zurück nach Rom, dann brach die Verbindung ab. Bis zu seiner Abreise hat Goethe mit Kayser gearbeitet. Ein Bericht vom 16. Februar 1788 an Fritz von Stein gibt eine anschauliche Vorstellung von Goethes Hausgemeinschaft in Rom: „Unsere kleine Haushaltung geht recht ordentlich. Herr Kayser komponiert die Symphonie, die Lieder und die Zwischenspiele zu Egmont. Herr Schütz aus Frankfurt malt ein Bild und zeichnet allerlei. Herr Bury aus Hanau, sonst Fritz der Zweite, macht Zeichnungen nach Michelangelo in der Kapelle Sixtina. Unsere Alte kocht, unser Alter schleicht herum, die hinkende Magd schwätzt mehr als sie tut, ein Bedienter, der ein Ex-Jesuit ist, bessert die Röcke aus und wartet auf, und das Kätzchen bringt viele Lerchenköpfe, die oft gegessen werden." Aus demselben Brief ersehen wir, wie schwer der bevorstehende Abschied von Rom Goethe bedrückte. „Vor einigen Abenden", schreibt er, „da ich traurige Gedanken hatte, zeichnete ich mein Grab bei der Pyramide des Cestius."

Tröstlicher sind die Verse von Paul Heyse auf die Sepiazeichnung Tischbeins „Goethe zum Fenster hinauslehnend" am Corso:

„Wo er so häuslich erscheint in der Sommerfrühe nur eben
Aus dem Bette gesprungen und erst notdürftig bekleidet,
Wie er den hölzernen Laden zurückgeschlagen, des schönen
Römischen Morgens genießt und bequem hemdsärmelig am Simse
Lehnt und der Sonne die Brust und das atmende Antlitz zukehrt.
Nur vom Rücken belauschest du ihn, doch glaubst du in jeder
Linie den Hauch zu empfinden des Wohlseins, der aus dem Lichtquell
Sich durch Adern und Nerven des Neuerweckten ergossen,
Selbst im Nacken das Zöpfchen, der Fuß, der aus dem Pantoffel
Halb sich erhob, die Schnalle, die unterm Knie den Strumpf hält,
Jeglicher Zug spricht aus: dem Manne ist wohl, wie ein Halbgott
schlürft er vom Zwange befreit, den verjüngenden Atem der Frühe."

Personenregister

Quellen- und Literaturverzeichnis

1816/17 veröffentlichte Goethe die aus dem „Tagebuch" und aus zurückverlangten Briefen gestaltete „Italienische Reise" = IR, unter dem Titel: „Aus meinem Leben, erster Teil" mit Motto: „Auch ich in Arkadien", ohne den Zweiten Römischen Aufenthalt. Erst 1829 erscheint die gesamte IR in der „Ausgabe letzter Hand", ohne das Motto: „Auch ich in Arkadien". Das später nicht veränderte Tagebuch der IR war ausschließlich für Frau von Stein bestimmt und sollte die schmollend-eifersüchtige Charlotte beschwichtigen, die ihm bisher als Verbündete gegen Neider und Gegner beigestanden. Alle anderen Unterlagen und Papiere hat Goethe dann 1818 und 1829 verbrannt. Nur einige Briefe sind erhalten geblieben, ein Teil der Ausgabenbücher, Notizbücher aus Rom und Sizilien, Teile eines Tagebuches aus Neapel und Sizilien und das Reisejournal mit den Briefen an Ch. v. Stein vom Beginn der Reise bis nach Neapel. Erhalten ist auch ein Notizbuch der Fahrt von Trient bis Vicenza.

Wir haben die IR zitiert nach dem Insel-Taschenbuch 175, der besten Ausgabe, hrsg. von Christoph Michel, (Frankfurt/M., 1976)

Gesamtausgaben von Goethes Werken:

Ausgabe letzter Band, 40 Bde. 1827/30 und 20 Erg. Bde. 1832/40

Cottasche Jubiläumsausgabe 40 Bde. 1902/07/12

Im Auftrag der Großherzogin von Sachsen die sog. Sophien- oder Weimarer-Ausgabe, die vollständigste, (zitiert:WA), 4 Abt. 143 Bde. 1887/1920

Briefe: Weimarer Sophienausgabe, 50 Bde.

Die Propyläen-Ausgabe 45 Bde. 1909/32

Die Artemis-Ausgabe Zürich 1948–73

Die Hamburger Ausgabe, 14 Bde. 1950

Jahrbuch der Goethe-Gesellschaft Weimar 1960-1984

Wer über Goethe befindet, schreibt, publiziert, ist zahllosen Historikern, Schriftstellern, Kunstgeschichtlern, Naturwissenschaftlern... verpflichtet. Es ist praktisch unmöglich, alle Untersuchungen, Darstellungen, Schriften anzuführen, denen ein Autor Anregungen und Hinweise verdankt. Hilfreich und immer „zur Stelle" möchte der Verf. den 14. Bd. der Hamburger Ausgabe, die als Sonderausgabe der Fischer-Bücherei 1960 erschienene „Zeittafel zu Goethes Leben und Werk" von Heinz Nicolai anführen.

Literatur, die Goethe in der IR erwähnt und benutzte

Goethe kannte die Reiseliteratur seiner Zeit über Italien. In seiner biographischen Schrift: „Philipp Hackert" charakterisiert er mit wenigen treffenden Sätzen alle zeitgenössischen Reisebeschreibungen über Sizilien. Während jene Bücher und Bände von Deutschen, Franzosen, Engländern heute veraltet sind, hat Goethes „Italienische Reise" ihre Frische und Aktualität behalten und ist das am meisten und leichtesten lesbare seiner Arbeiten geworden.

Archenholtz, J. W. von: England und Italien, Leipzig 1785, 2 Bde.

Bartels, Joh. Heinrich: Briefe über Kalabrien und Sizilien, Göttingen 1787

Bellori, Giov. P.: Admiranda antiquitatum Romanum, Rom 1693

Borch, Comte de: Lettres sur la Sicile, Turin 1782, 2 Bde.

Byrdone, Patrick: Reise durch Sizilien und Malta in Briefen. Aus dem Englischen übersetzt. Leipzig 1774, 2 Teile

Ferber, Joh. J.: Briefe aus dem Welschland ... Prag 1773

Haquet, Belsazar: Physikalisch-politische Reise ... in den Jahren 1781/83

Lafreri, Antonio: Speculum romane magnificentiae, 1515

Maffei, Fr. Sc.: Verona illustrata, 1731/32, 4 Teile

Moritz, Karl Ph.: Reisen eines Deutschen in Italien, Berlin 1792/93

Münter, Friedrich: Nachrichten von Neapel und Sizilien, aus dem Dänischen übersetzt, Kopenhagen 1790

Saint Non, Abbé de: Voyage pittoresque ou description des Royaumes de Naples et de Sicile, Paris 1781/86, 5 Bde.

Piranesi, Giov. Battista: Veduta di Roma, 1748
Antichità Romane, Rom 1756, 4 Bde.

Riedesel, Freiherr J. H. von: Reise durch Sizilien und Großgriechenland, Zürich 1771

Visconti, Ennio Quirino: Il Museo Pio-Clementino, Rom 1782/1807, 7 Bde.

Volkmann, J. J.: Historisch-kritische Nachrichten von Italien, Leipzig 1770/71, 3 Bde.

Winckelmanns Briefe an seine Freunde, hrsg. von Karl W. Dassdorf, Dresden 1777

Zu Dank verpflichtet

ist der Verfasser für Förderung und Bereitstellung von Unterlagen, Fotographien, Abbildungen, Dokumenten:

Prof. Dr. Bruno Molajoli, Direttore delle Antichità e Belle Arti, Ministero della Pubblico Istruzione, Rom, a.D.

Prof. Dr. Ing. Alfredo Barbacci, Sopraintendente dei Monumenti e Gallerie per la Puglia e Lucania, a.D. Bari.

Prof. Dr. A. Maiuri, Sopraintendente alle Antichità della Campania, Neapel

Architekt Dr. R. Martini, Sopraintendente dei Monumenti e Gallerie per Sicilia, Palermo

Univ. Prof. Dr. P. Felix Gössman OSA, Rom

Gabinetto fotografica Nazionale, Rom

Conte Raffaelo Brenzoni, Verona

Dr. Gemma Wallner, Verona

Traute Ipser Bad Vöslau/Wien für Abschriften und Sichtung der Texte

Karl Schäfer, Konstanz, für wichtige Anregungen und Hinweise

L. v. Koolwijk de Ipser, Rom-Salzburg, für Übersetzungen und für das Lesen der Korrektur-Abzüge

Dr. Elisabeth Schürer, Berchtesgaden, für die Erstellung des druckreifen Manuskriptes nach Prüfung aller Zitate.

Route von Goethes „Italienische Reise"

SEPTEMBER 1786

3. Abreise aus Karlsbad
4. Regensburg
6./7. München
7. Mittenwald
8. Innsbruck/Brenner
9./10. Bozen
10./11. Trient
13. Malcesine
14. Verona
19. Vicenza
26. Padua
28./14. Okt. Venedig

OKTOBER 1786

16. Ferrara
17. Cento
18. Bologna
23. Florenz
25. Perugia
26. Assisi
29. Rom

NOVEMBER 1786

13./16. Frascati
17. Rom

FEBRUAR 1787

22. Abreise nach Neapel
25. Neapel

MÄRZ 1787

2./6./19. Besteigung Vesuv
11./18. Pompeji und Heraculaneum
23. Paestum
29. Abfahrt nach Sizilien

APRIL 1787

2./18. Palermo
23. Girgenti
28. Caltanisetta

MAI 1787

1./5. Catania
6./8. Taormina
8./11. Messina
11./14. Rückreise nach Neapel
14./3.6. Neapel

JUNI 1787

6. Rom
11./Ende Tivoli

OKTOBER 1787

1./4. Frascati
4./6. Albano
7./21. Castel Gandolfo

APRIL 1788

23. Abreise aus Rom
Ende/11.5. Florenz

MAI 1788

22./28. Mailand
28. Como, Chiavenna
30. Splügen
31. Chur

JUNI 1788

Anfang Konstanz
18. Ankunft in Weimar

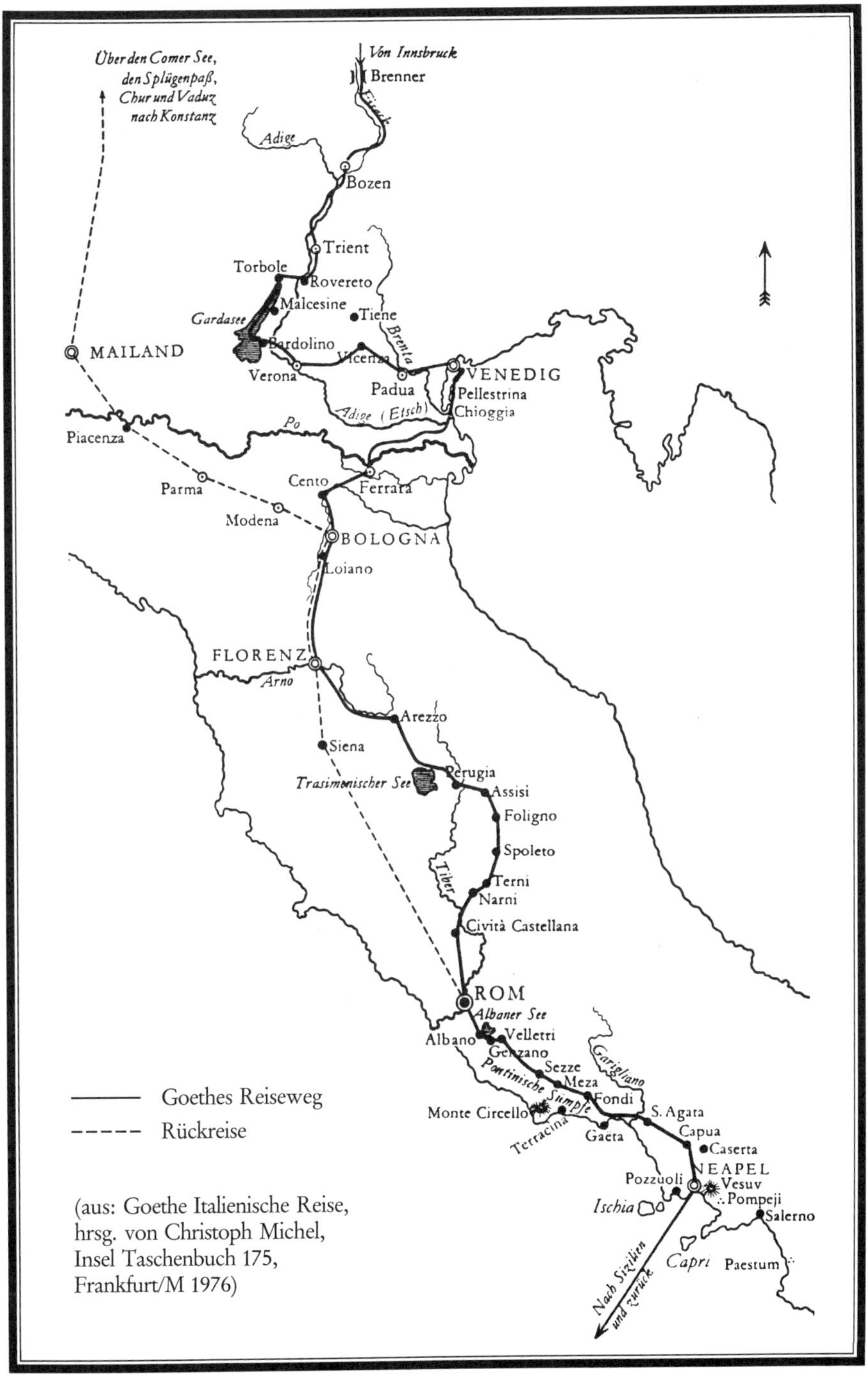

(aus: Goethe Italienische Reise, hrsg. von Christoph Michel, Insel Taschenbuch 175, Frankfurt/M 1976)